画溪春芽

吴建国 庄忠杰 主编

下

九州出版社
JIUZHOUPRESS

目 录

▶ 一件小事

▶ 拥抱美景

亲爱的他

指导老师 王 华

　　我们的身边，有亲人、师长、伙伴，他们年龄不同，外貌不同，性格不同，带给我们的感受也不同。他们有快乐，他们也有烦恼，在小朋友的笔下，他们生动形象，让我们读着如见其人，如闻其声。

我的小男神

雷欣玥

很庆幸,在我的童年时光中,有一个顽皮可爱的小精灵一直陪伴着我,他就是我的弟弟,也是我的小男神。弟弟过个年就四岁了,大家都说看见他就像看见小时候的我一样,仿佛是一个模子里刻出来似的,唯一不一样的是他比我白。我黑黑的像爸爸,他白白的像妈妈。为此,我还总埋怨妈妈,为什么将弟弟生得比我漂亮。

弟弟总以我为榜样,我做什么他也喜欢做什么,老喜欢跟在我屁股后面跑,就像甩也甩不掉的狗皮膏药一样。也正因为这样,我感受到了当姐姐的成就感。

今天早上,吃完早饭的我正背上书包,佩戴好红领巾打算出发上学,还未跨出家门,我发现一只肉肉的小手抓住了我的校服角。低下头,我对上了弟弟满是委屈的大眼睛,眼泪仿佛在里面打转。他说:"宝宝也要去学校,姐姐带宝宝去学校。"下一秒,豆大的眼泪就从眼眶中流了出来,我很是手足无措,急忙取出家中多余的小黄帽与红领巾给他佩戴整齐,说道:"瞧,小黄帽是不是大了,宝宝要好好吃饭,等长高高才能和姐姐一起上学哦!"弟弟坚定地点点头后,听话地吃起饭来。

瞧我这可爱有趣的弟弟,我的生活正因为他不断变得多姿多彩!他也是我的小男神。

教师评语:小作者叙述生动、具体,字里行间充满了童趣。文章题目新颖,吸引读者,文章开头小作者将自己与弟弟进行对比,语言幽默风趣,文章第二段写弟弟以"我"做榜样,使"我"感受到了成就感,生动形象地表达了作者对弟弟的喜爱之情。接着写了"我"上学前弟弟的不舍,将弟弟的神态、动作、语言进行了精心细腻的描绘。

猜猜他是谁

吕 杰

他是我们班的"小书虫",也是我最好的朋友。他的头发短短的,个子跟我差不多高,眼睛圆溜溜的,好像一对黑宝石,炯炯有神。

他很喜欢看书,他那对圆溜溜的大眼睛,看书的时候眨呀眨的,每眨一下,都仿佛暗示着对知识的渴望。

他有时有点斤斤计较。记得有一次,老师让同学们到包干区捡树叶,他把树叶堆在一起,结果被人抢走了,他就去告诉老师,还独自生气。老师说:"不要这么斤斤计较,做人要大大方方,特别是男子汉绝对不能小心眼。"他也很快接受了老师的建议,又去包干区捡树叶,树叶很快就被捡完了,甚至连一片落叶都没有,他看着包干区干干净净的,心里又美滋滋的了。

虽然他有斤斤计较的毛病,但是学习却非常认真。上次做语文独立作业的时候,他很快就把考卷做完了。不一会儿老师就说:"已经有人交上来了,不仅做得快,而且考了98分。"正在专心做考卷的同学们微微抬起头,小声嘀咕道:"是谁呀,是谁呀,怎么这么快?"考卷发下来以后98分正好是他,班级第二名,他高兴得似乎要飞起来啦!他不仅语文成绩非常好,其他科目的成绩也非常好。

说了这么多关于他的事情,你们知道他是谁了吗?

> 教师评语:"眼睛圆溜溜的好像一对黑宝石,炯炯有神。"文章运用了比喻的修辞手法,把人物的外貌描写细致具体,并通过捡树叶和考试发生在他自己身上的具体事情,写出了人物的特点。

与众不同的她

黄凌薇

她有一头乌黑光亮的头发，一张瓜子脸，红润的嘴唇，又高又尖的鼻梁子，一双明亮的、好像真的会说话的眼睛。她是一名与众不同的三年级小学生！

她的脾气可好了。有一次，她借给我的钢笔，我不小心摔坏了，那是她最喜欢的钢笔。可是她却没有生气，还提醒我以后小心点哦。如果是别人的话，一定会告诉他们的爸爸妈妈的。她乐于助人，是老师最喜欢的乖女孩。有一次，我有一道很难的数学题目不会，她主动来教我。我没有听懂，她反复讲了一遍又一遍。她性格乐观。有一次她考试没考好，她不仅没有难过，还鼓励自己，在本子上写上："加油"两个字。

她跳舞跳得非常好，那次唱古诗比赛，她的舞蹈也为我们的节目加了很多的分，还让我们班得了第一名！她很喜欢讨论自己家的小动物，有很多次下课她都跟我和其他女同学讨论自己家小动物。有一次我们都争着要说，轮到她说的时候要上课了，她难过得差点哭了，我们赶紧安慰她说："好了好了，下次我们让你第一个说，行了吧。"她听了开心地笑了。

你们觉得她是否与众不同呢？

　　教师评语：本文写了一个与众不同的同学的形象。先介绍同学的外貌特点。再介绍该同学乐观、乐于助人等特点。写性格特点的时候用上了具体生活事例，更加具有说服力。也让人更多地了解了这位与众不同的孩子。

爸爸,别玩手机了

徐嘉宁

　　我有一个爱玩手机的爸爸。他就像是手机的保护神,不管谁也别想拿走他的手机。

　　每次,我看到爸爸总抱着他心爱的手机,躺在沙发上一动不动的,玩得全神贯注。不知道是谁让他迷上了抖音,成天在手机上滑过来,滑过去。作为他的女儿,贴心的小棉袄。我不能这样放任不管。

　　一天在家写作业时,我故意写错一道题目后让爸爸检查作业,"爸爸! 能帮我检查下作业吗?"爸爸躺在沙发上,没有反应。我都急坏了,果然如大家所说"抖音"害人。我跑到爸爸面前,对爸爸说:"爸爸,您不要再玩手机啦! 来检查一下我的家庭作业吧!"爸爸这才回过神,听到我说的话。对我说:"嗯,好! 嘉嘉,哪里的题目不会呀? 我来看看。"我把作业拿给爸爸,爸爸拿到题目一眼就看到我故意写错的题目,对我说:"嘉嘉,这道题不应该错呀! 你应该这么做。"爸爸拿起笔,耐心地教我,并且还用了新的解题思路告诉我如何解题,原本我故意写错的题,竟有新的收获,我好开心呀! 这时我多么希望爸爸没有玩手机的习惯!

　　事后,我对爸爸说:"爸爸,您以后别再玩手机啦! 或者少玩。您看,我叫您,您都听不见,要是家里发生些什么事,那可怎么办,再说手机玩多了对眼睛也不好,也请您多多关注我一些。"爸爸听了我说的话,心里很惭愧,点点头,对我说:"嘉嘉,你说得对,是该少玩手机了。你真是爸爸的好女儿! 爸爸以后会改也会自己注意的。"

　　一段时间过去了,爸爸再也没有像以往那样躺在沙发上玩手机,更多的是陪着我和妹妹玩和帮妈妈做一些家务活,我真的很开心,因为我的一个小举动改掉了爸爸的坏习惯! 以后我也要向爸爸学习! 做一个知错能改的好孩子。

"田螺姑娘"

沈子琳

　　我家的窗后有一条美丽繁华的街道，一到晚上这里是人山人海，热闹极了。

　　街道的两边有各式各样的商店，有小吃店、大排档、服装店、小百货等等，应有尽有。这里有各种各样的美食，比如一串串香甜的冰糖葫芦、一根根五颜六色的棒棒糖，有许多五彩缤纷的服装，还有各种奇异的饰品。

　　每天大排档的客人们络绎不绝，经常开到深夜，晚上街道的路面就多了许多垃圾。可是每天早晨我去上学时，却发现街道是非常干净整洁的。我问妈妈："为什么晚上脏乱不堪的街道到了早上会变得那么美丽整洁呢？是田螺姑娘帮忙的吗？"妈妈笑了笑说："是不是田螺姑娘，你明天凌晨早点起床，就会明白啦。"我似懂非懂地点了点头。

　　早上，天蒙蒙亮，妈妈就叫醒我。我一跃而起，穿好衣服赶紧到窗边向外看。透过路灯的光亮，我看到了一位穿着橘红色衣服，头发有些花白的老爷爷。他正拿着扫帚在清理街道上的垃圾，在他的不远处还停着一辆装垃圾的三轮车，上面清楚地写着"长兴环卫"四个字。我恍

然大悟,是环卫工人,是他们用自己的双手把街道打扫得这么干净。原来他们就是我心中的"田螺姑娘"啊!

天渐渐地亮了,街道已经干干净净,它又迎来了一个美好的早晨。

> 教师评语:全文条理清晰,段落结构合理布局。文章首尾"热闹"和"美好"形成回环,突出主题。文中以恰当的对话描写,从小作者好奇的视角,发现身边普普通通的最美劳动者默默奉献的精神。(指导老师:何彩芳)

背 影

徐泽洋

我有一个好爷爷,他退休的时候我和哥哥正好上小学,从此他的"新工作"就是接送我和哥哥上学、放学。爷爷对这个工作可负责了。一年365天,除了放假他每天准时接送我们,从不让我们迟到。

有一次,放学回家的路上三轮车突然坏了。爷爷下车推,看见爷爷渐渐变老的背影,天气很冷,又那么卖力地推车,我和哥哥很心疼。于是我俩就偷偷地跳下来,在后面用力帮爷爷推车。可是刚推一会儿就被爷爷发现了。他狠狠地批评了我们一顿,让我们上车后,他又继续推车前行了。我们俩知道爷爷凶我们是担心我们的安全,于是乖乖地坐着,不皮打。看着爷爷弯着腰弓着背,拼命推车的背影,我的心里酸酸的,就像泡在柠檬汁里一样酸。我多希望我和哥哥变成两片小羽毛,很轻很轻,这样,爷爷就不用那么累了。过了好久好久,终于到家了,爷爷把我们送回家,又一个人把车推到修车店去修,很晚才回家吃晚饭。

我非常感谢爷爷,每一天不管刮风还是下雨,他为了爸爸妈妈能安心工作，为了我们不迟到，日复一日地接送我们。有这么好的爷爷真幸福！

> 教师评语：你写的推车的爷爷感动我了。让我联想到大作家朱自清的《背影》，看来嘴上不说的话都藏在心里，心中有爱，生命才会饱满。（指导老师：付卫香）

我的妈妈

朱语戈

我有一个勤劳善良的好妈妈，她对我的爱是无微不至的。

她个子小小的，戴着一副眼镜，两道弯弯的眉毛，还有着一头浓密的头发。每天早上，妈妈早早地起来，为我准备丰盛的早餐，然后叫我起床，刷牙洗脸，吃早饭，和我一起坐公交车去学校，把我送到学校再急忙赶去上班。放学回家，妈妈给我烧晚饭，辅导我的作业。妈妈为了我，一直在学厨艺，现在她烧的饭菜对我来说真是美味佳肴呢！

在学习上，妈妈对我很严厉。她检查我的作业时，要是完成得很好，妈妈会夸奖我几句，如果有很多错误，妈妈瞬间化身成母狮子，来一声河东狮吼："你怎么这么马虎，错了这么多，要仔细！"怒吼之后，妈妈再细心地教我不懂的题目。她还喜欢唠叨我的坐姿，我写字写着写着就趴在桌上，或者弓着背，妈妈看见了会很生气，她不希望以后我也戴眼镜，妈妈常说视力不好，戴眼镜很苦的。

因为工作上的原因，妈妈经常值夜班，但她还是用很多时间来陪我，陪我看书，陪着写作业。我们之间也会因为学习和生活上的一些事拌嘴，可没过一会，很快就好了。

这就是我的妈妈,妈妈,您辛苦了! 我爱您!

> 教师评语:文章开门见山地点出"妈妈对我的爱是无微不至的",然后从生活和学习两方面写了妈妈的爱。特别是文章的第三段,多角度的展现了妈妈的爱:和风细雨是爱,河东吼狮也是爱。相信认识到这一些以后,母女关系会更和谐,成绩会更优秀。(指导老师:丁茜)

奶奶的雷声

曹欣爱

今天我所写的雷声并不是天上打雷的声音,而是奶奶每天对我的爱。虽然每天奶奶都会大声地催促我,但是我知道这雷声包含了奶奶对我无私的爱。

每天早上,我还没睡醒呢! 奶奶就推开房门大声叫嚷开了:"快点起床了,晚上不睡觉,现在起不来了吧!"在奶奶的"雷声"下,我拖着半睡半醒的身体坐了起来,伸个大懒腰,无奈地爬下了床。迷迷糊糊地走进卫生间开始梳洗起来。我总是磨磨唧唧的,奶奶特别关心我的每一天,每一点,在厨房间就大声督促起来:"洗快点,上学要迟到了。"我可不想迟到,想到这一点,立马清醒些许,但是实在快不起来啊! 梳洗完,就享受奶奶给我准备的早餐了,总是习惯性地细嚼慢咽。奶奶看我吃饭就着急,"吃快点,我的小祖宗哟! 每次吃饭都是慢腾腾的。"没好气地看我一眼,不一会儿又来催促:"几点了知道吗? 快点啦! 你个活宝唉……"。被奶奶的"雷声"一吼,只能狼吞虎咽地吃完早餐,匆匆上学去。

每天晚上八点半以后更是可怜了。电视看得正津津有味的时候,奶奶又推门进来睡觉了,然后看着说:"宝贝,快睡觉了,明天还要上学哦!"但我真的舍不得,好想再看会儿,偷偷地假装没听见,懒懒地不想动。这下可不得了了,奶奶马上"雷声"响起:"宝贝,听见没有,快点睡觉。都几点了,不知道吗?明天还要不要去上学?"对着喜欢的电视、动漫,我只能挥挥手,无奈的陪着奶奶睡觉了。

上床我习惯性先脱上衣,再脱裤子。奶奶看我这举动,立马急急地喊起来:"多大的人了,先脱裤子,再脱上衣。别冻感冒了。"想着奶奶絮絮叨叨的"雷声",夹杂着滴滴关爱,心里总是暖暖的。躺在床上,睡又睡不着,翻来翻去的。奶奶又轻声的嚷嚷:"不要动了,静下心来,很快就睡着了。"每晚伴着奶奶的爱就这样,美美地睡着了。

在奶奶的陪伴下渐渐地,我也养成了许多好习惯。我越来越喜欢奶奶的"雷声"了,那里充满了长辈对晚辈最真挚的关爱。我爱我的奶奶。

教师评语:奶奶嗓门大,这是奶奶的特点,小作者把这个特点很真实地写了出来。但是奶奶不仅嗓门大,更突出的是对孩子爱。难能可贵的是,这份爱,我们的小作者也深深地体会到了,并用几个小小的事例把这祖孙之间的爱表现出来,值得嘉许。(指导老师:丁茜)

亲近自然

指导老师　何彩芳

　　风儿掠过树枝，雨滴敲打着岩石，林间鸟儿欢叫，田野虫儿低吟。听，大自然奏响一首首生命的乐曲，吸引着孩子们去观察，去发现。大自然充满了魔力，在小朋友的眼睛里，蜗牛、鸭子、小螃蟹……都变得那么有趣，孩子们写下的每个字眼里流露着他们对自然的无限热爱。

窗 外

佘安歆

"咯咯……咯咯……"窗外不断传来银铃般的笑声。我赶紧打开窗户,向外望去:啊,今天周末的天气真好!阳光明媚,蔚蓝的天空中,飘着朵朵白云。

我家旁边的这一片空旷的草坪已经变得碧绿碧绿的,就好像是一块软绵绵的绿毯。草坪上有几个大人正在陪他们的孩子放风筝呢!你看,有个"喜羊羊"图案的风筝在一个父亲的牵引下,自由自在地在蓝天上悠闲地翱翔,那个"咯咯"笑的小女孩便追着风筝不停地跑,兴奋极了;还有一个小男孩干脆跟他爸爸学放风筝,只见他先把风筝放在地上,看准风向,然后向上一送,风筝慢慢地升上了天。这下可把他给乐坏了,牵着风筝线,跑啊,拽啊,高兴得不停地欢呼。

外面的天空中五颜六色的风筝越来越多。有翠色的"小鸟"、凶猛的"老鹰"、红色的"鹦鹉"……在春风的吹拂下,它们仿佛是一只只五彩缤纷的蝴蝶,把天空打扮得绚丽多彩。

啊,外面可真热闹!我真想加入到他们的队伍中去尽情地放一放,玩一玩!哎,可我爸爸妈妈在外地工作很忙,要过两个月后才能回来。每天,家里只有奶奶陪着我。我靠在窗边,眼巴巴地望着窗外,外面的花儿好香!外面的春风好温暖!

教师评语:我们透过一扇窗户看到春天的生机,闻到春天的气息。屋外的热闹更显得小作者内心的孤独,文章每个字眼里都透露了他的内心充满了对幸福生活的向往。

银杏古树

李俊杰

　　每一天上学和放学的路上,我都会从银杏树下走过,我喜欢它英姿飒爽,喜欢它的挺拔,每次总要在银杏树下玩一会儿,然后才回家。

　　阵阵春风吹过,原先光秃秃的银杏树枝上冒出来了许多嫩嫩的芽儿,仿佛给大树披上了一层绿纱。那些刚刚舒展开的叶子好像一把把绿色的小扇子,漂亮极了。银杏树笔直笔直地站在那里,像一排排整整齐齐的士兵,它的树干很粗,树比我高很多很多。

　　夏天来了,银杏树上翠绿的叶子层层叠叠,互相交错,像一把撑开的绿绒大伞,为我们遮住了烈日炎炎。那一把把翠绿的小扇子扇走了夏天的炎热,迎来了秋天的凉爽,这些翠绿的小扇子也变成金灿灿的了。好像秋姐姐用颜料把每一片叶子都染成金色的了。一阵秋风拂过,树叶像一只只蝴蝶在空中翩翩起舞,然后又向大地落去。有的落在跑道上,有的落在围墙外面,还有的落在草地上。犹如给大地妈妈铺上了一条金色的毯子,那地毯可真漂亮啊。走入其间,仿佛走进了一个金色的童话世界。

　　秋天过去了,冬天来了。银杏树上空荡荡的,一片叶子也没有了,只有树干还立在那里。一场大雪之后,树枝上积了一层厚厚的雪,这时的银杏树仿佛开出来了无数洁白如玉的花,别提有多美了。

　　这叶子也是十分神奇的,一个季节一个颜色,可是为什么绿色的银杏树叶会变成金色的呢?我回家在电脑上查了一下资料:原来,银杏树上的叶子里有叶绿素和类胡萝卜素等。春天、夏天叶绿素把其它的色素掩盖起来了,进入了秋天,随着气温下降,叶绿素分解了,类胡萝卜素占了上风,叶片呈现出了金色。我终于明白了,银杏树叶上有这么多学问,下次我要多多观察。

我爱这美丽的银杏树。

一年四季

董淑婷

一年有春、夏、秋、冬这四个季节。

每年刚开始的时候,春妹妹就来了,她给大地换上了新装。小草儿探出了头来。青蛙从河里跳出来了,又坐在那美丽,舒适的荷叶上开始唱歌了!桃花最爱美了,她在头上夹了许多各异的发夹。那些含苞欲放的花骨朵儿正眯眯细眼向外观望。

不知不觉,夏弟弟就来临了。夏弟弟披着一身的绿叶在暖风里跳动着走来了。天气越来越热了,他给大地带来了一个大火球。蝉儿在树上不停地叫热死了,热死了! 突然间,天渐渐地变黑了,远处传来几声"隆隆隆"的响声,原来是要下雨了,"哗哗"雨越下越大,它落在土里,大地都润湿了。最后,雨停了,天空出现了一道美丽的彩虹。

秋姐姐淑女般地走来。她的到来让大地换上了一套金黄色的新装。一阵风吹来,已枯黄的树叶纷纷落在地上了,像蝴蝶一样。

天气变冷了,冬哥哥带着寒冷的北风来了。整个大地被冬哥哥变成了一个银色的世界了。

一年四季多么迷人啊!

教师评语:把春夏秋冬描写得非常生动形象,把大自然景象写得绘声绘色。抓住四季特点,运用比喻、拟人等修辞手法,自然流畅的语言,将四季不同的美景呈现在我们面前。静态描写和动态描写相结合,增强了文章的表达效果。(指导老师:王华)

这儿真美

李博奕

湛蓝湛蓝的天,蓝得让人神往。高高的山,山边白云在不时地变动着,有时像一朵朵盛开的鲜花,有时像可爱的小绵羊,有时又像一匹匹奔驰的骏马。美丽又可爱的小鸟自由自在地展翅飞翔,和白云捉迷藏。

小河景色更美!树木郁郁葱葱,野花颜色各异,小草柔柔嫩嫩,小河清澈见底……它们把你的视线紧紧吸引住,让你久久不忍移开。

你瞧!一棵棵美丽的白杨树倒映在河面上,像一个个美丽的小姑娘在照镜子梳妆打扮呢!这时,一阵阵微风吹过,杨树叶发出"哗啦啦"的声响,像在欢乐地歌唱。大白鹅在河面上游泳、戏水,让我想起"白毛浮绿水,红掌拨清波"的美丽画面!几条小鱼儿在河里快活地游来游去,时不时地吐出一串串小泡泡。真像一幅活动的画呀!河边的草地上开满了五颜六色的野花,美丽极了!一群群五彩缤纷的蝴蝶在翩翩起舞一会儿落在花丛间,一会儿又飞向蓝天。一群群小山羊悠闲自在地在草地上吃着青草。几只小白兔一蹦一跳地玩耍。

这儿真美!这就是家乡小小的一角!

教师评语:这是一篇描写景色的文章。文章对景物描写得生动形象,而且思路清晰,充满想象力。全文按照从远到近,从上到下的顺序描写。让读者读完之后如同身临其境。(指导老师:胡金君)

我的快乐天地

徐慈娇

在我家楼下,有一片橘子林。里面有一棵棵高大的橘树,上面结满了一个个黄色的橘子,像一个个小灯笼。树下有几块大石头,它们铺成了一个有趣的楼梯,在这个石子楼梯的最上面,还有一棵小树苗,小树苗下种着一些五颜六色的鲜花,它们成了石子楼梯的点缀,让楼梯更光彩夺目。石头楼梯铺在一块碧绿的草坪上,碧绿的草坪上有几个从树上落下来的橘子,我经常会把它当成足球踢来踢去。于是,这片碧绿的草地变成了我的快乐天地。

我经常会从石头楼梯上走过,我一步一步踏上台阶,走到最上面一块大石头上时,我会坐那休息一会儿,从小橘子树上摘下一个像灯泡一样小的橘子闻一闻,有时会尝一尝,然后到草坪上踢一会儿橘子足球。足球像长了一双翅膀一样,一会儿飞到东,一会儿飞到西。我踢累了就会坐到石头上休息一会儿,摘下一个橘子尝一尝。我每次吃时都会说:"真甜啊!"这就是我家楼下的快乐天地,每次来这里玩时,我都会很开心。

> 教师评语:这篇文章写出了小作者天真活泼烂漫的心理。小作者通过仔细观察,把每个物品比拟得很贴切,形象生动地写出了自己的快乐小天地。没有对话没有伙伴却依然充满快乐的游戏,婉转地说明了没有玩具,没有游乐场一样可以找到童年的快乐,快乐无处不在。(指导老师:胡金君)

美丽的太湖

严雨涵

太湖位于江苏、浙江两个省之间，一眼望不到边。放眼望去，是深蓝的一片，湖水是蓝的，天空也是蓝的，像水和天空连在一起一样，而且无边无际。那里风景优美，物产丰富，素有"鱼米之乡"之称。

太湖真美啊！站在太湖周边的大石头上，望着远方，远方好似笼罩在一层薄薄的轻纱之中，迷迷蒙蒙的，都分不清哪里是水，哪里是天，只见朦胧的一片灰色。水天相接的地方有几个小白点，阳光照耀，闪烁着微弱小光亮，应该是湖姑娘不小心打碎了自己的镜子吧！你们快瞧，湖姑娘正在和湖面上的白鸥说镜子的事情呢！

太湖的物产可真丰富啊！其中最著名的就要属"太湖三白"白鱼、白虾、银鱼了。到了丰收的季节，湖面上白帆点点，渔民们在太湖里打捞虾和鱼。船里到处是鱼，有鲫鱼、鲤鱼、还有一些不知名的小鱼和虾。

太湖果然是风景优美，物产丰富啊！

> 教师评语：小作者对太湖的观察很仔细，主要抓住风景优美、物产丰富两大特点对太湖进行描述，采用比喻、拟人等修辞方法，把文章写得生动形象。（指导老师：胡金君）

秋天的落叶

吴晋鹏

秋天，为什么让我如此着迷？是秋天柔柔的风？还是秋天绵绵的雨……我觉得都不是,最让我着迷的,是秋风中漫天飘舞的落叶。

　　落叶,是秋天的独有的馈赠,它们的形状万千:有扇子形,有手掌形,有圆形……。落叶,真美!当它们从树上飘落下来的时候,犹如翩翩起舞的蝴蝶,漫天漫天的,十分令人陶醉。我漫步在小区的小路上,看着,片片落叶飘飞,心中情不自禁的吟咏小诗一首:

　　风,轻抚你的干瘦的躯体

　　你像蝴蝶般的

　　飘回大地的怀抱

　　化作尘泥

　　回首,仿佛又回到那个春日的早晨

　　露珠晶莹的挂在你饱满的躯体之上

　　光阴好快,四季轮回

　　……

　　突然,一阵风吹来,落叶像雪花般在天空中飘飞,不一会儿,地上已经铺满了金黄色的地毯。孩子们在上面打滚,抓起叶子,撒向伙伴们,落叶为笑声伴舞。

　　没有落叶的秋天,不是一个令人着迷的秋天。

　　教师评语:文章的结尾,耐人寻味。与开头首尾呼应,表达了小作者独爱秋天落叶的感情。(指导老师:付卫香)

灯 光

王紫凌

　　每到夜晚降临,一束束灯光逐渐亮起,像是一颗颗挂在天空中的星星。

　　每家每户窗口中亮出了一盏盏灯光,那是一家人分离又团聚后温馨甜美的亲情。

亲近自然

　　红绿灯一会儿发出绿色的灯光，一会儿发出黄色的灯光，一会儿发出红色的灯光，指引着路上的行人、车辆有秩序地来来往往。那是提醒大家遵守交通规则的信号。

　　高楼上的灯光一闪一闪的，好像在说："喂，飞机，飞高一点儿，不然你会撞上我的！"那是对高空飞行物的善意提醒。

　　汽车的灯指引着汽车前进的方向，也在提醒旁边或对面的车辆行人：嗨，我在这里哦！请不要和我亲密接触。那是对自己也是对他人的保护。

　　灯光，像是一位位可爱的小精灵在空中飞舞着，像一只只快乐的小萤火虫在自由自在地玩耍着，像一只只灵敏的小眼睛在打量这个五彩世界。

　　灯光，能使我们咧开嘴笑起来；灯光，照耀着枯萎的土地；灯光，能使寒冷变得温暖；灯光，像太阳一样明亮，像火焰一样热情；灯光，是我们的笑容，也是我们的美好生活的点缀。

　　灯光，带给我们笑容，带给我们光明，带给我们每一刻的快乐时光！

　　教师评语：真是一个善于观察和想象的小姑娘，生活中处处可见的灯光在你的笔下充满了灵气和情感。愿你永远保持这份温暖和善良。
（指导老师：付卫香）

老路的故事

吴晋鹏

　　我的家乡在十里银杏长廊——八都卡，我家的房子坐落在岩山脚下，有宽宽的马路带着我们进进出出。我的家，有一个大院子和三层小楼，我喜欢站在二楼卧室，隔着窗看着屋后那条因为没什么人走而显得很荒凉的老路……

　　那是一条老旧的泥巴路，上面长满野草和苔藓，像老人身上的斑纹一样，带着岁月的痕迹。听说，我爷爷的爷爷小时候，它就在那里了。就是他，让村上的人走出大山，看到外面更大的世界。后来，村里造了新公路，他就退休了。偶尔有些老人和孩子到这条小路上走走、玩玩。

小路边有一棵高大的白果树，几片银杏叶子无精打采的躺在小路上，看着看着，想起爷爷说过的仿佛眼前出现了小时候的欢乐，笑声溢满了小路，通向远方，很远很远的地方，通向爷爷奶奶童年的回忆。

路边长满了野草，因为这几年我们和爷爷奶奶大部分时间都在长兴生活，忽略了打理，草儿枯了，又长了，长高了，有的比我还高。

有时候我常在想，都有谁曾在上面走过？太爷爷，爷爷，爸爸，还有我，太爷爷在这条路上走完了他的一生，爷爷也渐渐老去，而这条小路依然在那。随着我慢慢长大，这条路会老吗？

路的旁边有条小溪每天唱着欢快的歌，我想她们是去很远很远的地方旅行。河水清澈见底，养育着我们一代又一代人，河边仿佛出现了奶奶的身影，接着又出现妈妈的身影。

一阵微风吹来，窗帘浮动，眼前的小路仿佛活络起来，承载着村里人的记忆，通向远方……

教师评语：老路的故事很长远很古老。老路讲述着家乡可喜的变化，老路讲述着童年的欢声笑语，老路也讲述着着浓浓的亲情延续的故事……（指导老师：付卫香）

我家的"客人"

张语暄

去年我们家搬家了，新家就建在一座小山脚下。我的新家有一个大院子，院子里有一棵和我家房子一样高的大树。每次我只要轻轻推

开书房的窗户就能看见它静静地站在那里。

秋天到了,它树叶落尽。这天,我正在书房做作业。突然,窗外传来了"喵,喵,喵"的声音。

哇!透过窗玻璃,我看到院子里来了一只小猫,它身躯娇小,但皮毛像奶牛一样黑白相间,太可爱了啦,简直就是迷你版的奶牛啊!我兴奋地推开窗子,"吱扭"一声,却不知它被惊吓到了,一溜烟地跑到院外去了。我生怕它跑远了,急中生智,我学起了猫叫:"喵——喵——喵——"。它听到了,以为附近有它的小伙伴,竟返回来左顾右盼,两只耳朵一动一动的,似乎在搜索我这只"猫"。过了一会,我停了,它一楞,就闪进院子外面的树丛里,不见了。

冬天来了,寒冬腊月,大雪纷飞。我写完作业,正准备去餐厅吃饭。爸爸过来告诉我,窗外院里,又来了一只小鸟在雪地里做了个雪窝,它躲在了雪窝里。我惊喜地跑过去一看,果然,一只烟灰色的小鸟安稳地缩在雪窝里理着它的羽毛,那么安静,那么自在。

看着外面雪越下越大,我边看边想,它的家在哪呢?它是迷路了吗?会不会很冷?有没有很饿?想到这里,我急急忙忙吃完饭,跟妈妈要了一小勺米饭,想喂小鸟吃饭。可是,小鸟却不知什么时候飞走了,只剩下雪窝里的两根灰色羽毛。我失望地捡起了那两根羽毛,回到书房藏起来,拿它做个纪念吧!

冬天过去,又一个春天回来了。推开窗户,我兴奋极了!窗外的大树上又住下了几只喜鹊,它们整天喳喳地叫着,忙碌着做窝……

> 教师评语:小作者以自己独特的视角,观察身边的普通事物,以较通顺朴素的语言,表达了自己幼小心灵间,对生活中的小动物的喜爱和爱护的情愫。故事以"院子"为中心,如连绵画卷向读者展示温馨的生活画面,富有自然之美。(指导老师:何彩芳)

可爱的动物朋友

胡缌琦

今天，我要和爸爸妈妈去动物园参观可爱的小动物们。一大早，我就迫不及待地准备好了。我最想看大老虎，因为我的属相就是虎。

终于进了动物园，我可高兴了！小喜鹊在欢快地歌唱，大狮子好像要和我赛跑，可爱的长颈鹿一个劲儿向我们要食物，真热闹！

在小河边，我们发现了两条鳄鱼，它们张开血盆大口，仿佛要吞了我们，饲养员告诉我们，它们不会主动攻击人类，所以我们可以放心参观。

我们走着走着，就看到了一群小猴子嘻嘻哈哈地向我们跑来，我赶紧拿出香蕉分给它们吃，它们吃得真快啊，没过多久，我准备的香蕉就被它们吃完了。

大象的鼻子好长好长呀！耳朵像一把把小扇子呢！走动的时候飘飘摇摇的，真可爱！小兔子也很可爱的，它有像红宝石一般的眼睛，有长长的耳朵，又短又小的尾巴。别看脚小小的，跑步速度还是挺快的。

最后，我们终于来到了大老虎的观赏处，老虎们看到了陌生人，张开大口吓我们，它们的花纹很漂亮，我们还给它们拍了几张照片。

对了，我走到门口，一只小小的蜜蜂叮了我一口，啊，好疼呀！我疼得直哭。

回家的路上，我在想今天真是快乐而有意义的一天啊！

教师评语：本文主要描写了我去动物园参观动物们的有趣事，介绍了许多可爱而又有趣的动物伙伴，憨厚的大象，顽皮的猴子，可爱的长颈鹿，还有凶猛的大老虎，将动物的有趣形象表现了出来，让读者仿佛置身其中观看着动物们。(指导老师：王华)

亲近自然

小螃蟹

邱语晞

今天，奶奶从菜场给我买回来许多小螃蟹。

奶奶刚把它们放进水里，他们就迫不及待开始吐泡泡了。吐出许多圆圆的小泡泡，每个都晶莹别透。长着八条长腿的小螃蟹们不停地爬来爬去，趁我不注意，它们就"越狱"了。它们的两只大螯就像两只大夹子。我拿了张小纸片放进去，这螯就立马夹住了纸。它还有两条几乎看不见的小胡须和一根舌头。这舌头长在壳下面的小夹层里，肚子上有个小梯形的"盖子"，会张开合拢，壳上有一些白点。它们有一双灵活眼睛，这眼睛可以前后左右地动来动去，还可以上下伸缩。它的嘴巴会不停地吸水，直到把肚子吸撑。吸完水会把水吐出来。吸进去的水是旋涡形了，吐出的水是笔直的。

最小的螃蟹总是压在其它螃蟹身上，但其它螃蟹并不会受伤。因为螃蟹身上有硬硬的壳，就像铠甲一样。小螃蟹看上去是温柔的，但被激怒了它会"张牙舞爪"。我伸出手想玩一玩它们，它们就大螯张开并举得高高的。吓我一跳，我立马把手伸了回来。

小螃蟹虽然会"乱"发脾气，但我还是很喜欢它们。

> 教师评语：小螃蟹在你的笔下活灵活现。老师发现你有很强的观察能力，你对小螃蟹的观察非常细致，所以写出来的文章特别吸引人。期待下次还能读到你的观察作文哦。(指导老师：付卫香)

我的小蜗牛

徐铭晨

晚上进食,白天睡懒觉。你们猜猜这句话说的是谁? 哈哈! 就是蜗牛啦! 接下来就让我介绍一下我的小蜗牛。

蜗牛喜欢生活在潮湿的环境里,不喜欢干燥的环境,所以它身上总是湿漉漉的。在晚上潮湿的菜叶上,蜗牛"卡吱卡吱"地咬着菜叶,因为菜叶是它最喜欢的食物。在白天的时候,蜗牛就乖乖缩在壳里安安静静地睡大觉。

蜗牛长有两对触角,长一点的触角长着两只眼睛,两只眼睛像两颗小小的芝麻。它有一张针头大小的嘴,可它却有世界上最多的牙齿。蜗牛身上和壳上都长着花纹,像老婆婆脸上的皱纹。

我一碰蜗牛,它就躲进它的"房子"里。它的动作非常非常慢,它是用腹足波浪型爬行的。它的身上有粘液,所以它在玻璃上也可以爬行。

晚上的时候,我给它喂食,第二天菜叶上就留下几个洞洞和便便。

这就是我的小蜗牛,你们喜欢吗? 如果你们喜欢的话,也可以在晚上到菜地里的菜叶上去寻找。

教师评语:看来,这次科学老师让你们观察蜗牛,给你们提供了丰富的写作素材。通过你的介绍,我对小蜗牛的样子生活习性有了更多的了解,谢谢你哦!(指导老师:付卫香)

小乌龟成长记

谭雨欣

我家有5个人：爸爸、妈妈、爷爷、奶奶和我。但是在今年的夏天里，又多了两个人。哦不，是多了两只动物——两只可爱的小乌龟。一只叫花花，一只叫圆圆。它们带给了我许多快乐。

在7月份的某一个早晨，太阳火辣辣的，我在被窝里睡懒觉。妈妈不知什么时候出去了。哦！她去拿快递了。一眨眼半小时过去了，妈妈怎么还不回来啊？这时妈妈打开门，跟我说："妈妈今天回来晚了，因为我跟阿姨一起说了些事。"我看到旁边有一个箱子，"这是什么啊？""哈哈，"妈妈笑着说："这是阿姨送给你的。拆开看看吧！"我马上拆开盒子，原来是小乌龟呀！我太喜欢了！

"它们住哪呢？"我说，"总不能把它们放地上吧！"妈妈拿出一个东西，笑眯眯地跟我说："放这里面吧！"我点点头，把小乌龟放了进去。我给它们取了名字——花花和圆圆。因为花花背上的花纹很漂亮。圆圆呢，因为它胖胖的、圆圆的。小乌龟们在我们家待了一个夏天。

"快瞧！这乌龟会爬树！"爸爸指着乌龟说道："可以拿到博物馆去了！"我们也很惊讶一只乌龟会爬树。不过它们爬的不是真树，是假树。它们还会叠罗汉、跆拳道。这乌龟厉害吧！

现在它们冬眠了。大家都在等乌龟醒来，尤其是我。小乌龟，你们能不能快一点醒来呢？大家要你们来创造无尽的快乐。小乌龟，你快点醒来吧！

我爱小乌龟！因为它们可爱又有趣！

教师评语：两只可爱的小乌龟给你家带来许多快乐，也给你的课余生活增添了丰富的写作素材。(指导老师：付卫香)

太公家的鸡

徐浩洋

中秋节到了,爸爸妈妈带着我和弟弟去乡下太公家玩。

到了太公家,我发现后院有三只母鸡。它们长得可像了:米黄色的羽毛,大红色的头冠,尖尖的黄黄的嘴巴下面也有一块红红的东西。鸡的脚也是黄色的,像小铁耙子。当我刚想走近它们仔细看看它们在干什么时,一只母鸡抖动了全身,吓了我一大跳,立马转身逃进了房子里。

我很好奇母鸡为什么一直在泥地里不停地啄呀啄。于是我就趴在窗户上,悄悄观察这些鸡的一举一动。我发现了它们一直在啄盆子里的米,有一只站在盆子的边沿,一只站在盆子的外面,还有一只索性大半个身子都趴在盆子里。它们摆出各种各样的姿势啄米。调皮的弟弟学鸡叫了几声,其中两只鸡马上东张西望,我想它们一定把弟弟的叫声当成了自己同伴的叫声了,在找同伴呢!还有一只鸡在趁两只鸡东张西望的时候赶紧啄米,头也不抬地啄。我在心里想:这只鸡也太狡猾了,真是一只贪吃的鸡。弟弟学鸡的声音叫把太公逗得哈哈大笑。

这些鸡真有意思!乡下也真有意思!

> 教师评语:文中对三只母鸡啄食的动作描写非常细致传神。其实乡下还有很多有意思的事物等着你去观察去发现呢!(指导老师:付卫香)

外婆家的"小农场"

罗雨哲

我的外婆家里有个"小农场",我们去看一看,瞧一瞧吧!

首先,我外婆家里的"小农场"里有小狗、小猫、小鸡、小鸭。大狗小黑长着全黑的皮毛,小狗吉祥脖子上长着雪白的毛,其它都是黑的。每天,它们早起早睡。不管白天还是晚上,它们都负责看好外婆的家,如果有其它小动物和陌生人靠近,它们就会大叫:"汪汪汪汪汪!"真是两个尽职尽责的护院使者!

小猫就温顺些。它长着白色的皮毛,还夹着一点土黄色的条纹,胖乎乎的,十分可爱。它不会像狗那样不停地叫。可是一到下午,小猫就不知道去哪里了,真是个"小淘气"! 一到晚上,它就到处"巡逻"。去嗅老鼠的味道,外婆告诉我:"家里的老鼠已经被它赶得差不多了!"说到这,我又要给它点个赞!

小鸭就有点过分,给它吃、喝,就两天生了蛋,现在都不生了。难道它们忘记了怎么生蛋了?

我还是喜欢小鸡,因为它们又有漂亮的羽毛,又会生很多蛋,外婆告诉我:"昨天小鸡一共生了九个鸡蛋。"我都有点惊讶! 外婆家的鸡,特别与众不同,白天,成群结队的鸡在树下刨土,找虫吃,晚上,一只只鸡,飞到房梁上睡觉。

外婆家每天发出叽叽、嘎嘎、喵喵、汪汪的叫声,像一首多姿多彩的大合唱啊!

我爱外婆家的"小农场"!

> 教师评语:和上次写"捡鸡蛋"不一样,这回外婆家的农场里所有动物全上场了。尤其值得称赞的是段与段之间过渡特别自然,让人读起来有滋有味。不同动物的介绍也是有详有略。(指导老师:付卫香)

小鱼争食记

李杭澍

我们家养了三条非常可爱的小鱼,那是今年的10月7日,我和爸爸去野外的池塘里抓来的。还记得那天,我和爸爸在池塘里看见了好多鱼,可是一开始怎么也抓不到。后来,爸爸想出了一个办法:用大石头砸水中的石头,把小鱼震晕,这样就可以抓到鱼了。果然,我们一下子就逮到了三条漂亮的小鱼。

我可喜欢这三条小鱼了,回到家第一件事就是给小鱼换水。我先把小鱼倒到杯子里,然后在鱼缸里灌满水,再把小鱼放进鱼缸里。我还给小鱼起了名字呢!有一条个头最大的,全身金黄的小鱼,我叫它"金宝";有一条中等大小,全身深红的小鱼,我叫它"迈克";还有一条个头最小的,除了头上有一点红的以外,其他都是雪白的,它就是"萨拉"。

有一天,我看见"萨拉"肚子瘪瘪的,好像很饿。我就拿出鱼食给"萨拉""加餐",可是那一粒鱼食刚落到水里,没等"萨拉"回过神来,"金宝"就像射出的子弹般朝鱼食猛冲过去。我看见"金宝"的肚子鼓鼓的,它如果再吃鱼食的话,一定会被撑坏的。我连忙想办法阻止"金宝"。我想他们还只是小鱼,应该很容易被吓到吧!于是,我就朝"金宝"吹了一口气。"金宝"果然被吓了一大跳,赶紧游到一边去。这时,呆萌的"萨拉"这才回过神来,朝鱼食游去。可是,金宝又以迅雷不及掩耳之势朝鱼食冲去了……最终我只能把"金宝"赶到小鱼缸里,才让"萨拉"吃到了美味的鱼食。再朝小鱼缸里看看,"金宝"在小鱼缸里急得乱蹦乱跳,那着急的样子真可笑!

再说说"迈克"吧!它是三条鱼中最淡定的一条,吃鱼食也是不紧不慢的,有时候吞进去还会吐出来。即使吐出的鱼食被其他小鱼抢走

了,它也无所谓,一副优哉游哉的样子! 至于抢它鱼食的那条小鱼,不说你们也一定能猜到——除了馋嘴的"金宝",还会有谁?

　　我家的小鱼是不是很可爱? 我很珍惜和它们在一起的日子。我也一定会把它们照顾好,每天绝对不会忘记给它们换水、喂食。小鱼,我爱你们!

　　教师评语:看来,这三条小鱼已经成了你生活中最重要的小伙伴了。从你的字里行间我能感受到你对它们喜爱和关心。(指导老师:付卫香)

五彩生活

指导老师　付卫香

　　阳光,照见五彩生活,春芽,因阳光茁壮生长。生活,不仅给予我们丰富的经历,也带给我们精彩的年少时光。细细品味生活,经过的事,有笑有泪。品过的味,有苦有甜。用一份好奇观察生活,用一些稚气书写生活,一笔一划,目之所及,皆是五彩斑斓。

捡 鸡 蛋

罗雨哲

星期六的下午，我们来到外婆家。听外婆说，她家的鸡一天至少生了五个蛋。我捡过蛋，可我没捡过那么多蛋，今天就让我再捡一次鸡蛋吧！

我悄悄走到两个鸡窝旁，有一群母鸡在排队生蛋，一只鸡"咕咕哒"地跳进窝里，安静又舒适地坐在窝里准备生蛋。我两手撑着下巴，目不转睛地盯着母鸡，我想这母鸡生蛋怎么都那么慢？我又站起来，踮起脚尖，往窝里瞧：母鸡还是一动不动地蹲在窝里。妈妈说："你先出去玩一会儿，鸡生蛋没有那么快。"我去外面逛了一圈回来，我又跑到鸡窝旁一瞧，还是没有动静。我跟一群小鸡跑去菜园边玩时，突然"咕咕哒"一声，我飞快地跑到鸡窝旁，这时鸡已经飞出了鸡窝了，我眼前一亮，一个又粉又大的鸡蛋正静静地躺在窝里，我迫不及待地拿起鸡蛋，握在手里，蛋还是暖暖的。

但是另一只鸡已经在窝里蹲了半个时辰了，还不出来，我实在等得不耐烦了，我找来一根又粗又长的树枝往鸡窝旁敲去，不但没把它吓出来，却把另一个窝里的鸡吓得飞出来。我往那窝里瞧了瞧，里面有四个蛋，我一下子捡到了四个，这感觉太棒了！

时间过得真快，我又要回家了，可鸡窝里还有只鸡在生蛋呢。今天我既高兴又遗憾，高兴的是我今天捡到了五个鸡蛋，遗憾的是另一只鸡到现在还没出来。今天让我体验了一回当农场主的感觉。

教师评语：读着你的文字，老师也仿佛随你一起蹲在鸡窝边盼着母鸡快快下蛋，当我读到"一个又粉又大的鸡蛋正静静地躺在窝里，我迫不及待地拿起鸡蛋，握在手里，蛋还是暖暖的。"我的心里和你一样激动。看来生动细腻的文字的确引人入胜，小小农场主，继续加油哦！

爱的小路

李杭澍

作为半个杭州人，我对杭州的路却一点儿也不熟悉。我唯一熟悉的只有外公、外婆家门前的那条临街小路。

记得小的时候，每当外公、外婆知道我和爸爸、妈妈要回去看望他们的时候，他们都会早早地搬一把椅子，坐在家门口的小路上等着我们、盼着我们。老远地看见我们就不停地朝我们招手，开心地笑着。还有一次，外公居然在路边睡着了，可能是等我们等太久了。妈妈真担心外公会因此而感冒，连忙把他拍醒。从那以后，我们每次回杭州都不跟外公、外婆说了，总是悄悄地回去，给他们一个大大的惊喜！他们也总是会用责备的语气说："回来了也不说一声，菜都还没买呢！"然后就是搂着我又是抱又是亲的……

住在杭州的那些日子，我最快乐的事就是和外公、外婆在家门口的小路上遛狗。我们家的大金毛犬每次看见外公或者外婆拿起拴狗的绳子就兴奋不已、激动得又蹦又跳。家门前的这条小路仿佛成了它的地盘。它的力气太大了，我和外婆两个人拉着它都不由自主地被它拖着走。记得小的时候，外婆还会把我抱起来让我骑在大金毛犬的身上，就好像骑马似的。看见我笑了，他们笑得比我还开心。笑声洒满了整条小路。

每次要回长兴的时候，都是我最难过的时候，因为我舍不得离开这里。当我们的车子在小路上缓缓启动的时候，外公、外婆总会来送行。每次都会大包小包地给我们准备很多好吃的东西，让我们带回去。我们的车子越开越远，可他们却久久不愿离去。每当这时候，妈妈都不敢回头看，因为她一回头看就会忍不住流下眼泪。有几次，我也哭了。因为我也不想走，还想再多住几天。

这条我熟悉的小路给我留下了满满的回忆！这条我熟悉的小路是一条充满了爱的小路！

运动会选拔赛

周靖轩

星期二，太阳照在人身上暖洋洋的，微风习习，是个好日子。今天我们要选拔运动员，我很开心，因为我很有可能被选上。

来到跑道上，宋老师把跑得快的几个人挑了出来，果不其然，我就是其中之一。宋老师告诉我们跑得快的方法，只听他说："你们觉得是跑外圈快还是跑里圈块？"我毫无犹豫地说："当然是里圈快，因为跑里面的话，跑的路短。"后来宋老师公布了答案，就是我说的那样。

开始跑步了，我拼命地向里面那圈挤，差点摔了个"狗啃屎"。于是我决定先在外圈跑，如果队伍分散得很厉害，再找个机会插进去也不迟。很快，机会来了，我用眼角一瞟，瞟到杭杭就和队伍隔得很远，我看准这个机会冲了过去，杭杭见势不妙，连忙伸手拦我。我也不是什么好欺负的，灵活地将身子一扭一送，成功地绕开了他，一个冲刺，就冲到了他的前面，继续往前跑。

终于快要到终点了，我想来一个最后冲刺，一下跑到终点，可是我也只能想想，我的腿已经失去知觉了，没办法，我只能落在队伍的后面。

五彩生活

我下定决心,回家再多练练,争取下次能选上。

> 教师评语:这篇文章最打动我的是小作者幽默风趣的语言和细致入微的心理描写。让我们看到一个心思狡黠,千方百计想赢,竭尽全力参与却在淘汰后能豁达地说出"我下定决心,回家再多练练,争取下次能选上。"这也应证了我们班做人做事的原则:赢要赢得光明正大,输要输得心服口服。小家伙,我为你骄傲!

猪肉"快递员"

张峻恺

星期四上午,付老师去培训了,陈老师要看班,北门有东西送到了,来不及拿,就让我去拿一下,还特意告诉我是猪肉。我边走边想:"应该是让我去拿猪肉做的食品吧!"

当我蹦蹦跳跳来到了北门传达室,看到了要取的东西时却吃了一惊!原来真的是让我拿猪肉,而且是一大块新鲜的猪肉!猪肉是装在了塑料袋里的,有点重,我拎不动、双手捧也捧不起,真是急死人了!怎么办呢?我想起了平时书包拿不动的话可以背,就试着用双手拎住袋口,用力将猪肉袋子甩在背后,站了起来,真的能拿得动!就这样,我弓着身子,背上猪肉,快速地往教室跑去。

忽然,背上一阵刺痛,怎么回事!我停下脚步,放下猪肉仔细观察,哦!原来是猪肉上有块凸起的骨头顶着我的背了,我赶忙调整下袋子的方向,背上猪肉继续朝着教室赶去。路上还碰到了宋老师,得知我替陈老师拿的是猪肉后脸上也露出吃惊的表情。

"哇!好大一块猪肉啊!"当我走进教室将肉交给陈老师时,同学们发出一阵惊叹!陈老师对我边说谢谢,边接过了猪肉。

任务完成，"快递"送到了！虽然货物很奇怪,能给老师做"快递员"我很开心!

> 教师评语:看来我出一趟差,不仅让陈老师辛苦也连累了你辛苦。不过值得高兴的是收获了这一篇有意思的作文。从你的描写中我仿佛看到一个小男孩想法设法背着那块猪肉艰难前行的画面。读的过程中有点好笑,又有点替你着急。不过这个小小快递员真的很棒!

妈妈哭了

谭雨欣

最近妈妈心情不太好,总是默默地流着眼泪。在我记忆中妈妈是一个非常强大的女超人,但是妈妈也会哭,也会变得非常脆弱。

看着哭泣的妈妈,我非常心痛,想着安慰她,让她变得勇敢起来。但是大人之间的事情,有哪个孩子会明白呢? 所以,我想了好久都没有想出一个好办法。什么? 你们说讲个笑话。不不不,这种办法我已经试过好多次了,但是都没成功。我想了许久才想到一个好办法。于是,我说:"妈妈你别哭了,你以前是个超人,现在变成了缩头乌龟。你别哭了,妈妈,好吗?"妈妈听了我的话,哭得更凶了。于是我说:"妈妈,难道我做错了什么吗?""不是,不是,妈妈只是累了。"但我还是不明白妈妈为什么哭。

妈妈,虽然我不知道你为什么哭,但是妈妈,我相信你一定会变回那个勇敢的女超人!

> 教师评语:亲爱的孩子,也许妈妈真的只是太累了。但你对妈妈的关心会给妈妈力量和勇气,相信她现在已经变回了那个勇敢的女超人。

画笔下的"美"

李杭澍

俗话说:爱美之心,人皆有之。我也如此!我爱山林的隽美;我爱大海的壮美;我爱花草的秀美;我爱心灵的纯美……所以,我最喜欢用我手中的画笔,画下人世间最动人的"美"。

昨天的画画课上,老师教我们画石榴。这是我第一次正式学习水墨画。说实话,我更喜欢写生的惬意,更喜欢儿童画的天马行空。对于水墨画,我毫无概念!直到第一节课结束,我很诧异地发现,我竟一下子就爱上了水墨画。柔软的画笔蘸着五彩、鲜艳的颜料在雪白的宣纸上随意地勾画,竟是如此美妙!

首先,我用粗的毛笔蘸上棕黄色和橘色的颜料,画出石榴的形状;接着,我用细的毛笔蘸一点黑色的墨给石榴钩线,线条有粗有细,藕断丝连;然后,我再画出石榴的树枝,时而舒展,时而穿插,偶尔还带有一点枯笔;最后,我再用粗的毛笔,蘸上深浅不一的绿色,画上一片一片形态各异的树叶,并画上叶脉。一幅漂亮的石榴水墨画就完成了。

当妈妈看见我的画作时,喜悦之情溢于言表。双手捧着我的画仿若捧着珍宝!她仔仔细细地看了好久,深情地对我说:"孩子,你的画让我看见了"美"的东西往往会令人感动,画如此、景如此、人亦如此!

但我认为:能令人感动的"美"才应该是真正的"美"!希望我们生活的空间,能多一点这样令人感动的"美"!

教师评语:爱美之心,人皆有之。而你不但爱美,还能创造艺术之美,发现情感之美。希望我们的生活中多一点美,更希望我们眼中和心中始终蕴藏着美。

如果不用长大

周靖轩

　　我家的窗外有一条宽宽的路，路边种着几棵高高的玉兰树。春天一到，满树的花开了，白色的、紫色的，非常好看。玉兰树旁有一块草地，那里是我们小区孩子们的天堂。从早到晚聚满了小朋友。我们在草地上打滚、嬉戏，撅着屁股看蚂蚁搬家，翻开每棵小草寻找小蜗牛、西瓜虫的踪迹。当然那是我和我的小伙伴们还在上幼儿园的时候。

　　现在我上小学了，每当我坐在窗前写作业的时候，心里总是痒痒的，眼珠子不由自主地朝窗外瞅。瞅着瞅着，有时候我觉得自己变成了孙悟空，我的分身还留在书桌前学习，我的真身已经飞到楼下，和小弟弟小妹妹们一起玩耍。但好景不长，妈妈的"狮吼功"和爸爸的"如来神掌"总能轻易让我元神归位。这时候我就特别羡慕楼上的思思妹妹，。因为她比我小，还能和她的一群小伙伴一起玩。她特别喜欢穿粉红的衣服，让我总能一眼找到她。她有时骑自行车，有时跳绳，就连摘朵野花都开心得不得了。她那欢快的声音时不时从窗外传来，让我羡慕极了。

　　直到有一天，我突然听到，窗外传来思思的哭声和断断续续的并不悦耳的钢琴声，这时我才发现思思已经好几天没出来玩了。听着她的哭声，我不由想起了我学围棋的经历。有一次，我不愿去上围棋课，爸爸偏让我去。无论他怎么说，我坚持不去，后来爸爸忍不住了，就把我拖到家里狠狠地揍了一顿。没办法，最后我只能哭着去上围棋课了。

　　最近，窗外越来越少看见思思玩耍的身影了，但楼上的琴声却越来越好听。听着她的琴声，我总是忍不住想：关于"长大"这件事，到底好

还是不好呢?

我快掉牙了

谭雨欣

晚上,我们去水口的一家饭店吃饭,结果我吃了太多甜的东西了,所以我的牙开始疼了起来。

回到家,忽然我的牙更疼了。原来,我要换牙了。"现在不要经常用手去摸他。"妈妈和气地说。我说:"哦! 我知道了! 不要再像和尚敲木鱼一样碎碎念了。"说完我便去洗澡了。

我告诉你们,这颗牙会"说话"。瞧,他现在在说:"哎呀! 我要掉了! 我可以跟哥哥姐姐,弟弟妹妹一起躺在"床上"了! 新的牙小弟和牙小妹终于为我接班了。"

再过几天我的牙就要掉了,一颗新的牙要长出来了!

牙儿们,我们马上就会再见了! 我不会忘记你们的!

因此,我做了一个奇妙的梦。

这颗牙活了过来,说:"小主人,我马上要掉了,你以后还会记得我吗? 我相信你一定会记得我的吧! 以后我还会长出来,只是样貌不同罢了,我的第二个样子,会陪你到永远。"这个梦让我铭刻在心。

牙儿,你掉了以后请多保重。那个梦,我永远不会忘,你,我更不会忘!

记得自己小时候,大人告诉我们:下面的牙掉了要往天上扔;上面牙掉了要往床底扔。好像还是昨天的事呢!

我的蓝天梦

罗哲

窗外,春意盎然。梨花染白了枝头,小树点绿了树梢,告诉我们春天来了。春天是个蕴育着梦想的季节。

花儿的梦想是结出丰硕的果实;小树的梦想是长成参天大树;我的梦想是飞上蓝天。

每当我抬起头,看着蓝天白云,总在想:如果我能像小鸟一样在天空自由飞翔该多好啊!

我们没有翅膀,并不能和小鸟较量飞翔的本领。但是我们可以给自己插上知识的翅膀,知识的翅膀能实现我的小小梦想。

在我小小的梦想中,我会成为一名光荣的空军飞行员,驾驶着先进的战机翱翔在祖国的天空,穿梭在云朵之间。地平线在远处形成一条弯弯的弧线,那是我要守卫的边疆。

我的小小梦想也许还能更进一步,让我飞得更高。让蓝蓝的天空变成黝黑的星空,让我成为一名宇航员。这时候,弯弯的地平线结成一个圆。这圆内,是我们人类的家园。

这时候,我会看到太阳只把我们圆圆的家园照亮了一半,另外一半沉睡在黑暗中,但黑暗中我们的文明之火星罗棋布。我知道,那一个个不起眼的小亮点,都是一个个繁华的大都市。

当我坐着飞船飞越南极北极时,那极光是多么斑斓绚丽,它会照耀着我去探索璀璨的星河。我会去看看木星大红斑那可怕的风暴,去看看火星奥林匹斯山那高耸的盾牌,去看看比邻星那奇特的三体系统。

为了我小小的梦想,我坐在窗内,在寸金般的春光里,捧起了我心

爱的书本。

> 教师评语:文章语言充满诗意,字里行间洋溢着小作者对蓝天和未来的向往。老师衷心祝愿你:梦想成真。

解题小妙招

张轩琪

今天放学我一回到家了,就立马拿出了数学作业,兴致勃勃地做了起来。但没过一会儿,我遇到了一只"拦路虎"。有一道拓展题,让我百思不得其解。题目是这样的:水果店运来苹果和橘子,共36箱,苹果的箱数是橘子的两倍。苹果和橘子分别有几箱?一开始,我用36÷2=18,橘子18箱,那么苹果就是36箱了。我一看不对,两种水果一共才36箱啊,这才发现自己算错了。于是我又开始重新思考,一遍、两遍、三遍……还是没能算出来。妈妈看着我不耐烦的样子,笑着说:"多读几遍,要理解题目意思才行。"

听了妈妈的话,我静下心来慢慢地读题。忽然想起老师说过,画图能帮助我们理解数量间的关系。于是,我决定用画图的方法来试一试。(图示如下)

在线段图的帮助下,我终于理解了36箱不是橘子的两倍,而是3倍。了解了正确的数量关系之后,就可以求出橘子有几箱了。我马上用笔写下算式,橘子:36÷(1+2)=12(箱),苹果:12×2=24(箱),我又仔细地验算了一遍。"哈哈,总算被我给算出来了!"我的心里别提有多高兴了。看来画图真的是解决数学题的一个小妙招啊!难懂的问题通过画图使得数量间的关系一目了然,何乐而不为呢?

我想到了之前读过的一个故事,陈景润先生在他小时候听老师说过,谁能解答出哥德巴赫猜想,谁就能拿到"皇冠上的明珠"。陈景润非常想为祖国拿下这个荣誉,于是十分努力地学习数学知识。在他坚持不懈的努力下,终于解答出了这道牛顿都没能解答出来的难题,并在1972年发表了自己的证明,震惊了全世界。

从这个故事里我明白了,原来学习数学也要坚持不懈。我要以陈景润先生为榜样,遇到难题,勤动脑,多用解题小妙招,攻克一个个数学难题。

教师评语:小作者通过思考用不一样的方法解出了数学难题。难怪有人说:条条大路通罗马。有时候我们换个角度思考问题也许就会得到不一样的发现和收获。(指导老师:陈建宏)

抓 蟹 记

张语暄

国庆节的时候,我们一家子带上我的表妹,到我的老家——中国最美丽县城桐庐,开开心心地度过了一个愉快的假日!

记得十月三日那天,天气特别好,我们路过富春江边的一个公园时,就被眼前的美景吸引住了。走进公园,发现公园挨着江边很近,江边有一片金黄的沙滩,沙滩上静静地立着五颜六色的太阳伞,柔软的细沙上躺着各种各样的贝壳,有的蓝蓝的像宝石,有的灰灰的像骨头,还有的彩色的像巧克力豆……都十分惹人喜爱!沙滩也变得五彩缤纷了

　　这时，我看到有个阿姨带着一个小弟弟在江边娴熟地抓螃蟹，她抓了好多，我羡慕不已。可是我从小就害怕螃蟹，怕它那威武的钳子，不敢动它。于是，我好奇地问："阿姨，你是怎么抓到它们的呀？""只要看准时机，一下子按住它的背，就没问题了。"阿姨一边抓一边说。我于是跃跃欲试，心中充满了希望。

　　首先，我跟爸爸要了一个瓶子，准备用来装螃蟹。我马上行动起来，撸起袖子，小心翼翼地将一个个小石头翻开，啊！石头下面真的躲着螃蟹，那一对圆溜溜的小眼睛似乎盯着我，嘴里还不时地冒着泡。也许是看着我的大眼睛盯着它，它吓得向后退了几步。见它不动时，说时迟，那时快，我一伸手迅速按住螃蟹的背。"哈哈，哈哈！我抓住螃蟹啦！"我赶紧趁胜追击，继续抓，一会儿功夫，我也抓了大半瓶。啊，好开心呀！我正得意着，突然，我的手指一阵剧痛，紧跟着是我的惨叫"啊！"。原来是一只稍大一点的螃蟹夹住了我的手，真痛啊！小表妹乐得在一旁"咯咯"直笑。为了维护我这大哥哥的形象，我忍着痛，把那只可恶的螃蟹活生生地掰了下来。我发现，螃蟹的钳子还在手上，我不免担心起来。后来，爸爸告诉我，螃蟹是有一种再生功能的，断手断脚，在必要的时候是可以再长回来的！哦，我这才放心。

　　那天，我不但抓螃蟹玩得很开心，我还收获了新的知识和勇气！这个假日实在太让我难忘了啊！

　　教师评语：整篇作文围绕"抓螃蟹"来写，从畏惧螃蟹到勇敢抓蟹，小作者写出了自己的调皮可爱。文章中间突出了抓螃蟹时的过程，有动作、神态、想象等细节描写，生动而具体，也写出了自己真实的生活感受。（指导老师：何彩芳）

钓　鱼

王佳乐

　　钓鱼？你一定认为我是个男孩吧，其实，我是个10岁的女孩，因为性格外向，爸爸就把我当儿子养了，什么踢球啊，钓鱼啊，都带着我。这不，又是星期天，一个阳光明媚的日子，爸爸又带着我去水库钓鱼啦。

　　我和爸爸一起来到水库边，就看到水库里的水清澈见底，有许许多多的鱼儿在河中游来游去，真是有趣。爸爸对我说："我们开始钓鱼吧！"我说："好啊。"

　　爸爸帮我把鱼饵放好，之后就开始钓鱼了。爸爸说："要先把鱼饵用钓竿甩出去，然后，看着鱼漂，如果漂往下沉的话，就是有鱼吃钩了，这时要提竿，就能钓到水中的鱼儿了。"我听了爸爸的教导后，坚信自己一定能钓到大鱼。没过一会儿，爸爸那里就传来了哗啦的声音，我就跑过去一看，原来是爸爸钓上来了一条鱼。我心想：我可不能输给爸爸。于是，我把鱼竿抛在水中，没过多久，我发现水中的鱼漂沉下去了，我就慢慢地起竿，结果发现没有钓中鱼儿，钓钩上的鱼饵却被鱼儿吃掉了，明明是有鱼儿吃钩为什么没有钓中鱼儿呢？我很困惑。于是，我就跑到爸爸那里去问个究竟。"爸爸——爸爸——为什么鱼漂下沉了，我提竿没有钓到鱼儿呢？"爸爸回答我说："看见鱼漂下沉的时候，必须要迅速地提竿，如果慢慢地提，鱼儿是会发现的，会把吃到嘴里的鱼饵吐出来的，那样是钓不中鱼的。"爸爸还对我说："钓鱼虽然要有耐心的，但也要抓准时机。"我听了恍然大悟。接着我又让爸爸帮我装上了鱼饵，把鱼饵抛到了水中，安静地等待鱼儿来吃钩。

　　过了一会儿，我发现我的鱼漂又沉了下去，这次吸取了上次的教训，我迅速地提竿，这回提起鱼线，觉得好重。我开心地喊着："爸爸，我钓到鱼啦！"爸爸赶紧过来看，还帮我把鱼儿从水中捞起来，是一条很大的鲤鱼，我开心极了。之后，我和爸爸陆陆续续地钓了好几条鱼，不知

五 彩 生 活

不觉时间已经到了下午,我和爸爸收拾好钓具,准备回家了。

回到家里,我把钓到的鱼拿给妈妈看。妈妈直呼我"野丫头",哪有女孩子顶着太阳去钓鱼的。虽然妈妈嘴里责怪着,可是看着我的高兴劲,妈妈也开心地笑了。

教师评语:这一篇描写钓鱼的记叙文,以一个女孩钓鱼来开篇激趣,文章脉络清晰可见,对作者和爸爸钓鱼的细节描写生动具体,语言活泼明快,富有情趣,大量采用生活的口语,使文章更显自然亲切,生活气息浓,遣词造句准确传神,最后还点出了作者的快乐。(指导老师:何彩芳)

开心游戏

吴张睿

一天傍晚,我和妹妹、姐姐在一个饭店门口做游戏——捉迷藏。

游戏开始了,妹妹正想着往哪里躲的时候,我一下拉住妹妹暖暖的手说:"跟我走,我知道一个好地方,姐姐一定不会找到我们。"妹妹为了不被姐姐找到,就半信半疑地跟我走了,我们来到旁边的一家饭店门口,跟饭店里的叔叔、阿姨说我们在玩捉迷藏,想藏在饭店里。叔叔阿姨说:"可以呀。"我跟妹妹说了声:"谢谢叔叔、阿姨!"就走进饭店,躲到饭店后面的一个大桶旁边,当姐姐找过来的时候,我对妹妹说:"嘘! 不能出声,知道了吗?"妹妹小声说:"嗯,知道了姐姐,我绝对不出声,绝对不让姐姐找到我们!"只见姐姐左看看没找到,右看看还是没找到,就跑到饭店外面去了,可能去旁边银行大厅里找我们了。过了很久,姐姐还是没有找到我和妹妹。她就在外面大声说:"游戏结束了,我输了,你们快点出来吧!"我听到后就想着要不出去吧,我和妹妹走了出来,结果没想到的是我和妹妹中了姐姐的圈套。"时间还没结束呢! 你们还真信啊，"姐姐坏笑着说。我和妹妹好不甘心哦。

天渐渐地黑了，时间过得真快啊！我说："姐姐、妹妹，我们下次再玩捉迷藏吧，太晚回去，爸爸要教训我了！"姐姐说："那好吧，那我们下次玩吧！"跟姐姐妹妹道别后我就回家了。

我和姐姐妹妹下午玩得很开心，这次捉迷藏让我很难忘，不过我也看出了姐姐的"真面目"！

> 教师评语：这篇作文连贯性非常好，用词用句得当。语言生动活泼，字里行间透露出儿童的天真和情趣。你一直是一个聪明的的孩子。你写的文章虽不长，但过程叙述得很清楚，生动有趣，全文结构紧凑，文笔也较流畅。（指导老师：王华）

第一次钓鱼

王思源

英国伟大的科学家牛顿说过："一个人做事如果没有恒心，他是任何事也做不成功的。"在一次钓鱼事件中，我深刻体会到这个道理。

那天，听爸爸说要带我去钓鱼，我激动得一晚上都没睡着。第二天，天气睛朗，如同我的心情。爸爸准备钓鱼要用的东西，我一直催呀催，爸爸一直说："就快好了，就快好了。"旁边的奶奶笑着说："这孩子真沉不住气。"过了好一会儿，爸爸终于好了，可以出发了，我的心情真是无比激动。到了河边，爸爸找了一块空地，连忙拿出新买的鱼竿，并拿出其它的钓鱼工具。教我如何拿，在有动静时如何快速拿起鱼钩。我把鱼竿甩到河里，然后静静地等待着……一分钟、二分钟、过五分钟了，还没有鱼上钩，这下我可心急了，拿着鱼竿这儿走走，那儿走走，就像热锅上的蚂蚁急得团团转，心里总在想：鱼儿都到哪儿去了

呢？但是我一看爸爸还安静地坐着,悠闲垂钓。我也再次继续坐在小凳子上,可不一会儿我双眼就直直对准了爸爸,看看看,爸爸都钓了一桶了,我还一无所获。我心里很难过,气急败坏地说:"不钓了,不钓了,都这么长时间了,连鱼的影子都没见着呢!"爸爸见此状,语重心长地说:"钓鱼要有耐心,有恒心,做任何事情都是不能急躁的,要学会等待。"我似懂非懂地点点头,重新坐下,不出20分钟,"鱼"降我钩,我使劲一拉,还是一条不小的鱼呢! 我骄傲地拿着那条鱼又蹦又跳。

这第一次钓鱼,真好!

教师评语:本文构思巧妙,内涵深刻。表面看小作者是写自己跟爸爸去钓鱼,细细品味则是巧用小猫钓鱼的故事,寓意做事要有耐心、恒心方能成功,主题积极。叙述条理清晰,语言生动活泼有童真童趣。有个比喻像热锅上的蚂蚁急得团团转,很形象。(指导老师:王华)

烤 番 薯

董淑婷

你们喜欢吃番薯吗? 反正我可喜欢吃了,番薯甜甜的,软软的,可好吃了。

有一次,我爸爸妈妈带我来到乡下爷爷奶奶家。我一进门就嚷着:"奶奶,我今天是来吃番薯的,欢迎吗?"听到我的说话声,奶奶连忙跑出来说:"行啊! 番薯有的是,快到里屋叫你姐姐不要写作业了,我们一起去荒地烤番薯。"

我们三人走到村口的荒地,姐姐把番薯拿出来。奶奶找来几块砖头,这么一摆,那么一摆,一个简单的灶头就搭好了。奶奶叫我和姐姐去捡柴。姐姐往东捡,我往西捡。我们边捡边退,不一会儿,两只手已是一大把了。

有了柴我们就开始烤番薯了。奶奶划了根火柴,然后慢慢地放进细柴中。过一会儿,火苗慢慢地大了起来,姐姐趁着这个机会连忙抓了一把柴,放入火中。我忙把一个个番薯扔进火堆里。奶奶看我的样子,笑得合不拢嘴。她用一根小棍往火堆里一捅,火苗呼呼地冒上来。红番薯渐渐变成黑番薯了,一股香气扑鼻而来,我的口水都快流出来了。好一会儿,奶奶挑了一个香喷喷的番薯先递给我说:"小馋猫快吃吧!"我顾不得烫,狼吞虎咽地吃起来。姐姐看我这样子,笑着说:"你可真是一只馋猫!"

时候不早了,我们拿着烤好的番薯边说边笑往家里走去。

教师评语:这是一篇叙事的记叙文。事件过程描述详细具体,内容虽多但显得有条不紊井然有序,体现出了清晰的思路与谋篇布局的能力。取材新颖,构思奇妙,语言生动活泼。字里行间透露出清新的生活的气息和玩耍的情趣。(指导老师:王华)

难忘的一天

钱 震

星期六,妈妈一大早就把我叫起来。我问妈妈:"我们今天去哪里?"妈妈没有作声,我又继续追问,妈妈才说要去医院,舅舅动小手术。

到了医院病房门口,远远就看见外公在走廊尽头踱来踱去。走进病房,看见舅舅消瘦了许多,大家的神情都有点严肃。这时,医生进来查房。大夫说:"准备一下,大概十一点去手术室。"为了缓和病房里紧张的气氛,接着又说:"小手术,不用紧张的,一会儿就做完了。"舅舅半开玩笑地说:"长这么大第一次住院!"

十一点,护工把舅舅推到手术室门口等待。本来要轮到舅舅了,这

时出现了一个急诊小朋友，他把一个弹簧吞到肚子里了，我看见小朋友的妈妈眼里全是泪水，估计是吓坏了。商量后，医生连忙把小朋友推进手术室。在漫长的等待后，医生终于推开门，端着盘子说："家长过来看一下，这个二公分的弹簧是花了九牛二虎之力才弄出来的。稍微不慎就会很危险，幸亏送得及时，不然后悔都没用了。以后一定要看好孩子，不要玩这种危险的东西。"

终于轮到舅舅了，又开始了漫长的等待。大家都没有说话，空气出奇的安静，连一根针掉地上都能听得到。时间一分一秒地过去，大家的心也一直悬着。当手术室门推开的一瞬间，大家都拥上前去。听到医生说手术一切顺利后，大家这才松了一口气，我看见外公本来紧绷的脸上露出了一丝笑容。

每个人都会经历一些快乐和烦恼的事情，快乐和烦恼伴随着我们成长，我们从成长中领悟到许多道理。2019年，我的新年愿望是希望我身边的亲人、朋友们都能健健康康、快快乐乐！

> 教师评语：孩子能留心生活中的事，并从中领悟到深刻的道理，这是相当难得的。从懵懂无知到成熟懂事，作为老师我感到非常欣慰。同时这篇文章也让我感受到了成长的力量，对于孩子来说是一次新的跨越。希望孩子今后能从一件件小事中体会酸甜苦辣，并创造更美好的人生！（指导老师：王华）

玩　雪

朱云茜

下雪了，下雪了！这是今年的第一场雪。

晚上，我很想去玩雪，就跟爸爸妈妈说："能让我出去玩会儿雪吗?"爸爸说:"天气这么冷,还是不要出去比较好,万一冻着了怎么办?"妈妈也在边上附和着。我可怜巴巴地继续央求道:"难得下雪,就让我玩一会儿吧? 我会注意保暖的。"爸爸妈妈见我可怜的样子,终于同意了。

我穿上我的粉色小雨鞋,戴上帽子蹦蹦跳跳地跑去了操场。雪下得可真大呀,像鹅毛一样地飘下来,整个大地都被雪覆盖了,白茫茫的一片,像新娘子洁白的婚纱披在大地上。我兴奋得在雪地上跳来跳去,跑来跑去,雪地上到处留下了我的小脚印。不一会儿,我便有点累了,可仍然很高兴,我捧起地上的雪,用力捏成一个大大的雪球,把雪球用力地朝前方扔去,雪球掉在地上跟雪又融为了一体。我还没有玩尽兴,又跑到石头桌子前,桌子上已经堆积了厚厚的雪,我想刚好可以用来堆雪人。于是,我就把那堆雪做成了雪人的身体,但是雪人少了鼻子跟眼睛,可是我身边没有胡萝卜和黑豆,于是我就找来了三个小石头,把一个小石头轻轻地塞进雪人的鼻位,雪人的鼻子就好了,又把另两个小石头放进雪人的眼部,我又找了两根小树枝当雪人的手。看着做好的雪人,总觉得缺少了点什么,就想找点东西装饰一下。突然,头上被什么东西打了一下,我回头一看,原来是爸爸朝我扔了一个雪球,还在那里哈哈大笑。我不甘示弱也从地上弄了一个雪球,朝爸爸扔过去,被他躲开了。我们就这样开心地在雪地里打着雪仗,雪球在空中飞来飞去。操场上回响着我们开心的笑声。这场开心的玩雪游戏在妈妈的呼唤中结束。

跟爸爸约好下次下雪我们还要一起玩雪,打雪仗。

教师评语:本文语句优美,内容生动丰富,文中用了比喻的手法,通过记叙了对玩雪的期盼及玩雪的过程。描绘了雪景的美及玩雪的快乐心情。字里行间充满了玩雪的童趣。结尾简单,但表明了对下次下雪的期盼。(指导老师:王华)

捉 迷 藏

吕 杰

星期天的下午阳光明媚。我和小刚还有晓云在小东家的院子里玩游戏。

"玩什么好呢?"我问。我们大家摇头晃脑地想着,小云突然说:"可以玩捉迷藏的游戏呀。"大家异口同声说:"对呀,对呀,我们可以玩捉迷藏这个游戏。""那谁来找呢?"小东问道。我说:"我先来找,你们去藏。"大家都表示赞同,于是游戏就开始了。我背对着他们开始数数1、2、3、4、5……15。"你们准备好了吗? 我要来找了。"我说,见没有人应答,我猛一转身,果然他们早已消失得无影无踪了。他们藏到哪儿呢?突然,在一棵大树的后面我发现了小刚被太阳光照射的影子,我就悄悄地溜到他的背后,趁他不注意我用手拍了一下他的肩膀,他大吃一惊地说:"你怎么知道我在这里?"我笑着说:"是你的影子出卖了你。"然后我又开始找晓云和小东了。我找啊找啊,怎么也找不到他们躲在哪里。我仰望着蔚蓝的天空,突然,我看到不远处的花坛里的花朵在摇晃。心想:他俩会不会躲在花坛里呢? 我飞快地跑过去一看,果然在花坛里找到了他们。当时的我开心极了。

就这样捉迷藏的游戏结束了,最终我获胜了,这一次大家玩得可开心了。

教师评语:本文通过对我的动作,语言,心里活动等来描写表现出我天真、活泼的性格特点。本文的经过部分描写的具体,详细。最后总结这次捉迷藏的游戏大家玩得都很开心。(指导老师:王华)

上学路上

沈 航

上学路上，我看见了一棵又高大又粗壮的柳树，它的枝条细细的、长长的，就像一位少女的长发。道路两旁的银杏树，一片片叶子随着季节渐渐变黄了，变成了金黄金黄的叶子。这一片片的叶子，像一把把小扇子，扇走了夏天的炎热。它们给又长又宽的马路铺上了一条金黄金黄的地毯。马路上有人拿着文件包在急急忙忙地赶去上班，有人热火朝天地打扫，有人开着车像风一样跑开，有人骑着电动车送孩子去学校，因为天很冷了，他们都已经穿上了厚厚的衣服。

河边有正在晨练的爷爷奶奶一边听着悦耳的歌曲，一边在打着太极拳。叔叔在跑步，小狗狗窜过来窜过去。有两位老爷爷在下中国象棋，其中一位老爷爷说："将军！"另一位老爷爷绞尽脑汁地想怎么走下一步棋，在晨跑的叔叔也放慢脚步，停下来观察战况。

我们足足走了半个小时终于到了学校门口，已有很多同学在排队。原来走路上学能看到这么美丽的景色！

> 教师评语：初冬的早晨，能够走半个小时去上学，能充分体现出小作者的毅力和不娇气。同时沿途你还能善于发现和观察季节更迭时事物的变化。写出了人们生活的幸福。上学路上的风景很不错，人生路上风景更美好。(指导老师：胡金君)

惊喜遇见

杨雨诺

以前我总是闷闷地坐在家里。有一次，一个声音拽住了我，一个羽毛球在人群中快乐地飞舞。一下子，我的眼球被迷住了，妈妈说："去外面，看看世界吧！"于是，我推开门——

啊！外面的空气好清新啊！我遇见了青的草，绿的叶，各色鲜艳的鲜花，心里可舒服了！

从此以后，我就认识了很多的朋友，我们感情很好，所以我们每天都会一起锻炼身体，可开心了！时光如水，眼看快要新年了，朋友一个一个回了老家。

我又得闷闷地呆在家里了吗？没有，因为每一次那扇小小的"门"总会惊喜不断：一群蝴蝶随风舞动；远处的小动物在向我微笑，我情不自禁地向它们招手；仿佛我也插上了翅膀和它们一起翩翩起舞，这时我无比开心，陶醉在大自然中。

打开窗户吧，走出去，外面的世界是美丽的，是惊喜的。

教师评语：世界很美好，人只有走出去，才能遇见美丽的景色，友好的伙伴，真挚的情感，才会有更广阔的天地，收获更多的惊喜！你若向阳，便有五彩缤纷的生活。小作者的短文拥有积极向上的乐观心态，字里行间可见一个阳光的孩子。(指导老师：胡金君)

走走游游

指导老师　胡金君

　　蒲公英随风旅行，苍耳跟着动物远游，我们也和家人一起，快乐行走。出去走走吧，看看美丽的景色，体验游戏的惊险，在行走中感受快乐，在行走中感悟生命，在行走中茁壮成长。

玻璃栈道

唐梓轩

长兴的景点有很多，但只有玻璃栈道最令我印象深刻，因为他让我既害怕又兴奋，想去尝试又不敢去尝试。

从停车场到栈道入口，有一段很远很远的路。那条路既没有观光旅游车，也没有公共自行车，只能靠自己步行，大概要走将近半小时才能到栈道入口。

进玻璃栈道前，你需要穿上干净的鞋套，这样可以保护玻璃栈道。栈道的玻璃是透明的，它好高好高，距离地面很远很远。一踩上去我就吓得腿都软了，害怕玻璃突然碎掉，生怕自己就这样掉下去。我紧紧拉着妈妈的手，迟迟不肯放开。妈妈看出了我的紧张，笑着说："是男子汉就往前走。"我当然是男子汉，于是鼓足勇气向前走，走着走着，我渐渐轻松起来。原来这并没有什么可怕的。我低头往下看：树木葱葱笼笼的，那树木绿得很舒服。平视前方，那一座座碧绿的大山展现在眼前，前方是多么辽阔。抬头仰望，那碧蓝的天空，如同一片蓝色的海洋，令人心旷神怡。蓝天、白云、青山，要是还有绿水的话，那就更美啦！

如果你想不断挑战自己，玻璃栈道绝对是一个值得你去挑战的景点。

教师评语：玻璃栈道是很特别的地方。短文中情绪转变时的心理描写比较细腻，小作者从一开始的害怕，到后来的勇敢，让我们看到了一个小小的男子汉的成长。只有勇敢向前走，才能看到了这么美丽的景色。

太 湖 美

王佳绮

我的眼睛望着窗外,看着那一棵棵高大的树从我面前闪过,时间一分一秒地过去了,太湖也离我们越来越近了。

一下车,泥土的清香伴着风迎面扑来。果然,昨天的雨把太湖两岸的泥土变清香了呢!那香气是幽幽的,淡淡的,整个太湖都浸在舒服的香味中。

一缕缕阳光照耀着太湖,太湖变得更加光彩夺目,美丽动人。登上了小船,望望四周,一切都是那么美。湖里的水很清澈,可就是不见鱼儿游过。船离水面很近,用手在里面划几下,水顺着手滑过,那奇妙的感觉难以言传。上了甲板,微风不停地吹着我的脸颊,就像母亲的手,让人感受到了温暖。我回头望去,只见船划过的地方留下了道道涟漪,就像一条条白色的丝带,向四处晕开。

云儿渐渐地散。阳光从天空直射下去,照在水面上,照在被风吹起的涟漪上,粼粼波光顿时五光十色,像被仙人施展了魔法一般,使人有一种身临仙境之感。

不一会儿,太阳露出了整个身体,照遍了如诗如画的太湖的每个角落。暖烘烘的太阳,幽幽的香气,还有周围的一切,都让我着迷。叽叽喳喳的鸟叫声,串成了一首精妙绝伦的歌谣。它们传入了耳中,流入了人们心中,每个人都陶醉在太湖的美景中了。

太湖,只是大自然的一角,但是这小小的一角,却给人们增添了许许多多的快乐!

教师评语:在小作者的笔下太湖的湖面就像仙人施了魔法一般,如此的有意境,文章有静有动,写得生动有趣,且想象力丰富,写出了太湖的自然美,让人有种身临其境的感觉!可见小作者是有认真观察,用心体会。

厦门行

魏琳杰

有一次放暑假,爸爸妈妈带我去厦门玩,我们是坐高铁去的。六个多小时的车程,我们终于踏上了厦门的土地。

一到那儿,我就被眼前的景色深深地吸引住了。站在海边,蔚蓝色天空中,云朵在飘荡:有的像兔子,有的像小猴子,有的像老虎……,我看见一只只海鸥在天空中翱翔着,海面上波浪缓缓地滚动,海水不断地向前向前……

吃完早饭,我就换上了我的泳装和泳镜,还带上我的"装备"准备去沙滩玩。到了沙滩,我把水枪灌满水朝爸爸狠狠地射了一击,爸爸马上反击了——往我脸上泼水,我们的水枪大战就这样开始了,最后我完胜。后来我们又玩了一个游戏。我用小锹挖了一个坑,让爸爸站到那个坑里,再用沙子往坑里填,一会儿功夫爸爸的脚就被埋进沙堆里了。我用一个桶装沙子,再倒出来,这样爸爸的"埋脚沙丘",加上我的沙子倒立,一座沙堡就出来了。我拿着一根小木棍在沙滩上写了我自己的小心愿。

一直玩到夜深了,朦胧的月光照在沙滩、房子、车上。眼前黑乎乎的,只有那月光照射着大地,今天玩得真高兴,我们也进入了甜甜的梦乡!

教师评语:这是按照时间顺序来写的一篇小游记。整篇文章充分体现了一个"乐"字。全文描写了小作者去厦门游玩过程中的所见所闻所感。短文语句通顺,运用了排比、比喻等修辞手法。在描写景色时用到"蔚蓝色""缓缓地""朦胧的"等词,贴切地写出了事物的特点。

坐海盗船

严皓楠

假期,爸爸带我去海洋城,坐了那艘威风凛凛的海盗船。当爸爸牵着我走向海盗船时,我的心中无比的激动,一路连跑带跳地来到了售票处。当我仰头仔细观看这艘海盗船时,被巨大的船身和船身五颜六色的帅气花纹深深震撼,迫不及待地想要坐上去好好感受一番。

"滴——滴——"只听两声悦耳的铃声响起,海盗船启动了。刚刚启动的海盗船就像一步一步向上爬的蜗牛一样,慢吞吞的,很平稳。我心想:"好像也没有那么恐怖嘛,根本没有必要系安全带呀。"可是,海盗船越升越高、越开越快,一下子就超过两层楼的高度了。我开始害怕起来,连忙系紧安全带。我刚刚系好安全带,还没回过神来,海盗船就"嗖"的一下"掉"了下来!"掉"下来的一瞬间,我的心一下子提到了嗓子眼。我感受到了一股巨大的冲力,就像一张有力的大手要将我扔出船去,我连忙紧紧地抱住爸爸的手臂。爸爸有力的臂膀给了我安全感,我勇敢地睁开了眼睛,感觉世界在我眼前飞快地上下移动,心脏在我胸口突突直跳,简直太刺激了!

渐渐地,海盗船的速度慢了下来,直到它纹丝不动时,我才敢一摇一晃地走下来,感觉腿都被吓软了。虽然,这次坐海盗船的经历惊险刺激,但是我却意犹未尽,真想再坐一次。

教师评语:文章细腻地描写了小作者坐海盗船时心理感受的变化。详细地描写了海盗船从启动到结束的过程,真实形象,且比喻的修辞运用巧妙。"小蜗牛"写出了启动时的缓慢,"有力的大手"则写出了海盗船的刺激,二者形成巧妙的对比,让读者身临其境。

花花世界

沈柏丽

今天，爷爷带我去了花花世界。一进门，我就看见了一个用风车做的隧道，非常引人注目。

花花世界里花特别多，有玫瑰花，有太阳花，有蝴蝶兰……有叫得出名字的，有的见也没见过。花儿都种在地里，组成美丽的图案。有的一块地里有一种花，有的一块地里有许多种花，五颜六色，就像绚丽的彩虹，从天上落到了人间。

不过，最引人注意的还是在院子里的孔雀了。孔雀的头上有三根羽毛，全身的羽毛颜色不一，五彩缤纷，十分美丽。我听说孔雀非常喜欢啄米。我从它们的食槽里抓了一把米，放在手心上。果然，它们全都跑过来啄米了。孔雀们你挤我，我挤你，谁也不让谁，抢着跑到我这里来啄米，生怕来晚了，米就被别人抢光了，弄得我的手痛痛的，痒痒的，好玩极了！孔雀开屏时最美丽。它们开屏时，身后的羽毛"哗"地一声竖了起来，像一把忽然张开的扇子。孔雀开屏时，羽毛会竖得笔直笔直的，所以我才发现，孔雀羽毛的"屏"上会出现一个类似眼睛的形状，我觉得既奇怪又漂亮。

时间过得真快啊，我和爷爷马上就要回家了。我只好拿出我随身带的数码相机，对着孔雀拍起了照片。孔雀仿佛知道了我的用意，随着相机的移动尽情地摆起了优雅的姿势，非常有趣。

拍完照，我只好跟着爷爷依依不舍地回家了。

教师评语：花花世界中的一草一木让小作者欢呼雀跃。特别是那只"孔雀"在小作者的笔下那么漂亮那么活泼。"屏"上的眼引人注目。全文有详有略，小作者文字功底不错。

泥鳅也很好玩

李若水

泥鳅是我害怕的动物之一。可就在一次亲密接触后,我不怕泥鳅了。事情是这样的:画画班组织我们去花花世界玩。一位老师说:"下一个项目就是捉泥鳅。"我把"捉泥鳅"这三个字在心里反复地念了几遍,我一下子反应过来,是泥鳅啊!

妈妈知道我怕泥鳅,她想让我练练胆子,就把我拉到捉泥鳅的那个地方,妈妈让我别怕。我心想:这次豁出去了!我把手放到水里,这时几只泥鳅马上游着跑开了。我想:泥鳅原来怕我啊!我马上就胆大了起来,开心地去捉泥鳅了。可是,泥鳅身上好滑啊!我忍不住大叫了一声,边上的人吓了一跳,我难为情极了。这时,妈妈温柔地说:"没关系,我来教你诀窍吧!可以先用双手捧起来,离开水面就行了,而且捧的时候动作要快一些。反正让泥鳅离开水,就可以了。"我听了,试了试,哈哈,真抓到一条!我心里马上有了一些骄傲,说"妈妈,我可以自己在水里捉泥鳅了。"我放开身手,后来,我捉了好多条泥鳅。

我想,同样的道理,有些事情并没有我们小孩想的那么可怕,只要我们多学习和试验,就可掌握它。

教师评语:小作者从一次游玩的节目着手,围绕泥鳅这个关键词,写出了面对捉泥鳅这件事心理上从怕到不怕,行为上从远离到敢捉的变化。写得细腻、生动。认识任何事物,不能停留在自己固有的想法中,要从实践出发。

那次玩得真高兴

张思恬

有一次,我和爸爸、妈妈、弟弟一起去湖州游乐园玩,那里风景优美,有很多好玩的东西。

一走进去,我们就看到了一派热闹的场面,一群大人小孩在玩碰碰车,他们又喊又叫,玩得不亦乐乎。我和弟弟站在那里看得好带劲儿,爸爸早就看出了我们的心思,跑到售票点给我们买了票。我和弟弟一溜烟地往里面冲,各自找了辆车,一切准备就绪,战斗马上就要开始了。只听见"嘀"的一声长鸣,碰碰车可以开动了,我们疯狂地转动着方向盘,拼命地撞向其他人的车。太刺激了,我们也喊着叫着,欢呼雀跃。这时,我悄悄地潜伏在了弟弟的车后面,然后猛地加足了马力撞向他的车。"谁在后面碰我的车?"弟弟充满好奇大声地问。"是你啊,姐姐!"他转身看到是我,露出一副不屑一顾的样子。后来,我们两个人一起去撞别的车,弟弟也撞了我的车好几下,我们玩得可开心了,我也非常佩服他这么勇敢。

玩好了碰碰车,我们又去玩了旋转木马。"叮叮叮"旋转木马开始了。"我们要飞了!"我和弟弟异口同声地说。然后,木马就带着我们一摇一晃地"飞"走了,实在太有趣了。

最后,我和弟弟冲到摩天轮脚下,准备开始坐摩天轮。说真的,我心里还是有点害怕的,我战战兢兢地上了摩天轮。上去以后,刚刚忐忑不安的心情顿时消失了,也没什么可怕的嘛,我在心里默默地想着。摩天轮平稳地慢慢地往上升,升到最顶端的时候,我不禁往下看。哇,好多美丽的花啊!有红色、蓝色、黄色,还有绿色的小草,五颜六色的,真好看。到地面还有一点时间,我跟弟弟玩起了石头剪刀布的游戏,我们玩着玩着,都忘记了身在半空这事,感觉时间过得好快。

玩了那么多,也算尽兴了。爸爸说"不虚此行",我说"今儿个真高兴"。哈哈哈,美好的一天就在欢声笑语中结束了。

> 教师评语:该文章把孩子爱玩、活泼好动,凡事充满好奇的天性表现得淋漓尽致。特别是玩碰碰车那一段,用"疯狂"、"拼命"、"欢呼雀跃"等一系列的词语形容了小作者当时激动,欣喜若狂,对新事物一探究竟的心态。童年是美好的,天真无邪的,适当地遵从孩子的内心,让他们在玩中学本领,长勇气,悟真谛。(指导老师:何彩芳)

游扬子鳄度假村

姬梓晗

今天是一年一度举国同庆的日子——国庆节。我们伟大的祖国已经69周岁了。在这普天同庆的日子里,我们少年作家补习班组织了一次"扬子鳄采风暨作文比赛",一起去游扬子鳄度假村。

这一天,爸爸一大早就把我送到补习班门口。我们在那里集合,等待大巴的到来。终于在8点钟左右,我们乘坐上了双层大巴车,出发前往目的地——扬子鳄度假村。一路上,带队老师给我们讲解了关于扬子鳄的相关知识,还说那里有几千条扬子鳄,是国家一级保护动物。我们迫不及待地想要一睹这些"大家伙"的风采。大约半小时左右,我们终于到达了扬子鳄度假村。

一进门,我们先来到小型剧场观看动物表演。有山羊踩钢丝、鹦鹉骑独轮车、小狗识数等等,它们表演得逼真动人,活灵活现,赢得了在场所有观众此起彼伏的掌声。

接着,带队老师要带我们去观赏真正的鳄鱼了。只见许多条扬子鳄在河里游来游去,偶尔露出那像一块块花瓷砖似的粗糙皮肤,模样看上去着实凶猛可怕。鳄鱼们一会儿浮出水面游来游去，一会儿沉入水中觅食。我们沿着河边的长廊往前走，忽然看见路边的草丛里有一条大扬子鳄。它有四条腿，每只脚上都长着五只锋利的爪子，拖着长长的尾巴，笨拙地向前爬。再往前走，隐隐传来一阵沉闷的声音，走近一看，原来是一条大鳄鱼在打呼噜，奇怪的是鳄鱼在睡觉，但它的眼睛还是睁着的。

一路上，我们还见识了美国鳄鱼、澳大利亚鳄鱼、泰国干鳄等许多种鳄鱼，听老师说泰国干鳄最凶猛。

参观完鳄鱼，老师让我们自由活动。看着这些大自然留下的最原始最神奇的动物，我想我们要学会保护好这些珍贵的稀有动物。

这个国庆节，我觉得过得很有意义，很有收获。

教师评语：文章开头直接入题，干净利落。"一块块花瓷砖似的粗糙皮肤"恰如其分地描写出鳄鱼的外形特点，全篇语言平实流畅，层次清晰。小作者结尾简洁明了，凸显中心。（指导老师：何彩芳）

惊心动魄的一天

王博宇

曾记得那年春节后，爸爸妈妈带我去方特游乐园玩。那是我第一次去，我觉得杭州的游乐园和方特游乐园比起来，真是小巫见大巫了！

我们买了门票后进入大门，一座大大的雕像呈现在我们的面前。我来不及拍照留念，就直奔"冲天塔"，投入到排队的行列。只看见坐在上面的人一上一下飞速运转，都吓得尖叫起来，我暗自发笑，这些人胆子也太小了吧，真有那么可怕吗？真要觉得害怕，闭上眼睛不就行了吗？经过漫长的等待，终于轮到我了。我迫不及待地放下了安全栏

杆,然后安全员帮我们检查,固定。我双手紧紧地抓住护栏,自我安慰,没事儿没事儿,也就是两分钟的事情。当时只感觉座位徐徐升起,我还笑着朝爸爸妈妈摆摆手打招呼,然后随着一起一落,速度越来越快,我往下一看,瞬间以为自己已经要飞入天空,而后又突然摔下来。我吓得全身发麻,紧紧地抓住栏杆,手心冒汗,脸色也苍白起来。我赶紧用起"绝招"——把眼睛闭上,心中默默祈祷,时间赶紧过去吧! 好不容易停下来,我还惊魂未定,不禁抓住爸爸的手,告诉爸爸我想吐。爸爸问我还要玩吗? 我头摇得像拨浪鼓一样,再也不敢碰它了。

我决定玩一些"温柔"些的项目,我们来到过山车那里,一观望就觉得这个项目很安全,所以选择坐上去。听到前面的人传来了一阵阵的尖叫声,不禁又想起刚才担惊受怕的遭遇,于是想要下去,爸爸决定上来陪我。可现在看来这是一个错误的决定。刚上坡的时候没什么感觉,到下坡的时候感觉自己像在一个大型的搅拌机里面被飞速地甩动,由于爸爸的那面过重,我的这面太轻,致使我一直悬在半空,内心挣扎不已,真不该叫爸爸上来!

最后我选择了玩一些轻松的,保护心脏的小游戏。那一天我们玩得特别尽兴,这些游乐设施看上去很可怕,很惊险,可是自己亲身体验过后,你才知其中的滋味。我想生活中很多事情应该就是这样,只有亲身经历了,体会了,才会知道它的乐趣。"子非鱼焉知鱼之乐"你说对吗?

教师评语:文章叙事条理清晰,语言通顺,用词较好。细致地描写出了"玩过山车"和其他游乐设施的心理活动。详略得当,主次分明,思路清晰。不仅详细描述了自己的神态动作语言,还能够写出自己的感受。在文章的部分也暗含一些幽默,看起来诙谐有趣,将小作者胆怯却又好奇心十足的性格特点勾勒得清晰明了,让读者如身临其境和小作者一起体验一起经历。(指导老师:王华)

美妙的上海之旅

付成致

  我最喜欢去上海科技馆玩了,因为科技馆不仅好玩,还可以学到不少知识呢!那里有生物万象,有星球大冒险,还有用"夸父追日"这个神话来让我们了解人体器官的电影。科技馆的第一层是生物万象,第二层是迷雾森林,第三层是机器人世界。

  进入科技馆往左转,我们来到第一层。首先看到的是羚羊群,那些羚羊有的在吃草,有的在追逐奔跑,还有的则被其他动物猎杀。看到这里,我不解地问妈妈:"妈妈为什么有的动物要猎杀羚羊呢?难道就不能像我们人类一样和平相处吗?"妈妈回答说:"这就是动物生态规律,动物繁殖得快。如果没有动物之间相互猎杀的话,动物就会泛滥成灾,那还有我们人类生活的地方吗?"即使妈妈这样跟我解释,但我心中还是有点不理解。接着看到一只威武的大食蚁兽,它好像在寻找食物,就像一个五六岁的孩子一样,在那里用它那胖乎乎的两只手在土中不停地挖来挖去,看上去好玩极了。

  接着我们来到第二层的迷雾森林。那里的植物是既茂密又高大,特别是那棵红棕树,树干足足要四个大人手拉手环抱才能把它给抱住。它的树干也特别长,我抬头看都看不到最顶端呢!看到这些植物,真是让我感叹不已,有的植物都是几千甚至几万年前的,真不敢相信树还有活那么久的!我带着震撼和兴奋离开了"迷雾森林。"

  我们来到科技馆的第三层——机器人世界。这里可让我大开眼界了呢!这里的机器人有的会下棋,有的会烧饭,还有的会弹钢琴……。我们来到机器人表演厅,只见机器人的"手指"灵活地在钢琴键上按来按去,发出优美的音乐,我们都深深地陶醉在其中。音乐停了,我们都热烈地鼓起掌来。紧接着,我们又看了看其它的机器人表演,便离开了

"机器人世界。"

我还想去"东方明珠塔"看看，那是我梦寐以求的地方。可是，妈妈对我说："我们是跟旅游团来的，是不能随便去的。"妈妈还跟我说："我们回家的路上经过东方明珠塔，你可以透过车窗玻璃远远地看上一眼。"车子飞快地驶向东方明珠旁边，妈妈叫我："快看，东方明珠塔。""哇！好雄伟，好壮观啊！"我虽然没有亲身到东方明珠塔里去看看，但也感受到了它的壮观和美丽。

一天很快结束了，今天我很高兴在上海科技馆玩，同时我也学到了很多知识，期待我的下次上海之行！

> 教师评语：小作者运用了好词好句。把文章内容写得清楚明白，并把在场馆里面的场景都一一描绘出来了。开头还开门见山直接写出地点和楼层分部情况。另外，对动植物和机器人动作和样子描写细致，栩栩如生。（指导老师：王华）

上海迪士尼一日游

邹泽宸

今年暑假，爸爸妈妈带我到上海迪士尼玩。

那天，阳光明媚，万里无云，是个令人心旷神怡的好天气，正适合出游！我们乘坐高铁向着目的地出发了。一路上，我开心得像只快乐的小鸟，叽叽喳喳地讲了一路。终于到上海了，我激动的心情难以抑制，又蹦又跳，"迪士尼，我们来啦！"我们迫不及待向它奔去。

进入迪士尼，映入眼帘的是美丽又热闹的景象。我们第一个去玩的是"小矮人矿车。"在经过了磨人的等待后，矿车终于行驶了。"啊"的一下子，只听得耳边传来急速的风声，它就以飞快的速度冲下坡。周边尖叫声此起彼伏,当然这里面也包含我妈妈。只看见妈妈全程紧闭双眼,拳头握得紧紧的,头发乱糟糟地飞扬着,嘴里不停地发出尖叫。而我也在大叫,不过我可不是害怕,我是兴奋得大叫呢!这真是太刺激了。到站了,妈妈差点吐出来,我在旁边狂笑。看来,妈妈是个"胆小鬼"哦。

结束了矿车之旅后,我们又马不停蹄地来到了下一个节目。这次是观看海狮表演。只见那只海狮熟练地表演了倒立、顶球等项目。它时而憨态可掬,时而威武挺立,时而又和我们亲密地互动,有趣极了!我们又陆陆续续地玩了其他好多项目。"飞跃地平线"让我仿佛到了好多不曾到过的名胜古迹,真是有身临其境之感;"雷鸣山漂流"又让我体验了一回水上的刺激;"童话专列"让我仿佛成了童话中的人物……

等我们玩得尽兴之后,已经到了晚上,而迪士尼最有名的烟火表演也即将开始。随着"啪啪"几声,明亮的夜空中瞬间绽开各式各样绚烂的烟火。那华美灿烂的烟火不仅照亮了寂静的夜空,更照亮了我们明媚的笑脸。

这一次迪士尼之行,真是令我终身难忘。

教师评语:小作者将迪士尼之行的所见描写得生动形象,期间对于人物的神态动作等描写也较为传神。整篇文章有详有略,安排得当,让人跟着小作者的脚步一起游览,仿佛走进了那如梦如幻的乐园。(指导老师:王华)

游海洋城

吴思琪

今天,我还在想那件事,每每一想到我就会高兴得一蹦三尺高,如

果我有月光宝盒,我一定要再回到那里玩,那里就是"海洋城。"

海洋城里我们最喜欢的就是游乐场了,舅妈办了一张游戏卡,我们立刻跑进去玩了。哇! 有好多好多玩的,舅妈看出我们已经按捺不住了,就说:"孩子们,尽情地玩吧!"表弟玩水中打怪物,哥哥玩投篮球,我玩用球打僵尸……说说这僵尸,有几个样子怪吓人的,僵尸朝我过来,我就用球砸,砸到哪个,哪个僵尸就死了,在规定的时间内砸完就算赢,可能是之前从未玩过这样的游戏,我竟然被这几个僵尸弄得措手不及,看似简单,想要砸中实在也是不容易。

看着手上的游戏币越来越少,心想,我得玩个适合我的,最好还能赢点游戏币,于是,我来到一个玩抓糖果的机器前,里面有很多样式的糖果,看着应该很好吃,我往里投了两个游戏币,然后,盯着那个巧克力味的棒棒糖就按动了键,小心翼翼地在糖果出口处等待着糖果出来,还好,一个糖果咕噜噜地掉出来了。这时,哥哥过来了,他捂着嘴笑我说:"你这个小笨蛋,你怎么才按一次了,你得看准后按,那样的话,就会有多次抽糖机会的。"这时我才发现抽次数的时候必须等到一才能按键,不然只能抽到一次,原来,很多事情都是有套路和方法的,只有掌握方法和技巧,事情就会变得更简单。我们三人继续玩着其他的游戏,哥哥和表弟玩得一身汗,不过看得出来他们和我一样玩得很过瘾。

我们在海洋城里尽情地玩,不知不觉时间已经到下午四点了,该回家了,我们三个小孩都觉得还可以再玩玩就好了,这次玩得很开心,下次我们再来玩!

教师评语:这篇文章看似只写了孩子们游海洋城,实际却是更让他们懂得:做任何事情都要讲究方法和策略,字里行间也饱含着童真童趣。(指导老师:王华)

一次愉快的旅行

陈欣雨

终于盼到我日思夜想的假期了,我格外兴奋。因为之前和爸爸妈妈约定,假期的时候我们和小伙伴们一起去美丽的海滨城市——象山旅游。

经过几小时的车程,我们到达了目的地——象山。我脑海中的象山是一个风景优美,物产丰富的地方。果不其然,我们来到海边,这里人潮涌动,人来人往:有的在海上玩冲浪,冲浪时溅起的水花犹如大海啸一般要吞没人们,真是可怕极了;有的在海上骑摩托艇,人们在玩的时候那种刺激心情,没有亲自体验估计是感觉不到的;有的在打排球,每当排球打到对方时人们的表情是多么的开心,多么的快乐啊!

沙滩上越来越热闹了,我们也加入了他们的队伍,我迫不及待地换上泳装,带上泳镜,准备去海边游泳。层层波浪向我们涌来,拍打着我们的身体,非常凉爽。我一不小心喝了一口海水,啊,好咸啊!

我们在海边玩得不亦乐乎,要是永远都停留在此时此刻那该多好啊! 不知不觉,就到了夕阳西下的傍晚了,海边原来汹涌的人潮也渐渐散去,这时的天空呈现出橘黄色,准备下山的太阳倒映在一望无际的大海上,海边瞬间变得十分冷清了,这片海滩又将孤独地度过一个夜晚。

疯狂了一天的我们回到酒店,品尝了当地的特色海鲜,吃饱喝足后,我们都各自回房间休息了! 象山,让我们留连忘返!

> 教师评语:该篇文章以时间为轴,层层递进,写了"我"的所见、所闻及所感,逻辑清晰。文中运用了排比的修辞手法,将人们在沙滩玩得快乐体现地淋漓尽致,营造了一种快乐的氛围。全文紧扣标题,充分表现了主题"愉快的旅行"。(指导老师:王华)

游"龙之梦"动物园

黄　毅

今天,爸爸带着我和妈妈一起去参观龙之梦动物园。

进入动物园,首先映入眼帘的是层峦叠翠的山峰,一座挨着一座,非常壮观!我迫不及待地拿起相机拍了起来。拍着拍着,几头白犀牛闯入了我的相机里。它们体积很大,看上去十分强壮、威猛,其实它们是非常温顺的。你瞧,它们正在懒洋洋地吃着小草呢!

接下来,一群狮子进入了我的视线。一只狮子有可能连一只角马都打不过,可是一群狮子可以说是所向披靡了。此时,它们就坐在草坪上梳理着自己的毛发,颇有王者风范。

我们继续行驶着,看到了一群可爱的棕熊。它们有的三五成群地嬉闹着,有的在大树下打盹儿,有的在啃苹果,有的四处张望着,像个哨兵似的,样子别提有多搞笑了!

最后,我最想介绍的就是黑豹了,它虽然打不过狮子,却是非洲草原上最好的猎手。它能够在一秒钟之内跑出二十多米远。它还非常擅长爬树和跳跃,这帮助了它在树上捉住老鹰,在水里杀死鳄鱼。

我非常喜欢这个动物园,转眼间就一天过去了,看着眼前各种各样的动物,我都不舍得回家了。以后我要和爸爸妈妈经常到这里游玩。

教师评语:小作者能按照游览顺序一一介绍自己观察到的动物,有详有略。尤其值得称赞的是,段与段之间的过渡巧妙自然,对于三年级孩子而言非常难得。(指导老师:付卫香)

遇见大海

张峻恺

暑假里，我们一家去了象山石浦，那是个渔村，我最喜欢的就是当地的海滩，沙滩黄黄的，海水也是黄黄的，好像融为了一体。

我肆意地在沙滩上奔跑，用力地抓着浅水区的绳子，在一波未平，一波又起的海面上漂呀漂。一个大浪袭来，我的脑袋被海水没到了水里，到了岸上，我舔舔嘴唇，哇，好咸！

在沙滩上，我用爸爸买的铲子在地上挖来挖去，知道我在干什么吗？我在找螃蟹呢！可是我一只也没抓到，因为螃蟹早被其他的小孩子抓走了。"接下来玩什么呢？"我问爸爸。爸爸想到了一个好玩儿的游戏，他用铲子挖了一个大大的坑，让我进去，我刚准备进去，突然涨潮了，大浪冲了过来，坑被填平了，我身上全是泥。这时，我有了一个主意，我抓起一把泥，就往爸爸和弟弟的身上涂，爸爸也往我和弟弟身上糊泥巴。只有弟弟，只能眼睁睁地看着自己的身上、手上被糊满泥巴，却不知道如何发起进攻，哈哈，不一会儿他就成了一个可爱的"泥娃娃"。妈妈一直在旁边给我们拍照，虽然我们全身都是泥，却玩得很开心。

美好的时光总是那么短暂，我期待与大海的下一次遇见。

> 教师评语：文中"脑袋进水"和"弟弟变泥娃娃"两处细节描写特别有趣。一家人在一起，无论干什么，都是一件幸福的事呢！（指导老师：付卫香）

我的快乐之旅

罗雨哲

读万卷书,行万里路。我爱读书,我也爱旅行。

读书是一场心灵之旅。在《草原上的小木屋》一书中,虽然条件艰苦,但劳拉一家用智慧和勇气去面对困难和磨难,在草原上建起了一个温暖的新家。我仿佛和劳拉一起住在一起。阅读课上,老师带我们学了绘本《花婆婆》,我多想跟花婆婆一样,做一件让世界变得更美好的事。在一个可爱的海岛上,她用心洒下了一粒粒鲁冰花的种子。第二年春天,整个海岛被蓝色,紫色,粉色的花朵簇拥着。这是一个花香四溢的海岛,也是一个爱意满满的世界。

在这个暑假里,我也去了一个热情四溢的海岛——海南岛。坐在汽车上,公路两旁,椰树成林,远处是郁郁葱葱的树林。这里是热带雨林,四季如春。这里盛产丰富的水果,翠绿的青椰,黄灿灿的金椰,吸一口,满嘴是淡淡的香甜,满足了我对椰子的渴望。我还见到了挂在树上大如冬瓜的菠萝蜜,鲜嫩多汁的杨桃,香糯可口的芝麻蕉,还有那甜得让人陶醉的芒果……

我向往大海,我就是为大海而来的。海南的海一望无垠,仿佛在海的尽头就是蓝蓝的天。第二天,我们来到了蜈支洲岛,那里的海水是那样的蓝,那样的清澈,如同透明的蓝宝石。捧一口海水含在嘴里,哇!好咸!在柔软的沙滩上,我和小伙伴们一起追逐海浪,捡贝壳,堆沙堡……

这是一次难忘的旅行,它让我见到了梦中的大海,体验了热带风情。

一场旅行,就像读一本好书。我爱旅行,我爱读书!

教师评语:古人云:读万卷书,行万里路。只要我们带着一双善于观察,用心发现的慧眼。我们就会获得更多的独特体验。从书本到旅行,你找到了学习的妙法,也得到了生活的启迪。(指导老师:付卫香)

游"绿野仙踪"

周靖轩

今天,我早早地从床上爬了起来,因为去绿野仙踪我早就迫不及待了。绿野仙踪在山里,我们坐了17分钟的车,终于到达了目的地。到了目的地,我看到了一条小山涧,故事就从这里开始了。

山涧的水从上面流下来,水很浅,很清澈,水底有一块块的小石头。我看到这条山涧的第一感觉就是非常想去玩。于是我约了翁浚哲和何浩轩一起去玩。一开始,我们只敢坐在石头上,把手伸到水中舀点水上来玩。后来,我们发现这里没有任何危险,就让穿着凉鞋的翁浚哲捡一些石头来做纪念品。他捡了很多石头,有的像玉一样白,有的像纸一样薄,还有的是色彩斑斓的。吃过午饭,我还想去玩,可是爸爸妈妈催我上山了,我只能不情不愿地跟着。

出人意料的是,我们要去的竟是山涧的上游。我沿着小溪边走着,突然,王长贤说:"看,青蛙!"青蛙好像被我们吓到了,一下子跳到了水里。我不管三七二十一就跳入了水中。当我的手指刚碰到青蛙,它却一跳,逃走了。我眼睁睁地看着它从一块石头跳到了另一块石头上。我又向它追去,可是那只青蛙从我眼前快速地跳走了。

青蛙虽然逃了,但是我这个一心想捉青蛙的梦想却没有"逃走"。在水里,只要听到有人说"有青蛙!",我就会快速地赶到那个地方,可是我的速度太慢,青蛙早就被捉住了。

虽然青蛙没有被我捉住,但是我还是很开心。

> 教师评语:这次亲子活动让你们这群常年待在城市单元楼里的孩子就像出笼的鸟,彻底放飞自我。可小溪里的青蛙们就不那么想了,也许他们正纳闷:这些上蹿下跳的小怪物是从哪儿来的?虽然被抓的小青蛙们最后还是都被放回了,估计他们受的惊吓可不小。(指导老师:付卫香)

南京博物馆之旅

张辰奕

去年十月，我经历了一次让我难忘的旅行。那一次，我去了南京博物院，看到了很多有趣的东西。

进入博物院之前，妈妈先去给我租了一个讲解器——一个耳机和一个像遥控器一样的东西。我戴上耳机，仔细观察了一下"遥控器"，上面除了数字按钮，还有"暂停""继续""回放"，正研究着，我们就走到博物馆里面了，耳机里传来一段参观博物馆的注意事项。

博物馆里又分为很多个馆，有历史馆，数字馆，民国馆，还有没有开放的艺术馆。

我们先来到历史馆，里面有人类很久很久以前用来捕杀猎物和农耕时用的工具，也有在生活中用到的各种各样的器皿。随着时间的推移，工具的材料从石器的到陶器的，再到青铜器的，制作工艺也从一开始的粗糙，让人看不出是个什么，然后到越来越精细，最终成为让人感叹的巧夺天工的工艺品。其中我觉得最神奇的是一盏灯，它是东汉时期的错银铜牛灯。铜牛灯由灯座、灯盏、烟管三部分组成，他的样子是一头俯首站立，双角上耸的黄牛。牛的肚子是中空的，里面装水。牛背上是一个圆柱形的灯，灯的上方有个烟管弯曲着通到牛头顶上。这样，灯在燃烧时产生的烟就通到了牛肚子里。看到这里，我不禁感叹：古代的人就有如此厉害的环保意识了啊，真了不起！

漫长的"历史"已经过去了，我们来到了数字馆。看了这名字，我以为里面展示的是数字，其实，里面有各种各样电子产品，跟我以为的数字毫无关系。里面有三个好玩的东西，一个是可以用手臂控制屏幕里的人躲开火球的机器；一个是照出绿色光的机器，这道光正好照在一面能动的镜子上，拨动镜子，就可以把光线折射到馆里的各个角落；另外一个是非常大的屏幕，可以让大家在上面做"找不同"的游戏。

最后，我们到了民国馆。整个馆是一个民国时期的街道的模样。有那时候的电影院、茶馆，还有很多那时候的美食。这个馆是妈妈喜欢的，拉着我拍来拍去拍了好些照片。然后我们买了些妈妈小时候吃过的零食，就出来了。

从博物馆离开的时候，我们看到一队队的学生在集合。妈妈说，南京的学生真累啊。我想，如果让我每个星期都能去参观这样的博物馆，我睡觉的时候都要笑出声来啊！

> 教师评语：这篇文章里详细的描写了小作者在南京博物院看到的，想到的。特别是详写了在历史馆的所见所闻所感，略写了数字馆，对民国馆则寥寥几笔带过，重点突出，结构合理。在文章的末尾，又很好地展现了自己对知识地渴望。（指导老师：丁茜）

游乐园之旅

方昕培

"太好了！"一大早，爸爸决定带我去游乐园玩，我高兴得一蹦三尺高。经过两个小时的路程，我们来到了游乐园。

一进游乐园的大门，就看见了一个又高又大的摩天轮，摩天轮好高啊，比我家住的五楼还要高。上面有好多的小房子，随着摩天轮的转动，升到高空，又慢慢地降下来。我跟爸爸说"我要坐摩天轮！我要坐摩天轮！"

我们买好了两张票，等待着，前面一批游客下来了，我看见有人弯着腰哇哇吐了，有的孩子呜呜地哭着，还有的人脸色蜡黄，腿在发软，站都站不稳……看得我也有些忐忑不安，爸爸问我："你怕吗？"我故作坚定地说："不怕！"

我和爸爸登上了摩天轮的小房子,里面还挺宽敞的,坐到座位上,系好安全带,随着"叮铃铃"的响声,摩天轮开动了。透过玻璃望出去,地面的人慢慢变小,树啊,房子啊也慢慢地下沉。咦,怎么会这样呢?爸爸说:"因为我们在上升,所以就感觉看到的东西都在往下落。"随着越升越高,地面的人变得像甲虫那么大,房子也像一个个小模型了,我有点害怕了,直冒冷汗,紧紧握住爸爸的手,心想:可千万不要停电,不要有什么特殊情况啊,要不然我怎么下去呢? 爸爸感觉到了我的紧张,安慰我说:"不过就是短短几分钟而已,不怕,爸爸陪着!"脚下一颠,终于结束了,我提在嗓子眼的心才落到了肚子里。

之后我们还玩了海盗船,过山车……

真是快乐的旅程啊!

> 教师评语:以"坐摩天轮"为中心写了游乐园们的快乐之旅。初见摩天轮的好奇,坐上摩天轮的忐忑和紧张,在小作者的笔下呈现在我们眼前。文章条理清晰,主次分明,用词准确,是一篇佳作。(指导老师:丁茜)

冒险家水世界

吴文博

去年夏天,我们一家去了冒险家水世界去玩。

冒险家好玩的可多了! 有漂流、瀑布来了、水滑梯等,我们一家玩得不亦乐乎。

漂流,当然得先穿上漂流所需的装备,然后坐上皮筏艇就可以冲刺了。我问妈妈:"你看我像不像个小探险家啊?"妈妈笑眯眯地看着我不说话。漂流最刺激的就是经过水珠池了,冰冷的水珠淋在身上,冻得我们牙齿直打颤,忽然下坡,巨大的浪把我和妈妈的衣服都给"洗"了一遍。

"瀑布来了",顾名思义,就是一个高3米的一个超大的瀑布向你冲来,一下把你冲到岸边,所有的人被巨大的水流冲得东倒西歪,却一点也不烦躁,还一个个喜笑颜开,呃,这就是传说中的"洗脑药"吧。

最让我印象深刻的就是水滑梯了,玩水滑梯前,听到我前面的人发出的"啊——"的叫声,我很紧张,生怕自己会受伤。可转念一想,男子汉大丈夫,区区一个水滑梯怎么难得了我?我大着胆子坐了下来,两腿一伸往下滑。没想到刚滑了没多少鼻子就进水了,痒得难受,想打喷嚏又打不出来。再往下,又觉得自己好像要落进万丈深渊一样,一直往下沉,我真怕了,心想:怎么还没有结束啊?吓死宝宝了……终于结束了,我的心才像一块大石头落了地。

那一次玩得真高兴呀! 2019年夏天,我一定还要去爽一爽!

教师评语:玩耍,是愉快的,也是惊险的,这是这篇文章告诉我们的。小作者的动作描写很到位,展现了水滑梯的惊险和刺激。而"分镜头"一格一格地呈现,用开头和结尾组合在一起,嬉戏的过程精彩而完整。(指导老师:丁茜)

动物乐园

指导老师　周　琴

导语:小动物,可爱又亲人。小动物的世界就是孩子们喜爱的世界,单纯、美好,是善良,是纯粹,是真挚。我们的孩子就在与小动物的相处中用文字流泻下了这一个个美丽的小故事。

我爱小仓鼠

徐梓妍

我有一只可爱的小仓鼠,是爸爸在古城公园门口买来的,那是爸爸给我的惊喜!

那天下午,爸爸拎着一个粉红色的超级精美的小笼子回家了,我跑过去一看,小笼子十分精致,里面的"家具"应有尽有,有饮水机、食盆、跑轮、卧室。里面有一只灰不溜秋的小仓鼠,它团起身子,舒舒服服地躺在小笼子里。我见了,心想:好一个可爱的小家伙!

小仓鼠的可爱,更表现在它的叫声、样子和吃相中。

小仓鼠叫声急速,是"吱吱吱"的短叫,有人把手伸进笼子里给它喂食,它就"吱吱吱"地叫,甚至只要有人在笼子外走过,它也要"吱吱吱"地吓唬你,仿佛在说:"不许闯进我的地盘!"

仓鼠的样子更是可爱了!它天天穿着一件"灰色真丝羊绒衫",背上有三条花边,配上白色小洋鞋和灰色"小洋帽",再加上短的可以省略的胖四肢,胖乎乎的小嘴巴一鼓一鼓的,似乎还一直在吃东西,尖尖的小耳朵竖起来,黑宝石般的小眼睛镶嵌在脸上,凑成了一只活泼可爱又机灵的小仓鼠。

小仓鼠的吃相常常使我们发笑。我们的仓鼠是吃谷子和面包虫的,它先把它的小食盆推倒,谷子和面包虫都洒在了木头屑里,食盆空空如也,它便昂首大叫。这时,我们就给它添"饭",可是,食盆太高,为了吃到谷子和面包虫,它仍是要推倒食盆,因此,小仓鼠吃饭时,非要有一个人给它按着食盆不可!它从一开始的小心翼翼到现在当起笼子里的"主人",一会儿跑步、一会儿荡秋千,它还有一手绝活:会自己洗脸。它的小爪子先搓一搓,再搓搓脖子搓搓胸,接着,从上到下的洗洗脑袋。

这就是我家的小仓鼠,一只活泼可爱又机灵的小仓鼠,给我带来了

不少乐趣。它陪伴我成长,给我的童年生活带来了美好、温暖的回忆!

> 教师评语:小作者学习完丰子恺的《白鹅》后,能够活学活用,模仿大作家的写法加入自己的理解,采用总分总的结构方式,从叫声、样子和吃相等方面写出了小仓鼠的可爱。叙述自然生动,结构紧凑,段落衔接自然,充分运用动静结合的写法,并加以比喻、拟人等修辞手法,一些精妙词语的使用也为文章增色不少,可见小作者的文学功底,不失为一篇佳作。

我的小可爱
——小 白

杨梓欣

外婆家的大狗生小狗了,共生了四只,分别是小白、小七、小黄和小黑。我最喜欢的就是小白了。

小白长着一对小小的招风耳,眼睛又大又圆,看上去炯炯有神,好像两颗晶莹的黑珍珠。它身子胖胖的,毛雪白雪白的。它又短又粗的小腿,显得它分外可爱、淘气。

小白既贪玩又淘气。每当我身边稍稍有些声音,它都兴奋得不得了,总是上蹿下跳的,似乎它无所不能。而每当你手里拿着什么好吃的的时候,它总是表现出很多种情绪——委屈、文静、忠诚和虔诚。你恍然觉得,似乎它是你与生俱来的伙伴,不分给它吃点,你都会觉得不好意思。

小白总是喜欢到热闹的地方去耍耍。它的伙伴们偶然也会一起玩耍,有时一起抢夺好吃的,有时互相追逐打闹,有时通过奔跑一决高下,哪怕它每次都得不到第一,依然喜欢往里面凑,因为它总是觉得自己表现得不够淋漓尽致。

小白还有一项令人哭笑不得的技能,就是它总是喜欢潜入水底"清理垃圾"。它每次展现这一技能，我都会莫名地担惊受怕，以为它不行了。有一次，它潜入水底好久好久，我着急得不得了，赶紧跑去向外婆求救，没想到外婆跑来拉起它的时候，它竟然"汪……汪……汪……"地朝我大叫，真是让人无语，真是可恶的狗狗。

小白睡觉时可爱的像一条软软的蚕宝宝，淘气时上蹿下跳，烦恼得让我受不了。我的小白，它渐渐地长大了，而我们也渐渐地变得没有时间去照顾它。直到有一天，爸爸妈妈将它偷偷地送给了能抚养它的人，

我可爱的小白，我好想你，希望你能一直快乐。

> 教师评语：作者用轻松幽默的笔调回忆了自己曾经养过的一只小狗，文章语言生动活泼，将小白可爱的样子呈现在读者的眼前。事例叙述生动具体趣味性强，将读者一下子带进了文中那精彩的情节之中。文章最后小作者因为没有时间照顾小白不得不和它分开，字里行间都透着淡淡的忧伤和深深的思念，结尾收笔有力，感情表达真实。

我家的小雪球

章亦安

我家有一只小兔子，长得特别可爱，有两只长长的耳朵，一双犹如亮晶晶红宝石般的眼睛，还有一只毛绒球球似的短尾巴，体形圆滚滚的，全身雪白，没有一丝杂毛，着实讨人喜欢！从远处望去，就像冬天里的一团小雪球，所以我就叫它"小雪球"。

我家小雪球可娇气呢！一日三餐都要由我们全家人轮流喂它。最可恶的是：如果你忘了按时喂它，你走到它面前逗它的时候，它非但不理你，竟还朝你干瞪眼呢！有时，我也陪它大眼瞪小眼。过了一会儿，大概是它瞪累了吧，这位娇气的小公主就睡"回笼觉"去了。

每次我给小雪球喂食的时候，先拿一颗青菜给它作为开胃菜，只见

小雪球细嚼慢咽、从容不迫,吃得津津有味,不时地发出"咔擦、咔擦"的声音。当它吃了一小篮青菜后,我怕它吃撑了,就没给它吃了,谁知它又用可怜巴巴的眼神盯着我,我还是心软了下来,一连又给它吃了两颗青菜!

我家小雪球也是调皮捣蛋的主。有一次,我看着小雪球在小笼子里闷得慌,想到爷爷说这是家养兔,不敢逃出来的。结果,当我打开笼子时,只见"嗖"的一声,等我反应过来,一眨眼的功夫小雪球已经跑得无影无踪了。我们全家人在房子里翻箱倒柜地找啊找啊,就在我快要哭的时候,爸爸总算在衣柜里发现了它,它正藏在衣堆里睡大觉呢!我生气地抚摸着它的头说:"你个淘气包,太调皮了!",但还是不忍心惩罚它一下,便原谅了它。

这就是我家的小雪球,淘气、贪玩又可爱。

> 教师评语:这是一篇充满童趣的文章,小作者在对小白兔的外形、脾气、吃食方面的描写处处都体现了对小白兔的喜爱之情。文章语言优美,多处运用了比喻、拟人、反语的修辞手法将一只淘气、贪玩又可爱的小白兔呈现在我们的眼前。所选的事例也有详有略,重点详写了小白兔的一次出逃记,字里行间都充满了作者对小白兔的担心和喜爱之情。

小狗迪迪

叶欣怡

我家最近增添了一个新成员,是我妈妈从街上买来的。哈哈,不和你们卖关子了,其实,它是一只特别可爱的小狗,我给它取名叫迪迪。

迪迪已经是一岁的"大宝宝"了,可是它还是长得很可爱。迪迪有着两只大耳朵,可它老是把耳朵竖起来,显得有些不太自信,它还有一双水汪汪的大眼睛,它的眼睛像两颗水晶球,它还有一个凉凉的、满是水珠的小鼻子,伸手一摸,哇! 好凉,好舒服呀! 但是每次我去摸它,它都会来舔我的手,嘻嘻,好痒呀!

迪迪最爱吃骨头汤拌饭,每次它吃饭,只要我拍三下手,它就立刻"飞"到我面前,对我吐舌头,摇尾巴,似乎在讨好我,让我快点给它吃饭呢! 迪迪只要一吃上饭,就一声不出,就连我拿出它最爱玩的毛球,它也是无动于衷。

迪迪还是家里的捣蛋鬼。有一次早上,我整理书包的时候,突然发现我的钢笔不见了,我找啊找,就是没找到,正在我心灰意冷之时,突然看见我的钢笔在狗屋里,我赶紧三步并作两步地走过去拿回了我的钢笔,原来是被迪迪叼走了。我气得拿起扫把就要去教训它,可能它也知道事情不妙,撒腿就跑! 看着它落荒而逃的样子,我真是又好气又好笑。

迪迪啊迪迪,有时你是让人讨厌,有时你又是让人那么喜欢。

教师评语:文章语言生动不失风趣,读来不禁使人哑然失笑。作者通过对小狗迪迪的外形、吃食、捣蛋的描写,一只可爱、贪吃又调皮的小狗形象顿时跃然纸上。作文字里行间透露出小作者对小狗迪迪的喜爱之情。

小奶白

孙 乐

小奶白是一只十分可爱的小猫,它是我上幼儿园大班时姑姑送给我的生日礼物。它长着一身奶白色的毛,尖尖的耳朵十分灵敏,一对水汪汪的大眼睛,还有一张不大不小的嘴,身体又圆又大,样子可爱极了!

小奶白性格十分温柔可亲,平时绝不会生气。它时不时呆呆地

看着我,有时还会温柔地蹭我的腿。当它犯错误时,我就会凶它,打它……它呢? 只会做出一副可怜巴巴的样子。

小奶白吃饭可挑食啦,要是遇到它不喜欢的食物时,无论你怎么呼唤它,它也不吃。可是一见到她最爱的小鱼时,立马就迫不及待地扑了上去,嘴里还发出"喵喵……"的叫声,别提有多高兴了!

小奶白玩游戏时,一刻也停不下来。一会儿啃铅笔,一会儿玩毛线球,一会儿跳上桌子,一会儿爬到沙发上……整个家里都是它的游乐场。

我和它相处地十分友好。我给它洗澡,讲故事,它就像个乖娃娃,十分配合我。它也非常喜欢他,陪我散步、玩耍,它就是我的好伙伴。

小奶白真是一只可爱、调皮的小猫,是我最好的小伙伴!

> 教师评语:本文作者描写了自己的一个小伙伴小奶白——一只可爱的小奶猫,小作者先从整体观察小奶白全身的毛色,再观察身体的各部分,从眼睛到嘴巴,再到身体依次写下来,有一定的顺序。接着从小奶白的性格、吃饭和玩游戏中抓住小奶白的特点进行描写。如文中"有时还会温柔地蹭我的腿","一见到她最爱的小鱼时,立马就迫不及待地扑了上去,嘴里还发出'喵喵……'等语句使人读来如闻其声,如见其形。

名叫"包子"的狗

王子诚

我家里曾养过一条狗,名叫"包子"。后来被送到姑妈家去了。如今,它站起来都比我高了。"包子"全身雪白,像一团雪花,又像一堆棉花。它的眼珠子黑得像龙眼的种子,它的耳朵跟兔子的耳朵似的,又尖又长,里面红红的,时不时会有毛掉进去,弄得它一个劲儿地抓自己的耳朵。

到了夜里，"包子"特别吓人，两只眼睛不时地发出青色的亮光，你如果用电筒照一下它，它就会猛地一下扑向你，给你一个"惊喜"。如果你胆小，一准儿把你吓得魂飞魄散，如果你胆子够大，我估计你还是会被它吓一跳。

"包子"有两个好朋友，一个是行动敏捷，计谋百出的黑猫先生，一个是和"包子"形影不离，动不动就用实力说话的金毛——"馒头"先生。它们仨组成了一个从不失手的"犯罪"团队，黑猫负责偷窃，"包子"负责放哨，"馒头"负责搭狗肉梯子。

最近，这个"犯罪"团队已经成功偷了两件物品了，一件是餐桌上的鸭腿，一件是一袋狗粮，可是这一切的一切都逃不过我姑妈"警官"的法眼，每次姑妈一出手，肯定一抓一个准。

你们知道吗？"包子"现在可真是无法无天，竟然在我姑妈的眼皮底下，拿了一只鸡腿就走了，一点儿也不把我姑妈放在眼里。

可它又是那样让人喜爱，你又有什么办法呢？

> 教师评语：小作者语言生动有趣，引人入胜，"包子"和它的两个朋友在作者笔下也是性格鲜明，读来让人忍俊不禁。这只名叫"包子"的大狗，真是十足大胆的家庭成员，可以肆无忌惮，可以不像一只狗样地生活在家里，幸福自在。人狗和谐体现得无处不在。（指导老师：李洁）

贪吃的关关

张锦昊

在我乡下的家里，有一只可爱又贪吃的小猫关关。关关时髦又漂亮，一身棕白相间的连体衣凸显了它健美的身段，一双可爱的大眼睛让人一瞧就欢喜。

关关呀，就是一个人人都喜欢的小吃货。有一次，我奶奶正烧着香

喷喷的红烧鱼,它竟然像动画片中的熊二一样,闻着厨房里飘来的味道,在笼子里活蹦乱跳,用它锋利如刀一般的爪子抓来抓去,笼子被它抓出几条伤痕,好像非要把这笼子抓破不可！它喵喵地叫着,好像在为自己加油鼓劲,它坚持不懈地和那困住他的牢笼作着斗争,锡锡的声音,似乎是铁笼在反抗。关关一边用它的爪子刮笼子,一边用它的头顶铁笼。铁笼犹如崩溃了一般,逐渐败下阵来,接连被关关捅出了好几个小洞。关关试着用脚去踢笼子,想把这个铁笼给踢倒,谁知铁笼还真的倒了,可关关也因为惯性倒了下去。关关有些生气了,干脆一屁股坐了下去,又用两只脚踢了踢铁笼,正好笼子的一面被打趴下了。关关如鱼得水一般跑了出去,不一会儿,便到了厨房,恰好,那时奶奶不在,它跳上厨房,在灶台上画了几朵小梅花后,便把它的手伸了进去,不料却被灶台上的锅给烫到了,只好灰溜溜地逃走了。

关关可真是一个猫中吃货呀！

教师评语:为了吃,"关关"可真是够拼的了！小作者用生动的笔触记录下了一只小猫为了一条鱼努力的过程,可谓是惊心动魄,生动再现,小猫的形象跃然纸上。(指导老师:李洁)

我家的狗
——佳 陌

金昳晗

我的家里有一只"小可爱",它就是"佳陌"。"佳陌"虽然是母狗,但是它可凶啦！"佳陌"睡觉的时候,就连我们从旁走过,它都要大叫,和别的博美犬大不相同。

"佳陌"虽然有时候很凶,但有时也很可爱。

要是我们摸一摸它,它就会躺下来,让我们给它抓痒,还会露出舒服的表情,偶尔会扭一扭身子,让我忍不住笑起来。它最怕我们带它去洗澡了,有一次,我和姐姐、爸爸带"佳陌"去洗澡,一路上,它一直害怕得发抖,还不断向后望,似乎在寻找可以逃脱的办法。

"佳陌"特别调皮。有一次,我们把它带到乡下,它居然跑去追一只鸡,结果鸡飞过了臭水沟,它没"飞"过,就掉了进去。还是奶奶发现了它,不然"佳陌"肯定还要继续追,因为那可是行走的"鸡胸肉条"啊!

"佳陌"平时可最喜欢吃了。刚来我们家时,什么都吃,是一个远近闻名的"吃货"。可前段时间它有些挑食,自从我给它吃过鸡胸肉后,它就只吃和鸡胸肉条拌在一起的狗粮,不过最近又改过自新了。

看来,我还是不能宠着你。

教师评语:一只多变的小狗:有点凶,有点可爱,有点调皮,又有些贪吃,就这样,在小作者生动的描写下出现了。不管你呈现哪一面,我就是喜欢,这才是真爱!(指导老师:李洁)

我家的大乌龟

严 乐

我家有一只很大的乌龟,它的年龄比我都大。这只乌龟是爸爸从他的朋友那捡来的,到我家时,都奄奄一息了,经过爸爸的细心照顾,它慢慢地好了,还越长越大。

现在,我家的乌龟已经比爸爸的手掌还大了。它的头有点像三角形,可以很灵活地缩回壳里;头上长着两只绿豆大小的眼睛,它的背上有一个硬硬的壳,像披着战士的铠甲,它的四条腿虽然很短,但非常有劲,再加上一条细短的尾巴,竟也显现出一份可爱!

我家的乌龟吃的饲料很高级呢!都是爸爸从网上买的,有香喷喷

的虾皮,还有专门给乌龟吃的饲料。不过,它最爱吃的还是从菜场新鲜买回来的活虾。把活虾放进池里,乌龟会观察一会儿,然后把虾逼到一个角落里,把虾的精力耗完了,趁它不注意,用前爪把虾按住,再用力撕扯它。直到虾死了,它才用嘴巴去咬了吃,它可挑嘴,只吃肉不吃皮。

别看它个头这么大,还是很灵活的。有一次,我故意把它抓出来,让它四脚朝天地躺在地板上。没想到,它用一侧的两只爪子一撑就轻松地翻过来了。然后盯着我看,好像在说:"这可难不倒我。"

我非常喜欢我家的乌龟,据说乌龟可以活到一千岁,我希望它一直这样活着。

> 教师评语:小作者能把这只大乌龟描写得如此清楚,可见平时是少不得亲密接触的,因为喜欢,所以亲密,因为亲密,所以才能我手写我心地记录,特别感动于最后一句话,是啊,喜欢不就是希望你能一直健康地在身边吗? 愿望朴实却不简单。(指导老师:李洁)

萌萌的小仓鼠

姚钦雨

圆圆的身体,小小的耳朵,短短的四肢,胖嘟嘟的脸。你们猜这是什么动物呢? 没错,就是我家萌萌的小仓鼠了。

我们家有两只小仓鼠,一只是男的,名叫跳跳,一只是女的,名叫妮妮。它们的脸大大的,里面似乎装了所有萌萌的表情呢! 跳跳的眼睛小小的,鼻子圆圆的,黑黑的,嘴巴红红的;妮妮呢,眼睛大大的,鼻子尖尖的,嘴巴和跳跳一样也是红红的。他们有时会把嘴巴翘得老高,眼睛紧闭,做出一副生气的表情;有时又会把嘴巴张大,深吸一口气,把嘴巴鼓成汤圆的样子,眼睛睁得大大的,萌态可掬。

他们不但会各式各样的表情,还会做各种滑稽的动作呢! 比如:有时,他们玩"滑滑梯"的时候会滚着下来,好像在说:"主人,这个东西是不是这样玩的啊?"有时他们玩"跑轮"的时候,会跑一步摔一跤,跑一步摔一跤,像是在说:"这是什么鬼东西,为什么我每跑一步,就会摔上一跤呢?"更有时,他们会在走"楼梯"的时候走几步,就又回到了起点,好像在说:"咦,这个楼梯怎么这么高啊!我走了这么久还没有到头?"这可都凭他们高兴。

他们要是不高兴啊,就会一头埋在木屑里。如果你给他们一些他们最喜欢吃的玉米片,说不定他们还会从木屑里出来,再"演上"这么一出。如果你不给,就别想看到他们这些滑稽可爱的动作了!一个都别想了!

仓鼠又小又可爱,又滑稽又萌,大家应该都很喜欢吧?反正,大家喜不喜欢我不知道,但是我知道我是一个仓鼠爱好者。

教师评语:多么可爱的小仓鼠呀!读了小作者的文章,我都情不自禁地喜欢上了呢!小作者的语言丰富有趣,把小仓鼠萌态可掬的样子都表现出来了,再加上丰富的想象,读来饶有趣味。(指导老师:李洁)

我家的小黑

周毅涵

从前,我家养过一只小狗,它叫小黑。小黑是我从外婆家抱来的,地地道道的农村草狗。别看它个子小小的,但是浑身肉嘟嘟的。小脑袋上三角形的耳朵耷拉着,一双黑葡萄似的眼睛,水汪汪的,炯炯有神,还总是不停地咕噜噜地上下转动着。乌黑的小鼻子总是湿润润的,身后的小尾巴毛茸茸的扫在手上,舒服极了。

小黑吃东西的时候很是可爱。每次吃饭后,我都给它盛一碗饭,饭里面总是不忘放两块肉或是浇一些汤。我一唤它,它就快速地跑过来,

大口大口地吃了起来。

　　小黑是一条看家护院的好狗。每次有生客来到我们家,它就会汪汪大叫。每次我去上学的时候,它都会送我到村口,我叫它快回家,它就乖乖地回家了。每当我放学回家的时候,在离村子很远的地方,我就能看到小黑的身影,在等着我了。当我走近时,小黑就迎出来,跟在我后面,拼命地摇着尾巴,还不时地舔舔我的手和腿。

　　慢慢地,小黑长大了,变成了一只大狗,它的毛乌黑光亮,可英俊了。但是有一次妈妈上早班,天还是黑的,估计它是担心妈妈的安全才一直跟在妈妈的后面吧。可是妈妈的车开得太快了,小黑根本就来不及做记号。他追得太远了,找不到回家的路了,就这样,我的小黑再也没有回来过。

　　我好想念我的小黑!

　　　教师评语:一条小狗,普普通通的农村草狗,既不名贵也不漂亮,但小作者却是非常喜欢。在农村,有个习惯,总是把剩菜剩饭给狗吃,而小作者却不是这样,总要在吃饭前就为小黑准备好吃食,还肉啊,汤啊的,哪舍得让它吃剩菜剩饭呢? 正因为小作者这样对小黑,小黑才会跟主人形影不离,迎来送往。文章浅显易懂,始终贯穿着作者对小黑的爱。(指导老师:陈桂兰)

可爱的熊熊

王　奥

　　我家有一只可爱的小仓鼠,它的名字叫熊熊,它是妈妈送给我的生日礼物。

　　我家的熊熊特别可爱,它总是想着把自己变成一个毛绒绒的球,然而一旦站起来,又变成了毛绒绒的长条。它有一双小小的,黑豆似的眼睛。妈妈说它的眼神不好,但是耳朵和鼻子却很灵敏,所以它的鼻子、耳朵无时无刻不在动。它的脸颊旁边，还有两个"小仓库"，每次我给它喂食，就见它拼命地往嘴巴里面塞，不一会功夫，两边就会鼓鼓的，让它更像一只球了。

熊熊最爱吃瓜子了。它喜欢把瓜子捧在爪子里，用尖利的牙齿咬住瓜子壳，用力一撕，瓜子壳就裂开了，只见它把瓜子壳随手一扔，瓜子壳就落在地上，看起来跟没动过一样。

熊熊最爱玩的，就是那个滚轮了。有一次，它又在滚轮上疯狂地跑着，我用手指动了一下滚轮，滚轮停下来了，可是熊熊却没掌握好平衡，摔了个四脚朝天。

熊熊可聪明了，我们给它准备了漂亮的"小房子"。一到冬天，它就会用它灵活的小爪子把干燥、柔软的木屑，全都堆放到"小房子"里，它的"小房子"特别的暖和、舒适。

这么可爱的小仓鼠，你能不喜欢吗？

> 教师评语：通过小作者的描写，我们仿佛看到了那只可爱的小仓鼠。她家的仓鼠有着毛茸茸的身体，大眼睛却眼神不好，耳朵和鼻子都很灵敏。我们还知道了仓鼠名号的由来，仓鼠嗑瓜子比我们都利索，会把自己的小房子布置得舒适、暖和。仓鼠玩滚轮时，表面看着像小作者是在戏弄它，实质是一种喜欢啊！（指导老师：陈桂兰）

可爱的小狗

曾 超

我家有一只很可爱的小狗，它的名字叫点点，那是因为它有一身雪一般洁白的皮毛，中间点缀着几个小灰点。一条又细又短的尾巴在不停地晃动；两只圆溜溜的大眼睛，流露着柔和的目光，像晶莹的珍珠在闪闪发光；一对漂亮的耳朵宛如两座大山耸立在头上。

动物乐园

点点吃饭的时候可不厚道,它会把小脑袋整个埋进铁碗里,拱着铁碗直转圈,左一圈,右一圈,一曲"铁碗交响乐"就这样诞生了。它可是个小"贪吃鬼",若是你把香喷喷的肉端出来,无论这个时候它在干什么,都会第一时间跑过来,抬起头看着你手中的那碗肉。若是你把肉抬高,它就会前脚一缩,后腿往上一蹬,像人一样立了起来,举止敏捷而优雅,看得我呆若木鸡。若是你把肉在空中挪动,它就会坚持那个姿势,跟着肉挪动,一蹦一蹦地进行转移。若是你把肉在空中绕一个圈,它也会跟着肉转圈,脖子使劲地向上蹭,头抬得老高老高,嘴巴张得大大的,口水沿着长长的舌头往下淌。啧啧啧,我撇撇嘴,不得不把肉扔给它。

一个星期天,我抱着小狗来公园里玩。我坐在一块大石头上,然后小狗叼来一个球放在我脚下,我知道小狗原来是想玩球了。我捡起球用力一丢,点点就朝球的方向飞奔而去,过了好一会儿,点点还没有回来。我想:小狗不会找不到球了吧?又过了一会儿,点点叼着球屁颠屁颠地回来了。我发现球整个都是湿的,原来点点这么长时间才回来,是因为到小河里去捞球了。它是怎么捞上来的?遇到危险了吗?想想都有点后怕。我拍拍点点的头,对它说:"以后要是找不到球就算了,你可得回来呀!知道吗?"点点依偎在我怀里一动也不动。

自从点点来到我家,我就多了很多快乐。

> 教师评语:在小作者的笔下,他们家的点点就是一个"小吃货"。不光是观察了点点吃什么,更是详细地写了点点怎么吃的:若是有肉,点点会看着你;若是抬高,点点就会立起来;若是在空中挪动,点点就会跟着挪动。点点在吃的方面真是执着,不吃到不罢休。点点去捞球,小作者那么多问题,足以可见是多么喜欢点点啊!(指导老师:陈桂兰)

我家的小狗

施懿阳

我家有一只棕色的小狗,它有一双水汪汪的大眼睛,在夜晚的时候能像小灯泡一样发光,一双"顺风耳"听到一点响动,就会直直地竖起。当我触摸它的头时,它就会把耳朵耷拉下来。

小狗可挑食了,白米饭不喜欢吃。爷爷经常把米饭、汤、肉和蔬菜放在盆里搅拌一下,再拿去喂它。它每次看到爷爷端着盆过去就会跳得很高去抢食物,当食物放到它面前时,它就把头扎进盆里用舌头去舔,由于太用力,溅得它满脸都是食物。

我每天放学回到家,一放下书包,就会去看它。它看到我,就会向我扑来,前脚一抬,后脚一蹬,就扑进了我的怀里。舌头不停地舔着我的小脸蛋,尾巴不停地摇着,好像在向我撒娇。我抱着它就转起了圈圈,没几圈,我就感觉天旋地转了,可它没有一丝眩晕的感觉,依然那么精神地摇着尾巴。有时它还和一群"狐朋狗友"混在一起,经常把爷爷奶奶的鞋子"偷"去,和它们一起撕咬,时不时的还要来一场决斗,非要争个胜负不可!

小狗休息的样子更是可爱了,后腿朝向右边,前腿伸得直直的,头放在前腿上。可是想让它睡着是件很难的事,它睡前会仔细聆听周围的动静,许久之后,没听到什么动静才会安心地睡下。

这就是我家的小狗,那么机灵可爱。一直想给它取个名字,但总犹豫不决,你能帮我给它取个名字吗?

教师评语:小作者和他们家的那只狗感情很深,他喜欢狗,狗依恋他。狗每次看到他回来就向他扑去,舔他的小脸蛋,不停地摇着尾巴,那是狗见到老朋友才会有的表现。小作者也把狗当做老朋友了,会抱着他转圈。文章里还运用了明贬实褒的手法,把狗的朋友们称作"狐朋狗友",一语双关。(指导老师:陈桂兰)

猫

袱婧悦

这个学期,我们学了老舍的《猫》,知道了老舍爷爷是个爱猫的人。我也是个爱猫的人,今天也来写写我家的那只小猫。

只要我在家,小猫就会陪伴在我左右。我坐下来的时候它就趴在我的脚上,眯着眼睛打盹。饿的时候,它总是会喵喵地叫几声,好像对我说:"主人,我好饿,我想吃东西了。"我就给小猫喂它最喜欢的鱼。我拿了几条小鱼放在角落的盘子里,不管多隐蔽,它都用那灵巧的鼻子找到称心如意的鱼,叼着小鱼来到暖和的地方,津津有味地品尝着,吃得很开心也很干净!

吃饱了,猫就会自己找东西玩。它对绒毛球很感兴趣,刚开始用前爪轻轻碰了一下绒毛球,好像有些胆怯,看球没有反应就胆子大了一些。小花猫用力猛扑向小球,小球受到外力的作用迅速向前滚去。小花猫追着绒毛球又用力踢了一下,小球一下飞到了洁白的墙壁上,又闪电般的弹回来,吓得小猫连忙往后退了几步。它看球落地不动了,又上去踢了几下小球,小球在它的脚掌之下滚来滚去,小花猫玩得可高兴了。

玩了一会儿,小花猫累了,就侧着身体躺在我旁边,一会儿舔舔自己的爪子,一会儿挠挠我的腿,把我当成它的小伙伴了。偶尔我也会带它出门散散步,看看外面的世界,有时我还会搂着它和我一起睡觉呢。

我家的小花猫真可爱,你喜欢这样的猫吗?

教师评语:小作者的确是个爱猫的人,从字里行间可以感受的到。文章很长篇幅都是在写猫的,但是正因为猫的这些表现,从侧面反映出小作者是个爱猫的人。只要小作者在家,猫就陪伴左右,会趴在她脚上睡觉,有时甚至会搂着猫睡觉。作者笔下猫在玩绒毛球的时候,就像一个淘气、可爱的小孩一样。(指导老师:陈桂兰)

我家的小狗

王　硕

在我的外婆家,养着一条乖巧的小狗,我给它取了一个名字,叫"花花"。

"花花"身上的毛是由黑、白、棕这三种颜色组合而成的。它脚上的毛是棕色的,头上是黑白相间的,还有一双水汪汪的大眼睛和一张老是吐舌头的嘴巴。

我们家的花花也和我们一样是一日三餐的。它主要对中午和晚上的饭菜比较讲究,要光是白米饭,除非它已经二天二夜没有吃过饭了。否则绝对不会吃,必须要在饭里加点鱼汤或者肉汤,或是加一些骨头、肉类等。如果今天饭菜很丰富,它一定会大口大口地吃,好像慢了一秒,碗里的饭和菜就会有谁跟它抢似的。

花花这个小"讨厌鬼",有时也让我好丢脸啊。上周六,我回家看外婆。刚打开车门,花花就使劲扑上来,我还没站稳呢,一屁股坐在地上。小表弟看到我坐在地上,笑得捧着肚子问我:"哥,你屁股疼吗?"我不理他,站起来就要去打花花。这时我看到花花盯着我,眼神里流露出委屈。我不忍心打它了,拍拍它的头说:"以后可不许这样了。"花花乖乖地摇摇尾巴。

教师评语:小作者就好比是花花的爸爸,花花就好比一个淘气的孩子。花花经常做点小错事,吃饭有点挑食,没有荤菜不吃饭,有了好菜,抢也似的吃;看到作者得意忘形,用力扑过去,使作者一屁股坐在地上。小作者这个当"爸"的,始终下不了手,因为花花是个萌萌的"乖孩子"。(指导老师:陈桂兰)

我家的小金鱼

饶 峰

今天,我和妈妈去花鸟市场,看见了两条小金鱼,我便买了回家,给一只取名叫"点点",另一只取名叫"黄黄"。

点点有一个三角形的头,好像一个合金弹头,它还有一双圆圆的、大大的眼睛,炯炯有神,好像两颗黑宝石,又像两颗璀璨的水晶。点点的嘴巴一张一合,好像刚跑过马拉松的运动员在拼命地喘气。它的腮一扇一扇的,仿佛是两把迷你的小扇子,帮助它呼吸。黄黄好像披着盔甲,就像是点点的下属。它有着很大的鱼鳍,要是点点遇到什么危险,它就立马游到点点前面保护它。黄黄有着剪刀似的尾巴,还有着柔韧的身体。它们俩有时互相嬉戏,有时比赛游泳,有时在水草丛里聊天。

有一次,我给他们俩喂食。当我抓起一小把鱼食投到浴缸里时,点点和黄黄都游过来嘴巴一张一合的,还算友好,自个儿管自己吃。但是剩下最后一点,黄黄还张着嘴,点点游过来,用嘴巴戳黄黄的身体,黄黄掉转头也来攻击黄黄。我生气了,吃东西还闹着玩,不给吃了。妈妈回来,我告诉她,鱼儿吃食都不乖,我不给他们吃了。妈妈说:"幸好你没有再给它们吃,否则它们都会撑死的。"

教师评语:两条金鱼相爱相杀,就好比一个家里有两个孩子,好的时候,相亲相爱,闹脾气的时候,互相厮打。点点和黄黄平时互相嬉戏,来打发无聊的时间。遇到危险,它们会为对方挺身而出。吃食时,看着是在争抢、疲闹,说必定那也是在保护兄弟呢?(指导老师:陈桂兰)

可爱的小黄狗

王晨烨

我们家的小黄狗长得十分可爱,因为毛色的缘故,我们给它取名叫"小黄"。圆乎乎的脑袋上有一对长长的、毛茸茸的大耳朵,它能听到远处极小的声音,一双水灵灵的大眼睛像一对黑宝石一样闪闪发亮,金黄色的毛柔软细密,它的尾巴经常在地上扫来扫去,十分活泼可爱。

小黄特别喜欢睡觉,当我们不在家的时候,它总是躺在自己的小窝里呼呼大睡,当我们回来了又精神大振。没事时,它还喜欢咬东西,记得有一次,我在拍皮球,小黄瞄准时机,迅速扑过来了,并一口咬住,把我的皮球抢走叼回了它的窝里,用爪子紧紧按住,生怕我来抢走。如果哪一天我的袜子不见了,准是小黄又叼走了,甚至我的玩具都不能幸免,它的这个坏毛病怎么也改不了。

小黄最喜欢粘着我。每当我放学回家,小黄总是远远地就跑过来,时不时地咬咬我的裤管,有时还舔舔我的手。我走到哪里,它跟到哪里,弄得我满身都是狗毛。

小黄还会察言观色。当我委屈时,它总是小心翼翼地依偎在我身边,或者躺在我的脚边,一动不动,好像安慰我似的。当我伤心时,它又善解人意地过来用它的身子来蹭我,或者温柔地舔我的手,让我倍感亲切,好似我的知音。当我发怒时,它又机灵地钻进桌子底下,防止我迁怒于它。当我高兴时,它又放肆地在沙发上跳来跳去,逗我开心。

我最喜欢我们家的小黄了。

教师评语:在小作者的眼里,这是一只会察言观色的小黄。主人委屈时,它一动不动;主人伤心时,它用身子去蹭他;主人生气时,赶快溜之大吉;主人高兴时,就可以为所欲为。多么聪明的小黄啊!怪不得小作者是那么喜欢它。(指导老师:陈桂兰)

我亲爱的"局长"

王品文

最近家里来了一位重要的成员,我们称他为"局长",因为他很有派头!哈哈,其实它只是一条哈巴狗,局长刚来的时候有点胆怯,但对家里的东西又感到好奇新鲜,这里嗅嗅,那里闻闻。但你想靠近它时,它就会迅速地躲起来,不让你接近。我尝试了好几次都没有成功。爸爸让我不要太心急,要想和局长成为朋友,是需要耐心和时间的。

我远远地观察它,也许是局长刚断奶没多久,胖嘟嘟的身体像个球,四条上棕下白、短而细的腿,走起路来,屁股会非常有节奏地摇摆,再加上一条藏在屁股里,小得可以忽略不计的小尾巴,非常的搞笑。最吸引我的是它那双大眼睛,眼神中始终带着伤感,充满着忧郁,看着让人心疼。

为了尽快地建立友谊,我采取了简单有效的办法——拿食物来贿赂它,果然迅速见效,局长开始慢慢地接近我。我可以轻轻地抚摸它,它也用它那柔软的小舌头,舔舔我的手,还时不时用它那胖嘟嘟的身体来蹭蹭我的脚,就这样,时间一长,我们成为了好朋友。

有一次,我坐在门口做作业,局长趴在我脚边,眼睛却瞪得大大的。忽然,一辆电瓶车飞快地驶过,局长以惊人的速度跑了出去,大声地叫着:"汪汪汪,汪汪汪!"似乎在训斥骑电瓶车的人速度太快!真是多管闲事的主!有时它还会因为跑得太快刹不住,摔得连滚带爬,十分狼狈。我常常被它那搞笑的模样惹得大笑不止,边擦眼泪边捧着发痛的肚子还是"咯咯咯咯"停不下来。

不知不觉,局长来我们家已经有两个多月了,我们已经建立了深厚的友谊。每个星期天,我都会去乡下看它,而它必定早早地趴在门口等我了。当它看到我或者听到我的声音时,就会激动得上蹿下跳,忘情地摇晃小尾巴。

"局长"已经成为我心里那一团暖暖的小火苗了,我爱我的"局长大人"。

猫

李泽轩

要是可以把军衔授给兽类的话。这只小猫理当荣膺陆军上将衔了。

它是一只成年公猫。黑白相间的身体,四只灵活的脚,一双雷达似的眼睛,随时随地在勘察周围情况,怎能不令鼠生畏呢?

它每走一步,都要思考一下,好像在探测地雷。直到它确定没有问题才慢慢地落脚。如此谨慎小心,应该也不会胆大包天。但恰恰相反,它看到我家那只凶狗,素来都不会跑走,更多时候会迎上去一阵阴阳怪气地叫唤,让人听了不由得浑身发毛。更何况有时候,那只凶狗刚想龇牙咧嘴,一听他的叫唤马上闭上嘴悻悻地离去。他可真是目中无狗。

它喜欢爬树。但它爬树可不是为了玩耍或者休息,而是为了侦察敌情。当它爬上了一棵树,立马就表现出一副将军统领千军万马之势。神情严肃,屏息凝神,搜寻者目标——老鼠。只要有老鼠的一点响动,它就立刻飞身下树,拔腿就追,追到后,一口吞掉老鼠,整个过程堪称完美。

它喜欢吃鱼,对鲫鱼更是情有独钟。它总爱跑到鱼塘边,看着塘里的鲫鱼呆呆地出神。我们的这只成年公猫很聪明,如果有鲫鱼不慎碰到鱼塘边缘,它就像一只鱼叉,以迅雷不及掩耳之势捉住这只不幸的鲫鱼,把它碎尸万段,然后一块块吞到肚子里,把鱼骨头扔进鱼塘,导致我们只能钓到鱼骨头。

有一只猫,它动作神速;有一只猫,它性情古怪。它就是我们的猫,它是那么厉害,那么可爱。

> 教师评语:读着这篇文章竟然有种老舍大作家的感觉呢。很不错,能学以致用,这是作文起步很巧妙的方法。小作者笔下的这只猫被写得栩栩如生,读着读着仿佛看到了它在那里用叫声和凶狗叫板;它在树上专注地等待老鼠;它在塘边津津有味地啃着鲫鱼骨头……
> (指导老师:吴静)

虾虾大战

吴俊灏

真好,今天终于又迎来两只我喜爱的小生灵,两员神气的大将——河虾,它们有灰色的大衣,长长的胡子,一双大钳子和大眼睛,让人见了就一个感觉——神气!

说它们是大将,的确,它们和大将一样总是喜欢打打杀杀,所以今天才会上演难得一见的虾虾大战。我想虾虾大战一定要有宽敞的场地吧,正好我的阿龟在睡觉,不如用龟池让它们来干上一场。于是我把阿龟放在石头上睡觉,把两只虾放旁边打架。

大战开始了,两只虾见了对方都毫不相让,舞动着长长的胡须,挥舞着大钳子威胁对方。几个来回后,它们发现对方根本不怕自己,于是马上开战。第一只河虾首先游上前,用钳子夹另一只虾,随即,另一只大钳子快速地砍下去,让另一只虾受了重伤。但是另一只虾也不是吃素的,反身用强有力的尾巴一弹,把对方弹到桶壁上,居然把第一只虾给弹得差点晕过去。它马上游上前用钳子一夹,把昏沉沉的那只给夹得遍体鳞伤。这样似乎还不解气,又用尾巴一弹,把对手给弹到空中。那只不幸的虾落下来居然砸到阿龟头上,这可把阿龟弄火了!小虾们虽然有大钳子和尾巴,可也挡不住对它们来说宛如一只巨兽的阿龟啊。阿龟二话不说,伸出爪子,一爪子就把一只虾撕得四分五裂,活活把虾给吞了。这次虾虾大战的获胜者居然是阿龟,真可谓"螳螂捕蝉黄雀在后"啊,阿龟坐收了渔翁之利!

我可怜的两员大将啊! 这场惊心动魄的虾虾大战就这样在我的哀悼声中结束了。

教师评语:作者的小脑袋瓜里装着太多奇思妙想和生活经验。这次,两只小虾竟然也成了作文里的主角呢! 小作者通过细致的观察,把两只小虾的对战写得饶有趣味,让读者也忍不住会想为其中的一员加油呢! 更有意思的是最后的"黄雀在后"。这只阿龟可真是捡了大便宜。真有趣!(指导老师:吴静)

养鸭记

沈嘉毅

最近我们家被闹得不得安宁,因为我们家来了一位新成员——一只小鸭子,它叫仙仙,是一个淘气的女孩子哦。

它长着胖胖的身子,两条细细的、黄黄的腿,脖子上全是金黄金黄的毛,头上还有几处黑黑的绒毛。

它很淘气,刚到我家就在家里到处乱跑,因为妈妈怕它把家里弄脏,命令我捉住它。别看它小,走起路来摇摇摆摆,我居然都捉不到它呢。它在前边跑,我在后面追,毕竟我也是个胖子,几圈跑过,我就败下阵来,实在没办法,我只好慢慢等它跑累了,才一鼓作气把它逮住。

刚来的仙仙除了乱跑就是乱叫,"嘎嘎嘎"地没完没了。"会不会是饿了?"我马上去盛饭。妈妈看了连忙说:"仙仙太小了,不会吃饭、喝水。"这可怎么办? 突然我灵光一闪,拿了一片青菜叶,一点点地剪成小

片的,再一点一点放到仙仙嘴里。渐渐地,仙仙会啄食物了,它啄我手上的菜叶,弄得我好痒痒,一个劲地笑。可是仙仙还是不停地叫,我想它可能想妈妈了吧。我心疼地把它抱起来一次又一次地抚摸着。爸爸看见了说:"现在的鸭子都有这么好的待遇啊。"我开玩笑地说:"如果你也变成一只小鸭子,那我也这么对你。"爸爸连连摆手。我哈哈大笑,正当我要把仙仙放下,它竟然默不作声地在地上拉了一坨屎,我赶紧把鸭屎清理掉,不然妈妈可要大发雷霆了。

现在,仙仙成了我名副其实的跟屁虫,我走到哪儿仙仙就跟到哪儿,如果跟不上了,它就会像迷路的小孩在原地大叫,这让我每走一步,就要转身看一看仙仙有没有跟上。

它那可爱的样子,嘎嘎的叫声,足以把我的心融化了,如果是你,你会吗?

> 教师评语:没有养过鸭子的读者,看了小作者的这篇文章会肯定地回答最后一个问题"我会!"多可爱的鸭子呀!能跑会吃还会撒娇呢。说明小主人真的很疼它,怪不得连爸爸都要嫉妒了呢!喜欢作者笔下的这位"仙仙"。(指导老师:吴静)

猫

顾杨佳慧

猫确实有些古怪,比如我的猫,它就是一个典型。

白天时,它爱躲猫猫,要是你喊它几声,它还不出来,那必定是在哪儿睡着了。如果它躲在床下,我只要甩动头发,它便会"咻"地一下窜出来,跳上我的头,开始饶有兴致地玩起来。等它把我的头发弄得乱七八糟时,我必定会拎起它,把它放进箱子里,让它好好"反省"一下。

在夜晚,它会四处走动,一双宝石般的大眼睛忽闪忽闪的。一碰见老鼠,那可不得了了,它会拼了命地追,哪怕摔上几个大跟头,它也不会放弃,非把老鼠抓住不可。

它吃饭时更是好笑哩!我给它倒好猫粮后,它就慢吞吞地走过来,再一头猛扎进猫粮中,大口大口地吃起来。它是一只猫,却偏爱牛肉味的猫粮。吃完后,便躺在盆子旁呼呼大睡,我简直不敢相信有这么懒的猫。

别看它淘气、懒惰,它偶尔还挺高贵呢。我们的这位"猫公主"喜欢散步,每天晚饭后它就会四处乱走,仰着脖儿,把头抬得老高的,就好像是皇上来民间巡视一般。我一看这姿态,不由得心想:好一只高傲的猫啊!

猫可真是有趣,让我不得不喜欢它。

教师评语:这只猫都跑到小主人头上去撒野了,看来小主人对它可是喜欢得不得了啊!白天时,夜晚时,淘气的、搞笑的、高贵的,小作者通过细致的观察,友好的相处,写出了一只讨人喜欢的猫。(指导老师:吴静)

乌龟有爪子

蒋东宸

你们发现没有,乌龟是有爪子的呢!

以前我总看不起乌龟这种动物,小鼻子小眼,笨头笨脑的,觉得它们就是懒懒散散和胆小如鼠的代表。直到今天我才不敢怠慢这位"拥有锋利的武器的战士"。它的锋利的武器就是它的爪子。龟壳是他坚如磐石的盾牌。

午后的阳光透过窗子星星点点地落在阳台上,乌龟池里的懒乌龟居然也爬上岩石晒起太阳来。我向来对他们不友好,闲来无聊,我尝试与它们开始战斗。我用手去拨弄它,不想但最终败北,它竟用爪子抓了

我，竟然还把我的手抓出一条印痕。我有点来气了，再次攻击它时，它就把四肢、头都缩进"盾牌"里，使得我无计可施。如果你吃饱饭没事干去挑衅他的话，下场就会和我一样。

于是我就趴在乌龟缸沿上细细欣赏我的对手，这才发现它的爪子长在它的脚趾头上，每只脚上都有三个小爪子，个个似弯钩，相当锋利，就像一把把刺客的尖刀。看来我是轻敌了呀。小小的乌龟也有保护自己的锋利武器呢。

"啊！我的手，我的龟……"

> 教师评语：每种动物都有保护自己的本领，一旦受到攻击，它都会使出浑身解数，抵御来自外界的进攻，如果实在打不过的话，就躲起来呗，多么可爱的乌龟呀！可见小作者是个生活的有心人。那只懒乌龟也可以那么讨人喜欢呢。（指导老师：吴静）

欢迎鸡宝宝

蒋文昊

放学一写好作业，我就直奔大门口找阿黄玩，这一找竟然让我发现了一件令人震惊的事！我家鸡妈妈在生宝宝呢！

只见老母鸡两腿弯曲，优雅地盘坐在鸡窝里孵蛋。这蛋可不同于我们平常吃的鸡蛋，而是母鸡和公鸡交配后产下的受精卵。母鸡格外警觉，不时地左顾右盼，生怕有人来打扰她。而公鸡配合母鸡，围着母鸡直打转。一旦发现有入侵者攻击会尽力地把他们赶走。

就这样过了好多天，突然有一天，我听到有轻微的"叽叽"声。天呐，一只只可爱的小鸡，出现在母鸡的翅膀底下。这时的母鸡可得意呢！它昂起头，左看看右看看，那样子似乎在告诉周围的人："瞧！我多厉害，生了这么多可爱的宝贝！"而公鸡似乎也突然明白了什么，像闪电般飞奔出去。我正惊讶这公鸡要去干嘛呢，但是注意力又马上被那一只只小可爱给拉回到鸡窝里。

小鸡们刚出生还站不稳。两只小爪子显得特别的鲜红，可爱极了。两腿颤颤巍巍地站起来又倒下，倒下了又站起来。让我都有点心疼呢。

小鸡已经出生好久了，鸡爸爸却迟迟没有回来。正当我好奇的时候，猛一回头，发现鸡爸爸回来了，我惊喜万分，满腔热血却换来了一盆冷水。因为盼来了鸡爸爸，却没盼来食物。看着那一个个饿坏了的小绒球，我心里可着急了。我灵光一现，想起了前几天观察时捉了几条蚯蚓，于是我忍痛割爱，把蚯蚓拿来给小鸡吃。谁知道它们瞧都不瞧一眼。这时奶奶告诉我，刚出生的小鸡太嫩了还不能吃虫子呐。于是奶奶端来了一盆鸡饲料，看着它们一个个弯着脖子不停低头啄食的样子，可把我乐坏了。

我要好好用心地把这群鸡宝宝养大。

教师评语：小作者发现了一件很伟大的事情——新生命的诞生，这总是会让人心生无限感动。写到了鸡妈妈孵蛋时的警觉，孵出小鸡后的骄傲，很形象，但是鸡爸爸在鸡妈妈孵小鸡时是怎样的呢？还需要认真观察，写作的素材就是来源于生活的。(指导老师：吴静)

奇思妙想

指导老师　陈桂兰

　　多彩的童年,总能引起人无尽的遐想,可爱的孩子,头脑中总有无数奇思妙想,天马行空,无拘无束。让我们一起驰骋于这片幻想的文字天地中。

文具总动员

尹郑远

　　在一个漫长的寒假里,有一个地方可热闹了呢!哪里这么热闹呀?哦,原来是小明家的铅笔盒呀!小明家的铅笔盒里怎么这么热闹啊?在开大会呀!我们一起去听听他们在说些什么。他们在商量一次惊心动魄的环游大中国的活动。

　　三个文具从黑龙江的漠河出发,第一站是哈尔滨。他们发现,哈尔滨的许多建筑物是俄罗斯风格的。猜想:这里以前也许有很多俄罗斯人生活过,不然的话这里怎么会有这么多俄罗斯风格的建筑物呢?他们回头一看,哇!后面全是五彩缤纷、千姿百态的冰灯。三个文具置身于晶莹剔透的冰世界里,可开心了,争先恐后地要去打滑梯。

　　离开哈尔滨,他们第二个到达的地方是中国的心脏——北京。他们刚到北京,正好赶上春节联欢晚会,碰巧还剩一张三人团体票。他们毫不犹豫地买了票,实现了自己亲眼目睹春晚的愿望。他们刚坐到座位上,春节联欢晚会就开始了。他们三个文具看完春节联欢晚会,就要回到酒店去休息。长安街上一改往日的拥堵,特别的通畅。在天安门和新华门等处,依稀看见武警战士在刺骨寒风中矫健挺拔的身影。由此联想到,在这阖家欢乐、万户团圆的除夕之夜,还有多少人为了大家的幸福,忠于职守、默默付出,心中不由地升腾起由衷的敬意。

　　他们到达的第三个地方是南昌,赣江旁边的滕王阁。他们想:滕王阁可是中国三大名楼之一啊!那一定很好玩,可是,滕王阁的门票又那么贵,身上的钱不多了。他们沉思片刻,不约而同地说:"滕王阁这么美,就算门票再贵,进去看一看也很值得。"他们往四周一看,有一块牌子,牌子上写着:能熟练背诵《滕王阁序》全文的,免票。这对于三个文具来说不是难事,因为他们的小主人小明是个学霸,做数学题累了时,就背背古诗,文具们听得多了,也能熟练地背出来了。三个文具顺利地背完,进了滕王阁,看到了用蜡像还原的当年王勃写《滕王阁序》的场

景。达官贵人们坐在两旁,欣赏着跳舞的美女,喝着酒吃着点心。

可惜这个寒假很快就要过去了,于是他们回到了小明的铅笔盒,跟小明团聚了。

> 教师评语:小作者的想象很大胆、丰富,一个学霸的文具们也是那么博学。读万卷书不如行万里路,文具们准备趁着寒假去祖国各地走走。从哈尔滨到北京,再到南昌,通过背诵《滕王阁序》,顺利地进入滕王阁,一群文化底蕴深厚的文具跃然纸上。

两百年后的地球村

顾宇凡

有一次我做梦,梦见自己乘着时空穿梭机穿越时空遂道,来到了二百年后的地球村。时空穿梭机不光速度快,还可以随意变换大小,人多了,它就变成飞机一样的个头,人少了,只有单排汽车那么大。

我下了时空穿梭机,感觉肚子有点饿,就去找了一家饭店。我进去一看,一个人都没有,只有一台机器人。我想:我吃什么呀?机器人仿佛看出了我的担心,说:"小朋友,请随我进厨房。"我赶紧说:"我可不会做饭,进厨房有什么用呢?""别担心,我们这里有全程服务,不需要你做的,只要你告诉我,想吃什么就行了。"走进厨房,我看到了厨房分为几个区域:中餐区、西餐区、料理区。我又来到中餐区,这里有川菜、湘菜、粤菜、苏菜、浙菜、闽菜、徽菜、鲁菜。还是点浙菜吧,谁为我做呢?机器人说:"不用人来做,我们是全程电脑控制,你只要在这个平板上点一下你想吃的菜,几分钟以后,就能上桌了。"果然,不到十分钟,我点的糖醋排骨和蘑菇炒小青菜就上桌了。小青菜不但翠色欲滴,而且味道也不错。

吃饱了,我就要上街去看看了。来来去去的汽车很多,一旦车流过多,有些车就离开地面,在半空中行驶;有些车就沉入地下,在地下通道行驶。堵车这样的事,是绝不会发生的。

在街上逛了逛,累了,得找一家酒店住下。可是这么大的街上酒店却很少,是怎么回事呀?路边的店主告诉我,他们的房子都是冲气的,出去玩时,可以把房子的气放掉,再叠起来放进背包里,到了目的地再把气打上就可以了,所以很少有人住酒店。在酒店里住了一晚,我得赶紧回家了,不然拉下太多的课,到时考试考不好,有的受了。酒店经理告诉我,这个不用担心,我们的孩子上学从来不去学校,都是在家里通过网络一对一地学习。孩子们可以自己选择学习时间,但是一天的学习任务必须完成,没有完成的,家长会收到短信的,然后必须监督孩子完成。

我还在梦里美滋滋地傻傻地笑着,突然被闹钟给吵醒了,一看已经是早上七点了。哦!原来是在做梦,真想到23世纪去看看。

教师评语:这是一篇展望科技发展的想象作文,小作者通过时空穿梭机穿越时空遂道来到了200年后的地球。想象高于生活,但来源于生活,小作者从普普通通的行、吃、住、学来期盼未来科发展的成果。出行坐时空穿梭机,方便、快速;饮食可以自由选择,智能操作;房子可以随意拆卸、组装;学习可以自由支配时间。这大概就是作者心中想要的生活吧!

骄傲的狮子

李语欣

从前,有一只叫小金的狮子,他有一头金灿灿的头发,大家管他叫"金发狮子"。日子一久,他就变得十分骄傲:走路的时候总是把头高高昂起,见到伙伴过来,还喜欢把金色的头发甩来甩去。

有一天,小刺猬去找他踢球,他不屑地说:"谁跟你踢球呀?瞧你满身的刺!万一把我的新发型弄乱了怎么办?"小刺猬听后伤心地走了。

过了几天,大象老师说,要分组做游戏。长颈鹿高兴地说:"小金,

我们一组吧!"要知道,他们以前可是十分要好的朋友啊。现在可不一样了,小金不以为然地说:"跟你? 笑话! 你的脖子长得那么难看,别人看了不笑才怪!"长颈鹿十分生气,就走了。

小金的种种行为引来了大家的不满。小猴子说:"小金每次都摇头拒绝,还说些难听的话,实在是令人讨厌! 干脆大家都不要理他好了!"大家一致赞同。

日子久了,小金觉得孤独了,他去找小刺猬踢球。小刺猬却说:"我满身的刺会把你'美丽'的头发弄乱的,我可不敢跟你玩。"小金又去找长颈鹿,长颈鹿也来了个以牙还牙:"我长着这么难看,你跟我在一起会被别人笑话的,你去找别人吧!"

从此,小金只能独来独往,好孤单啊! 山羊伯伯告诉他:"尺有所短,寸有所长。孩子,不能只看到自己的长处,盯着别人的短处啊。"小金听后,惭愧地低下了头。

> 教师评语:现在有一种误区,认为只有语言华丽的才是好作文。乍一看,这篇想象作文很一般,语言直白,情节也是那么平淡。但可贵之处也就在于此,语言浅显,小朋友们都能看得;情节自然,读者也能去仿写。一个普普通通的故事却告诉我们一个人尽皆知的道理,结尾山羊伯伯的话起到了画龙点睛的作用。

善良的心

陈思雨

一个阳光明媚的日子,小猪黑黑出去玩儿,遇到的小伙伴都不理睬他,他想:一定是大家嫌我又黑又丑。

黑黑伤心极了,一直向前跑,忽然看见有很多小伙伴围着大象玩呢。黑黑跑回家去,看见妈妈刚好买菜回来,篮子里有几根又粗又长的大葱,一个念头出现在黑黑脑海中。黑黑想:拿两根葱插在鼻孔里,装成大象的样子，一定很受欢迎。说干就干，黑黑挑了两根最长的葱，插在鼻孔里，出门了。小伙伴看见黑黑，以为是一只黑色大象，友好地伸出了手，玩起了顶球游戏。小伙伴们个个有说有笑，一直玩到了黄昏，黑黑感觉到伙伴们的友善，真是一件令人快乐的事。

救命啊，救命啊！一阵救命声传到大家的耳朵里。小伙伴赶紧跑到河边，原来是小鸡花花溺水了。小伙伴们干着急，一点办法也没有。黑黑扔掉葱，一头扎进小河里，用力太猛，身体又太重，一时晕头转向的。幸好河水不深，黑黑站在河里，还能抬起头，清醒了一会儿，靠着三脚猫的游泳功夫，游到小河中间，把花花救了上来。小伙伴顿时发出雷鸣般的掌声，异口同声地喊着："黑黑是大英雄！"

从那以后，黑黑只要一出门，就会有许多小伙伴来找他玩。黑黑终于明白了，外表好不好看不重要，重要的是，要有一颗善良的心啊！

教师评语：小朋友都是在童话中长大的，童话的语言通俗易懂，故事情节简单明了，也就是在童话的滋养下，让孩子们懂得了很多道理。这篇童话，一开头看着有点好笑，黑黑不受欢迎，于是在鼻子里插了两根葱装成大象的样子，果然被大家接受了。但是遇到突发事件小鸡落水了，为了救小鸡，黑黑又恢复了原来的样子，但是还是得到了大家的赞美。黑黑终于明白了，外表好不好看不重要，重要的是，要有一颗善良的心啊！

交通新时代

成滢

一天，我正在看书，居然被吸了进去，来到了书中的世界，下一个时代。

新时代的马路不是很宽，因为在陆地上跑的车，不像以前那样多。自行车呢，还是有的，因为人们要骑车，强身健体。人行道要比之前的宽多了，可供人们散步。机动车道和非机动车道，他们是由比柏油还要

好的材料铺成的,特别耐用。非机动车道和机动车道之间的铁栅栏改成一条激光线,车辆碰到了就会发出警告,而且会在车上留下一个记号,这样车主就要被罚款。而人行道板是用可爱的小石块铺成的,道路两旁种的是能净化空气的树和无毒的花草。人们穿过马路时,必须走人行横道。如果人们没有走在人行横道的地方,穿越马路就会被激光灯射到,并且也要接受高额的处罚。人行道上还有一排排椅子,供人们休息。人行道旁还设有盲人专用通道。

我继续往前走着,来到十字路口旁的便民服务厅。这儿和我们2018年的商店很像,不过那里面收银的都是机器人。在十字路口处,还装有摄像头,为了防止人们闯红灯,摄像头还可以发射激光。

说到交通就不得不说说交通工具了。未来的自行车已经不在街道上出现了,而是在健身房用来健身的。汽车也不再局限于地面,抬头向上望去,一条条天道纵横交错,飞车在一条条天道上飞快地奔驰着。飞车不需要燃料,他们是靠吸收太阳能和紫外线获取能量,只要在天空飞过,尾气会排放出一朵朵五彩的云,装点美丽的天空。它们的形状各式各样,颜色也五彩缤纷。那时候的车不仅外表很美观,而且环保又实用。飞车多用于抓盗贼、扑火、抢救病人等。里面的设施根据所需去设置。每一辆飞车的安全设施都很棒。如果两车靠近时,车上的感应器会发出警报,防止撞车。陆地上的车是大众化的,里面的设备很齐全,电视机,空调,舒适的软床,做饭机,饮料机,电脑等,甚至还有自动驾驶系统,全家驾车出游,既方便又安全。

突然之间,我被一束奇怪的光线照射,"嗖"的一声,我从书里弹了出来。我的交通之旅结束了,我回到了自己的家里,我呆若木鸡地坐在床上,望着窗外的马路……

教师评语:小作者的想象力十分丰富,大胆,通过一本书,穿越到了未来,看见了未来的马路,未来的便利店,并大胆地创造出了一条"天道","飞车"在"天道"上自由地来回穿梭,哇,这可真是一次神奇的奇幻之旅。最后的省略号,给人一种无限的遐想空间,在读者身临其境地去思考,不同的读者就会有不同的结局,这就是你设计的巧妙之处。(指导老师:周佳)

工具开大会

朱　晨

夜深人静，小主人去睡觉了，工具们却精神抖擞地开起了会。

他们开始讨论一个话题——谁最重要？

最先说的是钉子、锤子俩兄弟，他俩一齐道："我们最重要，没了我们，木头家具谁来造，小朋友喜欢的木偶谁来做？"

电线一拉一扭，慢吞吞地来了："你俩都没我重要，没了我，电器怎么通电？"

"切——"电池也来抢热闹："谁说家具一定要电线，放个电池不就可以了？它们电动玩具、手电筒、电灯，不都少不了我？"

一个接着一个，小手拍得啪啪响，就在这热闹的时候，小主人被吵醒了："大晚上的，谁那么吵？"

小主人嘟嘟囔囔起床到客厅，一看，原来是工具们在开会，小主人问道："你们在吵吵什么呢？说来我听听。"

"谁最重要？"工具们整齐地喊道。

小主人说："原来是这样啊，其实没有谁最重要，大家都一样重要，各有各的用处。你们仔细想想，要完成一件工作，是不是需要大家齐心协力，少了谁也不行。你们说是吗？"

大家低下头，你看看我，我看看你，确实如此啊！

"是！"这次又和刚才说的一样整齐了。

大家都明白了，每个人都有自己的作用，以后再也没有人提起这个话题了。

> 教师评语：小作者用清新有趣的语言，描写了工具开大会发热一件事。这篇文章短小精悍，语言通俗易懂，贴近生活实际，读起来令人感到亲切。这个学期，你的作文水平有了很大的进步，你的语言优美了，

你的措辞严谨了,你的句子生动了,你的人物丰满了。故事的最后,你还阐释了深刻的道理,"尺有所短,寸有所长,取长补短,相得益彰"。希望你在今后的学习中再接再厉,写出更精彩的作品。(指导老师:周佳)

海豚和小金鱼

王雯乐

一天晚上,在游泳池里表演的小海豚在窄小的泳池里游来游去。他白天在海洋公园表演各种各样有趣的节目,可到了晚上,只有他一个。他很孤独,没人和他作伴,他感到寂寞极了。

无聊的小海豚在泳池里游来游去,借此消磨时光。突然,他在角落里发现了一个小小的影子。

"你是谁?"只见角落里的黑影忽然消失了。

"别躲呀,我们做好朋友吧,我绝对不会伤害你的。"

"真的吗,你不伤害我,要和我做朋友?"小黑影疑惑地问,"可是从来都没有人愿意和我做朋友。"小黑影失落极了。

"但我愿意和你做好朋友啊!请你相信我。"小海豚拔高了音量,他希望没有吓跑小黑影。

听了这话,小黑影才慢慢地露出本来的面目。原来那是一条灰黑色的小金鱼,别的金鱼总是嫌他太丑,不愿意和他一起玩,所以他没有朋友,到处游荡。

"以后我表演时你就藏起来,等演出结束我再来找你。"小海豚想出了一个好主意。

"好哇好哇!"小金鱼又激动又兴奋,这主意不错,从那以后他们俩成了知心朋友。

每天,小海豚都给小金鱼讲表演时发生的有趣的事情:前天,他又学了什么新动作,昨天,有好多观众为他的精彩演出拍手叫好,争先恐后地要来找小海豚合影、握手。小金鱼听得津津有味。

小海豚和小金鱼在茫茫的鱼海中相遇,成了无话不说的好朋友。

教师评语:你的构思很巧妙,海豚和小金鱼在泳池里相遇,两个原本寂寞的个体在这一刻相遇,并成为今后无话不谈的好朋友。这篇童话故事运用大量的对话和神态描写,语言连贯,丰富了人物的形象。你的故事想象合理,充满童趣的拟人和比喻,使文章顿生光彩。你的描写非常细致,特别在人物的神态上下了很大的功夫,小海豚时而寂寞,时而激动,时而着急,时而欢乐,鲜明的人物性格,也吸引了读者的眼球。(指导老师:周佳)

老人与大树

蒋睿哲

从前有一个老人住在一座山里,他没有孩子,只有一棵大树。老人每天给它浇水,讲故事,就像对待自己的孩子一样。

突然有一天,一道黄色的闪电击中了大树,大树伸了个懒腰,活了过来。于是,他就召集所有果子来开一场大会。小苹果第一个发言:"以前老人对我们太好了,我们现在应该帮助他,你们说好不好?""好!"果子们都纷纷举起了手。

有一天,两个小偷趁着晚上来到老爷爷家偷财产。他们的声音把大树吵醒了。大树召集所有的果子,向小偷们发起了攻击。只见果子们一个个跳下树,像雨点般砸向小偷。有的滚到小偷脚边,把小偷们摔得四脚朝天。小偷们见了,落荒而逃。一个小偷拿出枪来反击,可是他们不知道,这可是铁桦树的果子,铁桦树坚硬无比,连子弹也打不过。果子们赢了,他们高兴地欢呼起来。

第二天,小偷又来了。这次,他们做了十足的准备。他们做了一块盾牌,这是用铁桦树做的,坚硬无比。他们还用大炮来攻击果子们。看着果子们一个个被击中,死去,大树伤心极了。他想:硬挺不行,只能智取。于是大树给一些果子一张地图,让他们按地图的标识挖洞,接近小偷。果子们就按照这个方法进行,大家轮流上阵,一直挖到小偷们的基地。果子们来了个瓮中捉鳖,直捣小偷的大本营,把小偷打得措手不及。果子们最终打败了小偷,取得了胜利。

大树把果子们召集一起,语重心长地说:"经过这次的事件,大家应该明白一个道理:在危急时刻一定要多动脑子,用智慧的力量去改变现状。"果子们一个个都认真地思考着,大家都受教很多……

从此以后,只要老人遇到什么危险,大树和果子都会去帮忙,老人每天给大树浇水施肥,大家都过上了安宁的生活。

> 教师评语:这是一篇有趣的童话故事。文章开头新颖,具有先声夺人之效。一棵树被雷电击中复活,给人留下了深刻的印象。文章线索明朗,主题突出,在叙述的过程中,自然生动,结构紧凑。小作者通过生动形象的语言描绘,使读者仿佛身临其境,置身于童话中。(指导老师:周佳)

美丽的奥秘

刘蓓佳

很久以前,一群小鸟生活在一个美丽的王国里。

有一天,小鸟王国非常热闹,到处都人山人海,原来是小鸟选美大赛。选美大赛可是难得一次的重要赛项。

小鸟们都围在大街上的海报前,那里早已经挤满了人。一位位都争先恐后地说着:"我要报名,我要报名。""我也要。"

比赛如期举行,小鸟们都来到河边开始梳理自己美丽的羽毛。一只画眉鸟一边梳理羽毛,一边看着河面上自己的倒影。她突然发现身长藏着几根与其他颜色不一样的羽毛,就让身旁的百灵帮它拔掉。与此同时,她也发现了所有人身上都有,跟自己身上不相同颜色的羽毛。于是,画眉鸟对大家说:"大家一起互相帮助,拔掉自己身上不一样的羽毛吧!"拔完后的小鸟都到后台等候比赛,没有一个人打扫河岸上的羽毛。

这时,一只乌鸦垂头丧气地在河岸散心,抱怨着:"为什么只有我乌鸦的羽毛是黑色的?它可真丑!"突然,他眼睛一亮!原来他看到满地五颜六色的羽毛。于是,他灵机一动,想到个主意:我将满地五颜六色的羽毛贴在自己的身上,我一定是最漂亮的鸟。

乌鸦装扮完毕,赶忙来到比赛现场。比赛还在继续,轮到乌鸦上台了。他昂首挺胸地走上舞台,在台上旋转,跳跃,大放光彩。

比赛结束了,乌鸦获得了冠军,主持人宣布乌鸦上台领奖。可正当他要接过奖杯时,却朝远处的一棵大树迅速地飞过去。

原来树上有个鸟巢,鸟巢中有一只刚破壳而出的鸟宝宝。她正想看一看选美大赛呢,可一不小心掉了下来。庆幸的是乌鸦的及时出现,救下了这只雏鸟,乌鸦因为飞得太快,将羽毛都抖了下来,显露出原本乌黑的羽毛。其它鸟儿嚷道:"这是乌鸦,他用假羽毛不能参赛。"乌鸦回到舞台,羞愧地低下头。评委语重心长地说:"第一名颁给乌鸦是当之无愧的。心灵美胜于外表美。"说完把奖杯递给了乌鸦。之前那些起哄的鸟儿惭愧地低下了头。

第一名的奖杯又回归于乌鸦了。乌鸦高高兴兴地对观众和评委说了一声谢谢。观众们掌声持久不断,选手们将乌鸦抬起,整个小鸟王国都为乌鸦欢庆。

不要以貌取人,外表美并不重要,心灵美才是最可贵的。

教师评语:这是一篇有趣的童话故事,故事以乌鸦要主线,告诉了我么们心灵美胜于外表美。全文以拟人的手法,加上大胆,丰富的想象,展现了一只心灵善良的乌鸦。你的童话故事绘声绘色,让人觉得新鲜、有趣。(指导老师:周佳)

铅笔盒里的谈话

张 田

　　一个静悄悄的夜晚,铅笔盒中的文具都活过来啦! 可是看看他们一个个都不知道经历了什么。

　　残破不堪的尺子先发话了,他痛苦地说:"我的主人把我的身上,画出了一道道深深的疤痕。我可才刚来两天啊!"尺子向大家说出了自己的烦恼。大家都看着他身上的划痕,还有许多的地方都卷了起来,无奈地摇了摇头。

　　橡皮也发话了:"我刚来一天,身上就被刻的满是小洞洞,满是铅芯,可疼死我了。而且小主人总是把我掉在地上,其他小朋友总在我身上踩来踩去,你们瞧,我的白衣服早就变成了黑衣服了。"大家用怜悯的目光看着他。

　　铅笔盒拍拍他的肩膀说:"你的遭遇也许已经很不错了,你瞧瞧铅笔,他们身上全是一道道的牙印,都是小主人亲口咬上去。"

　　铅笔哭着说:"我是今天早上刚来的,身上就已经残破不堪了,你们就知足吧。我早上还戴着一顶小帽子,才第一节下课,我的帽子就被小主人当成'武器',弹到小朋友脑袋上了。主人经常把我借给别人,我今天去了李家,明天就去了张家,后天又不知道去谁家。哎,我现在连真正的主人是谁也搞不清楚了。"

　　钢笔静静地说:"唉,我已经老的不能再老了,你们看看我的笔尖卷得是不是已经不能再卷了呢? 我刚来的时候,主人把我视若珍宝,无论在什么地方都护着我。可是渐渐的,我身上有一道道划痕时,主人也就看不起我了。我不小心掉在了地上,他也视而不见。可怜天下钢笔心呀,到底还有谁比我遭遇的更惨呢?"

　　在一旁的记号笔听了钢笔的话,热泪盈眶:"呀,我跟你一样,刚来的时候主人也视若珍宝,可现在无论是什么地方,都已经用不到我了。

因为你们看看呀,我的颜色已经很淡很淡了,快没墨了。即使丢去回收场,估计也没有人要啦!"说完,记号笔走到角落,伤心地哭了起来。

主人躲在门口,听到了他们的谈话,十分惭愧。他下定决心,以后要好好的爱惜每样文具了。大家千万不要像这位小主人一样浪费东西哦,不管哪种东西,不分高低贵贱,都一定要好好的珍惜。

教师评语:这是一篇有趣的童话故事,故事的主人公是我们最熟悉不过的文具。小作者一定是个非常细心的人,热爱生活,把生活中的小事写的生动具体,通过动作和语言描写,加上合理的想象,把一个个文具的形象刻画的淋漓尽致。(指导老师:周佳)

小猫的故事

潘 潇

从前森林里有一只小猫,它胖胖的,像一个圆溜溜的小皮球,可爱极了。森林里的小动物都喜欢他,愿意和他一起玩。可几年之后,小猫却染上了一个坏毛病——爱上了吃零食。

他现在什么都不吃,十分的挑食,只吃零食。慢慢地,慢慢地,胖胖的小猫不见了,森林里多了一只骨瘦嶙峋的小猫。小猫去找小朋友们玩,可是小伙伴们都不想和他一起玩耍,因为他太瘦了,好像风一吹就吹跑了。小猫一跑就会生病,太阳一晒就会中暑,所以小朋友们都不和他一起玩。

有一次,一阵大风来了,把小猫吹去了好远好远。小猫在天空上飘呀飘,几分钟之后,它落了一家饭店门口。小猫太累了,趴在饭店门口喘着粗气。饭店服务员看见了,让厨师去烧了一盆香喷喷的红烧鱼。服务员把这盘鱼放在小猫面前,小猫一闻到鱼香味,一下子就来了精神,立马坐了起来。服务员刚把盘子放下来,小猫就扑上去,大口大

口地吃起了鱼。连汤,骨头,葱都没有放过,吃得干干净净。就这样,一盘红烧鱼就吃完了。小猫抹抹嘴巴,打了个饱嗝,他又变得胖乎乎了。小猫跟服务员说了声再见,就快快乐乐地跑回家了。一路上,小猫跑得飞快,不像之前跑起来那么没劲了。小猫这才发现,原来好好吃饭身体会变得这么强壮。小猫高兴地对妈妈说:"妈妈,我以后再也不吃零食了,我要好好地吃饭。"猫妈妈说:"千万不要挑食,任何蔬菜水果都要吃。不同的食物有不同的营养成分,这样才能维持一天的动力,让你充满能量。以后可不能再挑食了。"

小猫听了,下定决心说:"嗯,我以后一定要好好吃饭,做一只健康的小猫。"

教师评语:人们常说,一个人的作品,反应了一个人在现实生活中的状态。相信在现实生活中,你就是这只挑食,不爱吃饭,爱吃零食的"小猫"。你的语言生动,夸张,但极富想象力,才让你的文章更具有吸引力,吸引读者们去猜测故事的结局会是什么。(指导老师:周佳)

颜料历险记

余诗涵

一个宁静的夜晚,一盏昏暗的路灯,在垃圾桶边,有一些被艺术家遗弃的颜料。你听,他们正在谈话呢:

"晚上好,红小姐!"

"晚上好啊,黄先生。"

"我们好像被主人遗弃了。"

"好像是的。"

"嗨,你们叫什么名字?"

"我叫小绿。"

"我叫蓝蓝。"

"我们一起去找新主人吧!"

"好!"大家异口同声地答道。

于是颜料们就一起踏上了寻找新主人的路。

一个深不见底的大湖挡住了他们的去路,怎么才能过去呢？这时,湖面上出现了一只鳄鱼,大鳄鱼奇怪地问:"你们要去哪里?"

"我们要去小镇找新主人。"颜料们回答。

"那可很远啊!"鳄鱼说。

"我们不怕,我们一定要去那里。"

大鳄鱼被他们的精神感动了,就送他们过了湖。

他们又来到了黑森林。森林里的老虎看见了他们,问道:"你们怎么会到黑森林呢？你们要去哪里啊?"

"我们要去小镇找新主人。"颜料们说。

"那里还有很远的路呢!"老虎惊讶道。

"我们不怕,我们一定要去那里。"颜料们回答。

老虎被他们的毅力打动了,把他们安全送出了黑森林。

颜料们经历了那么多艰难险阻,终于来到了小镇里。小镇里有许多高大的房子,还有很多人。颜料们能在这儿找到新主人吗？当然能了,小镇上的人那么多,一定会有人喜欢他们的!

"咦,这儿怎么会有颜料呢?"说话的是个小女孩儿。原来小女孩很喜欢画画,可是她家太穷,买不起颜料,她的愿望就一直不能实现。现在好了,小女孩实现了她的梦想,颜料们也找到了主人。你看颜料们脸上都洋溢着笑容呢!

很久以后,小女孩成了一名画家,她画的每一幅画都十分美丽,栩栩如生。她还获得了全国著名画家的荣誉称号。当她拿着奖状去感谢那些颜料时,没想到颜料们先开口了:"谢谢你小姑娘,你让我们感受到了爱,让我们明白自己还是有用的。"

"我也非常感谢你们,你们让我找到了快乐,实现了梦想。"

> 教师评语:梦想很美,就像是天空中绽开的五彩的烟花,梦想很大,大到连天空都装不进。实现梦想的过程在小作者的笔下美好而纯净。(指导老师:周佳)

杨梅丰收了

佟忆雪

端午节将近,小兔家的杨梅成熟了。放眼望去一树树红得发紫的杨梅让人垂涎欲滴。这么多的杨梅一下子也吃不完,所以小兔家决定举办了一场隆重的"杨梅派对",邀请森林里的邻居们一起来庆祝。

邀请信发出后,小猴、小熊都赶来帮忙采摘。兔妈妈把采摘好的杨梅做成杨梅派、杨梅布丁、杨梅汁等小点心,准备派对时让大家大快朵颐。

一个风和日丽的下午,派对如期举行了,小动物们蜂拥而至,一起聊天吃点心,做游戏,共同欢庆这收获的季节。不觉间,小伙伴们都吃饱喝足了,然后陆陆续续离开了,只剩下小猴子帮忙收拾。小兔望着剩下的几十篮杨梅,叹着气说:"这么多杨梅还没吃完,真希望能保存起来,下次接着吃啊,可惜杨梅无论是做成布丁还是做成蛋糕,放不了几天都会变质的,这些杨梅该怎么办呀?""这有什么难的,你不是很喜欢喝杨梅汁吗? 你可以把杨梅榨成汁冷冻在冰箱里,让它变成冰块儿,等你想喝的时候再拿出来让它融化了不就能喝了吗,而且还是冰的哩!"聪明的小猴子机灵地说。小兔听了拍着脑门:"对呀! 我怎么就没想到呢,太感谢你了。"

天色渐晚,送走了小猴子,小兔激动地摩拳擦掌,立刻来到厨房,一会儿洗,一会儿切,一会儿榨,不多久浓浓的杨梅汁就做好了。然后他找来几个玻璃瓶,把杨梅汁满满地灌进去,拧好盖子,把瓶子关进冷冻室,美滋滋地想着:我的杨梅冰做好了,明天继续开派对!

第二天下午，小兔又约了小熊和小猴来家里玩。他们玩了一下午，满头大汗的，又热又渴，小兔大方地说："走，我们去喝冰镇杨梅汁吧"。来到厨房，小兔迫不及待地打开冰箱门，不看不知道，一看吓一跳，原来，所有的玻璃瓶盖被顶飞了，冰箱里到处是瓶盖。小兔目瞪口呆，久久说不出话来，小熊却毫不慌乱地说："小兔，你是不是把瓶子装得非常满？"想了一会儿，小兔这才缓过神来，疑惑不解地问："你怎么知道的？"小熊抓着脑袋说："你忘记了，老师上课时说过，水的密度比冰的密度大。杨梅汁装在瓶子里刚满，如果变成冰，那它的体积一定会变大的，现在没有多余的空间，就只能把瓶盖顶飞了。幸亏你没把瓶盖拧紧，否则可能瓶子都要炸开，那后果就不堪设想了！"听完，小兔白白的脸蛋上飞上两片红云："看来，我上课没好好听呀，这些简单的生活常识都不知道！""是呀，生活处处是学问，我们一定要好好学习！"一旁的小猴随声附和。

哈哈，三个小伙伴开心地笑起来，收获杨梅的欢乐继续洋溢着……

教师评语：刚读到题目时，我以为是一篇介绍杨梅的说明文。读了之后，才发现原来是个关于杨梅的童话故事，这样的设计真是太有趣，太吸引人了。小作者语言优美，文中好词好句比比皆是，大快朵颐、摩拳擦掌、目瞪口呆、垂涎欲滴、随声附和等透露着你的智慧，精心的构思，深邃的思索，以及最后告诉我们的科学小常识，让读者不仅读到了美文，还学到了知识，真是一举两得。(指导老师：周佳)

蜘蛛开店

张王熠

一天，在昆虫城里，有一只蜘蛛在大街无聊地走来走去，它看见街

上有许多店铺,每一家店铺里都门庭若市,买东西的人都排队挤到了门口。它非常羡慕,于是它也想在这条街上开一家店。

过了几天,有一家店铺要转让了,蜘蛛就急急忙忙转了过来,开了一家服装店。它花了很多钱把店装饰的别具一格:墙壁是天蓝色的,它还用蜘蛛丝织成了一朵朵白云,墙上还贴了许多蝴蝶标本,地面上撒着五颜六色的花瓣,走进店里就能闻到一阵淡淡的花香,仿佛走进了大森林。店里还进了很多漂亮的衣服。蜘蛛每天都兴奋不已,幻想着店铺里人头攒动的情景。

今天正式开张啦! 蜘蛛早早来到店里,准备迎接客户们来光顾。蜘蛛想:我花了这么多钱,肯定要把价格提高,不然要亏本的。于是,蜘蛛就把价格提高了很多。过了一会儿,店里来了很多人,蜘蛛在一旁暗暗窃喜:今天我一定赚大了,这么多人,每人买一件,我就发财啦! 可是,大家都只是看看,没有一个人买。蜘蛛非常生气,愤愤地说:"那么好的衣服居然没人买,太可恶了!"

这时,一只蜻蜓飞过来,对它说:"那些客户之所以不买你的衣服,是因为你把价格抬得太高了。对面那家店的商品都价廉物美,所以客户都跑那边买了。"蜘蛛听了很惭愧,立刻把价格降低了。店里马上又来客人了,而且每个人都买了一件衣服,有的买几套,蜘蛛非常激动。

现在蜘蛛明白了,做人不能太贪婪钱财,要真心实意地给大家提供帮助,大家才喜欢。

> 教师评语:这是一篇有趣的童话故事,文章用拟人的手法和丰富的想象写出了蜘蛛开店的场景。最吸引我的就是蜘蛛大段的内心戏,第一次想着抬高价格,第二次因为没人买衣服又很生气,你把一位蜘蛛商人的小心思给写活了。(指导老师:周佳)

海上的魔船

汪 正

在一片一望无际的大海上,有一艘至少有50米长20米宽的船,那船上没有人住,就停在森林旁的大河里。很多人都想开着这艘船去冒险,可是谁都没有勇气。

有一天晚上,森林之王狮子召集了小动物们聚在一起,狮子首先发言:"咱们明天去那艘船上看一看,好不好?"只有两三个小动物说:"好!"其他几个胆子小的动物说:"我害怕,我怕船上有什么大怪兽,把我们吃了,怎么办?"森林之王狮子说:"别怕,有我在,我有锋利的牙齿。只要有怪兽,我就扑上去,把他咬死!""还有我,还有我!"狮子又说道:"别怕,我有一双坚锐的爪子,只要有怪兽,我就扑上去用爪子把它给抓死!"这时,胆小的动物们才敢决定也一起上那艘大船上去。老虎宣布:"大家明天早上6点30分到这里来集合!"动物们异口同声地说道:"好!"

第二天早上,动物们带着各自的行李在6点30分准时集合。狮子带着动物们出发了。大家壮着胆子上了船,发现船上有一张纸上写着"此船核载八吨,否则开出后就不能返回"。可是动物们根本没有把纸条上写的话当回事,动物们把船开到了世界上各个地方:中国的长江、非洲的尼罗河、南美洲的亚马逊河……可是回来的时候,动物们怎么也找不到回来的路了。这时,狮子想到了纸条上的话,于是狮子让大伙把行李都扔掉,动物们只能依依不舍地丢下了自己的行李,因为只有懂得舍弃的人才不会被困在这里。动物们终于顺利地回到了森林。从此以后,动物们再也不怕那艘船了,反而经常在船上玩。

但它们始终忘不了船上纸条上的那一句话:"此船核载八吨,否则

开出后就不能返回"。

> 教师评语:这篇童话的小作者想象大胆新奇,立意高超。用了亲切朴实的语言写了一场森林动物乘船探险的全过程。文章通过丰富的语言描写和浅显的语句向读者传达了人生中很多时候要学会舍弃的道理,故事想象力丰富,立意浅显而具有教育意义。(指导老师:周琴)

我是一滴小小的雨滴

江雨馨

我是一滴小小的雨滴,在狂风暴雨之际,落到了华山的岩石洞里,碰到岩壁时,不禁打了一个寒战。岩石壁真冷啊,比雪花姐姐的手还要冷。岩石壁真硬啊,比闪电叔叔的剑还要尖锐。这里黑漆漆的,跟天空的模样,大不相同,见不着太阳公公的微笑,听不见月亮姑姑的歌声。"阿嚏——这里真荒凉,一个同伴也没有。"我小声嘀咕道。听着岩缝外"淅沥——淅沥沥。"的声音,我不由地睡着了。

我做了一个梦,梦见我升上天空加入了云朵小姐们迁移的队伍,大家都穿着五颜六色的衣裳,美丽极了!白云哥哥还邀请我一起去海面上跳舞呢!那一晚,大家都十分开心。

忽然我感到身上灼热灼热的,猛地一下睁开了那朦胧的睡眼,发现是一场美妙的梦,可梦境却是那么真实……正当我抬头仰望时,完全被惊呆了:一缕温暖的阳光从岩缝中照射了进来,让我再一次感受到了温暖和愉快,好像我有了无限的生机一般。闻着花草的清香,沐浴着温暖的阳光,我又贪婪地吮吸着一些美味的草汁,真是再舒畅不过啦!就在我这样悠哉悠哉地享受时,奇迹发生了——

我的身体变得越来越小,越来越轻,最后变成了一股气流,飞上天空,形成了一朵云!原来,我与草汁和岩壁的湿气一起蒸发了。我在华山的山顶上,东边去看一看,西边去凑一凑,一会儿变成马儿,一会儿变成小金猪,逗得游客哈哈大笑。我可自豪了。

现在我觉得我是一滴幸福的雨滴,在阳光的照耀下,变成了一朵美丽的云彩,随着那支队伍,在海面上尽情地舞蹈……

教师评语:小作者想象力十分丰富,运用比喻、拟人等手法,语言生动活泼,想象自己是一滴小小的水滴,用充满童趣的语言向我们讲述了一滴水的变化过程,你会不知不觉地走进文章描述的情境之中,自己仿佛也成了千变万化的小水滴,跟着小作者化身为一滴小小的水滴乘着阳光到空中飘浮,连片为云,在阳光中散步、奔跑、跳舞……(指导老师:周琴)

做 梦

李思琦

昨天晚上,我睡得比较晚,躺在床上翻来覆去,不过就是睡不着。突然,一道白光照在我的身上,还没等我反应过来就被吸进了一个十分古怪的瓶子里去了。

一阵眩晕过后,我发现我来到了一个很好玩的星球——美食星球。这里所有的建筑物、动物、植物都是用食物做成的。五彩缤纷的小花儿是用五颜六色的蛋卷做成的;江河湖泊里流淌的水都是上百年的好酒;高楼大厦呢,有的是用汉堡做成的,有的是用奶油蛋糕做成的,有的是用蔬菜做成的,有的是用水果做成的,还有的……

激动不已的我走进了一个房间,那个房间里的地板是用黑白巧克力做成的,墙是用红糖或白糖做成的,家具是用大小不同、形状不同的三明治做成的。真是让人"口水直流三千尺"啊!"太棒了!"我吞了一口

口水赞叹道。更让我吃惊的是,这里的白云伸手可摸,我捞起一片放进了嘴巴里尝一尝。呀!味道和棉花糖简直一模一样。我环顾四周,映入眼帘的尽是美味佳肴。我就这么一边走一边吃,肚子一下子就变成了一个大冰箱,塞满了各种各样的美食。忽然,天上下起彩虹雨,五颜六色的真好看!我又忍不住尝了一下,嗯,粉红色的是桃子汁,紫色的是葡萄汁,大红色的是苹果汁,橙色的是橘子,黄色的是柠檬汁,棕色的是可乐……

我喝得正过瘾时,妈妈用她那富有穿透力的尖叫把我拉回了现实:"你怎么还不起床,快都快八点了……"

> 教师评语:真是一场神奇而美妙的旅程。看来小作者是个小小美食家呢。很有想法,文章也很有表现力,读着读着,我们也跟着来了一次美食之旅。更有意思的是结尾那富有穿透力的妈妈的叫声,巧妙而出乎意料,让文章更富趣味性!(指导老师:吴静)

孙小猴在人间

石昕宇

我叫孙小猴,是孙悟空的徒弟,已经上四年级了。师傅让我到社会历练历练。我已经按奈不住那颗雀跃的心了,立马飞身一跃,来到人间。

傍晚在广场健身,我发现了一个戴着墨镜,鬼鬼祟祟的男人,他正对一个四五岁独自玩耍的小孩儿说:"叔叔给你棒棒糖,带你去一个好玩的地方,去游乐场好不好?"这小孩竟然没有理会他,跑去找奶奶了。墨镜男四处观望好像在找下一个目标。怎么看他也不像个好人。我把自己变成了一个四五岁的男娃娃,跑到他的跟前,拽着他的衣服,:"叔叔,我要吃好吃的,我要吃糖,我还要去游乐场玩。"只见他嘴角露出了一丝冷笑,递给我一个超级大的棒棒糖,领着我上了一辆车,停在了一

个大房子前面。"来,跟叔叔下车,这里面就是游乐场啦。"走到门口,他一把把我推进了屋里,屋里有三个强壮的男人,还有五个满脸泪水,小声哭泣的孩子。"我要找妈妈,我要找妈妈……"我镇定了一下,心想:果然不出我所料,拐卖儿童!伤天害理!师傅的本领不是白学的,今天你们是自己找死,看我怎么好好收拾你们这些坏家伙!我灵机一动,在地上打起了滚,"肚子太疼了,疼死我了,疼死我了……"墨镜男上钩了,慢慢向我靠近,弯下腰来。趁着他蹲下查看我的身体时,对准他的鼻子就是一拳。他疼得捂着鼻子喊:"这小屁孩!你不想活啦!敢打老子!来人!"那三个男人闻声围了过来。眼看着他们人多势众,不好对付,我马上使出必杀技——从耳朵里掏出了我的小金箍棒,三下五除二将这四个坏人打得落花流水,趴在地上一动不能动,大喊:"饶命!饶命!"我用脚踩住带头那个墨镜男,不慌不忙地从耳中掏出了手机,拨打了"110"。在警察到来之前,我悄悄地离开了,孩子们也被警察安全地送回了家。

这次的事情做得不错,向师傅汇报去。

教师评语:一件智斗人贩子的事,用上了孙小猴的身份变得特别有意思。通过对人物的语言、动作、神态的描写,让情景变得生动了。孙小猴机灵、勇敢的形象透过文字,让人脑海中跃出一个机灵神通的小小猴!(指导老师:吴静)

笨笨看日出

吴诗妍

笨笨的生日快到了,他听小松鼠飞飞说生日当天的早晨,对着日出许愿,愿望就会实现。笨笨心想:我还有好多个愿望都没有实现呢!一

定要借着这次机会来实现，于是他决定明天一早就出发。

小乌龟笨笨把这个想法告诉了妈妈，妈妈说："在这里看日出许愿可不是个好地方哦！要看日出最好去大海边，在那里还有你最喜欢的零食和一些你没有见过的神奇生物呢！"笨笨一听妈妈讲的这些，就马上跟妈妈道了别，去大海边看日出许愿。

刚出发不久，小乌龟笨笨就接二连三遇到了麻烦。只听一声强劲有力的鸟鸣，笨笨心想：哎呀！不会是老鹰来了吧，不会是要死在这里了吧？这地方都是参天大树，我没有藏身之处，会很危险的。他和老鹰对视一眼，老鹰飞了下来，笨笨灵机一动，迅速把身体缩进壳里，一翻身就滚到附近的小山洞躲过一劫。

笨笨往前爬呀爬呀，来到一条小河边，一只小鸡看见了乌龟笨笨，对他说："小乌龟小乌龟，我想去我的好朋友小黄鸭家去玩，但是我不会游泳，你能帮我过河吗？"笨笨说："好啊，好啊，游泳可是我的强项。"笨笨让小鸡爬到自己背上，轻盈地划着水，一小会儿就到了对岸。帮助了别人心里美滋滋的。

小乌龟笨笨继续前进，终于到了大海边，天还没有亮，他把许多神奇的东西装进了自己的行李箱。这时天渐渐亮了，太阳升到了水平线的那一刻，那种美简直无法形容。小乌龟想：这下我可以向朋友们炫耀一番了。

看到了日出，小乌龟笨笨许下了好多愿望。他想：我终于实现了一个伟大的愿望，在生日当天看到了壮丽的日出。

> 教师评语：这是一篇有趣的童话，主要写了小乌龟笨笨为了实现自己的生日愿望所经历的一些事情，通过对它的语言，动作，神态等各方面的描写表现出这是一只可爱，有想法，机灵聪明又善良的小乌龟，最终他终于看到了海边的日出，结局很让人开心。（指导老师：王华）

假如我变成了魔法师

邹泽宸

假如我会变,我要变成可爱善良的魔法师,让全世界的人都健康快乐每一天,生活过得无忧无虑。

一天清晨,我挥动魔法棒,让自己飞了起来。我翻过一座座山丘,越过一条条河流,来到了西部的贫困山区。那里的孩子个个面黄肌瘦,缺衣少食,大家为了生计四处奔波,也只能勉强糊口,更别说上学读书了。只见那些村里的孩子灰头土脸,三三两两地聚在一起,你追我赶,互相打闹。

看到这样的情景,我想起了城市里的孩子,他们丰衣足食,坐在宽敞明亮的教室里接受最好的教育,这时候准是书声琅琅,勤奋地学习着。我心里暗暗想:我得帮助这些孩子,让他们也能上学。于是,我挥动魔法棒,嘴里念道:"咕喱咕哩,变!"神奇的事情发生了,我眼前一片裸露的土地上,出现了一座漂亮的学校。学校里,有绿草如茵的操场,有整齐排列的教学楼,有崭新的桌椅……

从今以后,孩子们就能在学校里读书做游戏了。

假如我会变,我要变成魔法师,要让聋哑的人都能找回失去的言语与听力;假如我会变,我要变成魔法师,要让那些无家可归的可怜人找到温暖的港湾;假如我会变,我要变成魔法师,帮助警察叔叔抓捕坏人,还社会一份安宁和谐……

教师评语:小作者以童真的笔触,以丰富的想象力,幻想自己变成魔法师来帮助人们,帮助社会,充分体现了小作者是一个富有爱心的孩子。文章语言真挚,充满了儿童稚嫩的热情,又表达了小作者善良的内心。读来非常动人。(指导老师:王华)

小河在哭泣

胡灵霏

我家门前有一条小河，我常常趁奶奶不注意时悄悄跑到河边玩耍，这条小河留下了我满满的童年记忆。

夏天一到，荷花开了，这边一朵粉，那边一朵红，它们个个都正对着小河笑呢！看起来开得还挺热闹！青蛙蹲在圆圆的像盘子似的荷叶上，呱呱地放声歌唱。小鱼和小蝌蚪在水中快乐地嬉戏，一会儿游到这儿，一会游到那儿。大爷们坐在椅子上，拿着扇子，享受着清风带来的凉爽。有这么多"小伙伴"陪着，小河别提多开心了！瞧，看把它高兴得都泛起了阵阵涟漪。但除了开心，小河也有一件难过的事。因为人们不注意保护环境，小河里出现了一些本来不该有的东西：西瓜皮、垃圾袋……漂满了河面。渐渐地，荷花不见了，小鱼不见了，甚至连荷叶的根都不见了。小河叹了口气说："哎！什么时候才能脱下这身脏脏的衣服啊……"她耐心地等着，可是怎么也等不到穿上新衣服的那天，反而还长起了水葫芦。它们挨挨挤挤，一片连着一片，让小鱼都喘不过气儿来，有时水面上还漂着一些鱼儿的尸体，谁都不愿去那里。人们都说："看！那条河真是又脏又臭！"小河听了暗暗地抹眼泪。

小河的哭泣你听到了吗？怎样让小河每天都充满欢声笑语呢？那就让我们一起从爱护环境做起吧。保护环境是我们所有人的责任，请为大自然做一些力所能及的事吧！首先，将垃圾分类投放，变废为宝，使资源循环再生；其次，不乱丢弃废电池，如果我们乱扔，就会污染大量土地和地下水。要是我们把它们收集起来送进回收站去，

就能做到既环保，又循环利用，这是一件多么有意义的事啊！

地球是我们共同的家园，让我们一起行动起来，让小河回到原本的

样子,让她停止哭泣吧!

国王的"黑暗料理"

杨可欣

　　今天是水晶王国的小公主爱丽娜13岁生日。国王想:这一回,我一定要为爱丽娜做一道美味可口的菜。他一边想一边看书,准备大显身手了。

　　午饭过后,他悄悄地走进厨房,穿上围裙,打开菜谱,兴奋地说:"我一定要为爱丽娜,做这世界上最美味的菜。"自信的国王眯着他的双眼,看着菜谱,极其认真地做着爱心晚餐。他首先把黄油放了进去,之后再把少量的盐放进去,最后把菜慢慢倒进去。"啊,真香啊!"他得意洋洋地说,"我这一定能成功!"说完,国王倚靠在墙边,津津有味地看起菜谱来。

　　忽然,正在玩耍的爱丽娜闻到了一阵焦味,然后急急忙忙地向厨房跑去了。在门口,他看见爸爸在厨房里又是抓耳挠腮又是自言自语地说:"这怎么焦了呀,也没多长时间呀,这可怎么办呀? 再做已经来不及了呀!"

　　这时,晚餐的钟声敲响了,大家都纷纷过来给爱丽娜过十三岁生日了。国王不好意思地把菜端了上来。因为菜黑乎乎的,大家很疑惑。爱丽娜第一个吃了起来,吃得津津有味。看她吃得香喷喷,其他人也纷纷吃起来。不过一切变得不一样:有的人皱着眉头吃着,有的人吃一口

就吐出来了,还有的人说这是他吃过的最难吃的菜。小伙伴们窃窃私语:"爱丽娜吃得也太多了吧,平时好看的菜不吃,现在又吃这么多这么不好看的、又难吃的菜,真是奇怪。"爱丽娜突然站起来,笑着说:"虽然这个菜不好看,但是我觉得很好吃。因为这是爸爸的一份心意。爸爸,你一定很努力了吧?"国王不好意思地回答:"是……是的。"爱丽娜飞快地跑过去给爸爸一个爱的拥抱。

就这样,爱丽娜过了一个美好而快乐的生日!

教师评语:爱丽娜是个懂事的孩子,国王是个有爱的父亲。他们家一定很幸福!小作者的故事生动有趣,很有想象力!特别是运用爱丽娜和其他客人态度的对比写出主人公对父亲的理解。能写出这么懂事的爱丽娜,相信小作者在生活中会一直是爸爸妈妈懂事的贴心小棉袄!(指导老师:胡金君)

玫 瑰 花

蒋沈妤

早上,森林超市边柔软的草坪上,一朵鲜红的玫瑰花从花苞里慢慢地把头探出来。玫瑰花在风中摇啊摇,姿态迷人、芳香四溢,它的样子很骄傲。

玫瑰花问身边的大树们:"我漂亮吗?"树叶宝宝们沙沙沙地鼓掌。大树呢?用自己的树枝向玫瑰花竖起了大拇指,再一脸沉醉地赞道:"你可真漂亮啊!"玫瑰花得意极了。鲜红鲜红的花瓣更加努力地舒展开去,金黄的花蕊在阳光下闪闪发光。一直到黄昏时分,玫瑰花依然这样摇啊摇,周围的小伙伴们都浸在花香的海洋里。

日子一天天的过去了,黄黄的树叶飘下来了,它们像一张张邮票,邮来了秋天的凉爽,邮来了秋的讯息。玫瑰花必须要凋谢了。它美丽的花瓣一片、两片、三片……没有多久的时间,红艳艳的边缘有些枯黄的花瓣静静地躺在泥土上。花枝光秃秃的,显得很孤独。日子还在继续,玫瑰花们却都化为土壤,甚至都看不到一点痕迹。只是花枝还在,花枝上的刺依然还像从前那么锋利。它们定是在等待玫瑰花再一次盛装而来。

等待,在不是很长的时间里积蓄能量,明年春天,玫瑰花依然很美很美。所以它们没有难过,愉快地躲进大地妈妈的怀抱中捉迷藏了。

> 教师评语:小作者细心认真的观察能力值得表扬,同时想象力也十分丰富。你笔下的玫瑰花美丽又勇敢,你把玫瑰花写出了生命力。好期待跟你一起去欣赏这么美好的事物,和它们一起舞蹈一起捉迷藏。(指导老师:胡金君)

啄木鸟给大树治病

张轩菲

冬天,一只啄木鸟来到了一片树林里,这片树林的名字叫森林超市。

森林超市里有很多树木,你看,这多像一片绿色的海洋!啄木鸟想在一棵树上筑巢,就找了其中一棵大树,可是树摇摇头,不同意啄木鸟在这里筑巢。就这样,啄木鸟问了很多棵树,结果一棵也没同意它住下来。啄木鸟很伤心,心想:为什么大树都不喜欢我,不让我在它们身上筑巢呢?啄木鸟伤心地在天上盘旋着,寻找哪里可以让它安家。

正在这时,一棵刚拒绝啄木鸟筑巢的大树"沙沙沙"地哭了起来,不停地喊"疼!疼!"因为它感觉自己身上被什么东西用力咬了一口,非常疼痛!啄木鸟听到大树的哭喊声,连忙飞了过去,二话不说帮大树检查身体。它发现大树身上已经被一条虫子咬了个洞,就赶紧帮它捉走虫子。

没了虫子,大树感觉舒服多了,它惭愧地说"啄木鸟,你真好!我不

让你在我身上筑巢,可是你不计较,还帮我看病。为了感谢你,你就在我身上安家吧!""谢谢你,大树!我们永远是朋友!"啄木鸟开心得说。

这个故事告诉我们,应该多交朋友,因为这样,在我们遇到困难的时候,就会有朋友帮助我们!

> 教师评语:孩子的想象总是大胆而新奇,思路别具一格。本文通过对啄木鸟的语言描写、心理描写、动作等的描写让我们看到了知错就改的大树,热心肠的啄木鸟。从这篇童话故事中我们可以感受到作者一颗纯真的心。如果文章能再多点对话描写就更加锦上添花了!(指导老师:胡金君)

小熊开店

孙坎丞

小熊和它的朋友们住在一个茂密的大森林里,大森林里什么都好,自由自在的。可是有一点麻烦:住在这里的动物们总是会为了买点东西要去很远很远的地方。小熊想:"我得为大伙做点什么。"于是就在森林里开一家商店,取名叫"动物之家"超市。

在森林小伙伴的帮助下超市顺利开张了,可是头疼的事情来了,原来啊,这么大的商店没有一名推销员,这可真头疼。"找谁好呢!"小熊思来想去。"对了,小兔"他忽然说道,"小兔能说会道,性格活泼,一定能当好这个差事的。"于是乎,小熊去找小兔,诚恳地邀请了小兔。小兔自然很高兴能做这份工作,并对着小熊拍拍胸脯说:"放心吧,这事包在我身上,绝对让大伙都满意。"晚上小兔翻来覆去地想着:"什么食物最好吃呢?什么食物才能让大伙都能满意呢?啊哈!有了,当然是胡萝卜啦!没有什么东西比胡萝卜更好吃了。"第二天小兔早早起床来到商店,把商品架上摆满了好吃的胡萝卜。面对着满商店的胡萝卜,小兔满意地笑了："待会啊，大伙肯定会对我的胡萝卜爱不释手的。"可是，其他动物进到商店环顾四周后似乎很不满地离开了，一天下来，来商店买东西的都是兔子。这可是怎么回事啊。小兔百思不得其解。

第二天小熊找来小兔，面有难色地说道："小兔，昨天森林的大伙都来找我投诉，说商店里到处都是胡萝卜，都没有他们爱吃的，这可怎么办？"小兔难为情地说道："对不起，小熊，我把事情搞砸了，我觉得我不太能胜任这个工作。"这样小兔就离开了推销员的工作。

接着小熊又请来松鼠当推销员。结果商店里面堆满了各式各样的松果，森林里的小伙伴又来找小熊抱怨了。没办法小熊又把松鼠辞退了。当小熊这在愁眉不展的时候，小猴自告奋勇地自荐当推销员。这次小猴在商品架上摆满了花花绿绿、各种各样的商品。这下子商店变得热闹起来了。森林里的小动物们都来到商店中来选取自己喜欢的食物。大家都夸小猴真聪明，小猴心里乐开了花，别提有多高兴呢！

小兔低着头心想：我如果也像小猴那样，不只卖胡萝卜，摆上各种各样的商品，那样，大家都会夸奖我了。小松鼠满脸通红心想：早知道不只摆松果，不然，现在被夸奖的一定是我。

这时，小猴看见了，急忙跑过来，安慰小兔、小松鼠："别伤心了，其实，每个人的口味都不一样的，你们喜欢吃松果和胡萝卜，而我喜欢吃香蕉，只是我比你更了解其他小动物的口味而已，做什么事都要仔细想想，考虑周全，才能把事情办好。"小兔松鼠觉得小猴讲的很有道理，连声赞同。

教师评语：小作者以丰富的想象力，极具新意的构思，运用语言、心理、动作等描写把小熊开店的过程叙述完整。整个故事一波三折，令读者充满阅读期待。全文可圈可点的佳句，给文章增添了不少趣味。故事娓娓道来，结尾揭示的人生道理水到渠成。(指导老师：胡金君)

一件小事

指导老师　李　洁

　　总有那么一些人，行走在我们的生活中，让我们亲切无比；总有那么一些事，浮现在我们的脑海中，久久挥之不去。那就记录下这一份难得的记忆，让往事就在心头。

穿越虫子时代

张锐泉

早晨的时光往往是最快乐的。

星期二,来到学校,我迫不及待地拿着抹布去擦瓷砖,过了一会儿,我的小伙伴们来了。突然,我们发现在墙角边有一只虫子。他四肢可灵活了,尾巴上的尖刺很长,就像蝎子,背上有许多黑色的花纹,凹凸不平,眼睛很可怕,仔细一看,上面长满了红点。

我试图用拖把把它弄上来,没想到没等我反应过来,他已经爬到拖把杆上去了。我非常害怕,吓得把拖把扔在了一旁,可能是我用力过猛,一下把在上面"安家"了的它重重地摔在了地上。黄振又连拖带打地把那只虫卷进了拖把里。任凭我们怎么摔,怎么搓,它就是不肯出来。好了,这下可完了!

我们不死心,继续搜查小虫子的下落。忽然,我们又发现了一只臭虫,我说:"这好像是只屎壳螂呢!"这只屎壳螂背上有一块金色的铁,尾巴很短,头上有两根触角,看着挺可爱。黄振想把它踩死,我这个人心软,大叫道:"不行,不行!"但后来黄振还是给它凌空一脚,这时发出了一股恶臭。啊,还真是只臭虫!

上课啦! 我们哈哈着飞下了楼。现在想想,连睡觉都要被自己笑醒了,哈哈!

教师评语:有趣的周二早晨,有趣的虫子事件,小作者用细腻的笔触将遇虫、戏虫、寻虫的过程写得清清楚楚,饶有趣味,平凡生活里的小插曲就是我们生活快乐的源泉。

冬 日

张锦昊

这个星期,轮到我们401班来值周了。

第一天,我早早地来到学校,蹦蹦跳跳地走进学校大门。第一次这么早到校,我见到了学校的另一面。这里不像往常一般热闹了,而是冷冷清清的,仿佛一根头发掉下来的声音都听得见。

一个人走进了校园,食堂里灯火通明,看来老师们还在食堂享受早餐的美味呢!

我呼了口气,一团白雾从我的嘴巴里逃了出去,好像一个个小精灵从我眼前飞过,当我想用我的手抓住它时,它就像能听懂我的心思一样,犹如穿上了隐身衣一般,飞快地在我身旁没了踪影,我放在外面的手就像被冰封住了一样,一动不动,我像个机器人般,把僵硬的手插进口袋里,口袋像个热水袋,快速地就把手上的冰给融化了。继续往前走,麻木的腿脚拖着我走到二楼,踏进了教室的门。

同学们陆陆续续地来了,坐在教室里,我冷得发抖。有的同学怕热,又喜欢把窗户开得很大,那冷冷的风吹进来,差点把我吹感冒。中午吃饭,我们走进食堂就更冷了!我们吃饭的位置对着门,还没等我把饭吃完,碗里的鸡腿汤就冻住了,就像果冻一样。我又去加了点热饭,汤化了,搅拌一下,真好吃!吃完饭,我赶紧回教室喝了几口热水,暖和多了。

天气越来越冷,秋天慢慢过去,冬天悄悄地来了。

教师评语:冬来了,空气、饭菜、冷风……所有的一切都起了变化,小作者细腻的描写让人阅读着,颤抖着,身临其境。

萤火虫回来了

章妙怡

"黑黑的天空低垂，亮亮的繁星相随。虫儿飞，虫儿飞，你在思念谁——"歌声里的场景真美啊！

我的家乡在长兴县虹星桥。听爸爸说，他小时候一到夏天的晚上，村庄旁河岸的两边都会飞来许许多多的萤火虫。它们停满了河岸的两边，有的成群结队的在河面上飞舞追逐，一闪一闪。在清澈的河水的倒影下，远远看去，就像夜空中满天的繁星一样，美丽极了！那时候，村庄里的人们吃过晚饭后，就喜欢来河边乘凉，大人们三三两两地聚在一起谈天纳凉，小孩子们则成群结队地追逐着飞来飞去的萤火虫玩耍。欢声笑语充满着整个小村庄。

但不知从什么时候开始，村庄里的河水不再清澈了，河里的小鱼小虾也不见了，还有那每每夏天夜晚，总会如约飞来的一闪一闪的可爱小精灵萤火虫也不再出现了。河岸边渐渐地再也没有了小孩子的嬉戏打闹声和大人们的谈笑声了。

就在去年的一天，村上来了一群陌生人。他们拿着一些奇奇怪怪的机器，把村里的每条河的河水都抽干了。我问爸爸他们是在做什么为什么要把河水都抽干呢？爸爸说，他们是"五水共治"工程队，是帮助我们清理河道垃圾整治环境的，等这里的河水变干净了，坏境变好了，以后萤火虫就会回来了。听了爸爸的话我心中充满了期待。

今年暑假的一个晚上，我和爸爸妈妈来到河边散步。忽然，我看见草丛中有个小亮点并不停地一闪一闪的，我很好奇地问爸爸："那是什么？"爸爸看了高兴地说："这就是我经常跟你说的萤火虫啊！"我们都很兴奋地沿着河岸寻找了一圈，发现了更多的萤火虫。

在回家的路上，我一直追问着爸爸："爸爸，爸爸！今天在河边上看

到的萤火虫和你小时候的在河岸边见到的一样漂亮,一样多吗?"爸爸笑着说:"今天看到的萤火虫要比我小时候看到的少很多,但是相信随着"五水共治"的进一步开展,河水会越来越清澈,环境越来越好的。到那时候萤火虫就会像小时候一样多,一样漂亮了!"

晚上,我做了一个梦,我梦见家乡的河岸两边布满了一闪一闪的萤火虫,就像天空中的繁星。"繁星"中,我和小伙伴们相互追逐,欢声笑语久久不能平息。

> 教师评语:萤火虫在现代人看来,就是生态健康的使者。小作者从萤火虫出发,描述了家乡环境前后的变化,让人欣喜,美好而生动。

家乡的枣树

白若洋

我的家乡在陕西黄土高原,一个叫铁王的村庄。虽然叫铁王,但并不出产钢铁,而是盛产苹果。我从小在老家和爷爷奶奶一起生活,到了该上学的年纪,被爸爸妈妈带到了长兴,离开了让我日思夜想的家乡,还有爷爷院子里的两棵枣树。

走进爷爷小院的大门,靠右手边是一片菜地,种着辣椒、黄瓜、萝卜、香菜等各种蔬菜。菜地中央就能看见两颗大枣树了,他们的树皮很粗糙,小时候,我试着爬了好几次想上树,结果功亏一篑,而且经常被划伤。两棵大枣树相互缠绕在一起,好像爷爷奶奶相互搀扶着站在院子里,盼望着我回家去。

每当大地回春,万物复苏的时候,枣树就开始发芽,长出嫩绿色的叶子,后来逐渐变成深绿色。到了夏季,枣树开花了,枣花有米粒般大小，是淡黄色的。过了一段时间，树枝上结出了绿色的黄豆粒大小的果实，枣子长出来之后，生长速度变得很快，没多久就有葡萄般大小。到了秋天，树枝上挂满了一串串红彤彤的枣子，从远处望去，就像一颗颗红宝石。

每次我想吃枣的时候总是去树下转，由于树太高了，我只能望洋兴叹。这时，爷爷就会拿来长杆子给我打枣子吃，真是怀念童年的美好时光。

教师评语：家乡的枣树之于小作者已经不仅仅是一棵树，还是一份怀念，刻着的就是家乡，就是亲人。字里行间，透露着无尽的情感，令人动容。

秋雨中的运动会

姚钦雨

今年的这场秋雨比以前来得似乎更早一些。学校笼罩在层层雨幕中，清透而又朦胧。这场雨，时断时续，挠得人心里痒痒的。下得不痛快，停得也不利落。在这场秋雨中，我们的运动会，还是照常举行了。

在这绵绵的秋雨中，女生们一手搬着椅子，一手撑着伞，慢慢地走着。男生们似乎看不起这绵绵秋雨，两手都拿着椅子匆匆忙忙地往操场上跑去。在老师的指导下，剩下的女生们还是井然有序地排着整齐的队伍走向了操场。大家都坐下了之后，广播就开始大叫了，"401班的某某某，402班的某某某，403班的某某某……请你们在跑道上准备。"广播上叫道。只见运动员们有序地在跑道上站好，"三——二——一——跑！"裁判喊道。只见运动员们像箭一样冲了出去，看着他们似乎我们的头都要360度旋转一样。滴，滴，滴……秋雨还在连绵不断地下着，"嘣！"随

着一声枪响运动员们便开始跑了起来,跑道边上的树像是被"感染"了似的,也动了起来,把树叶上的雨珠也都振落了。运动员们一点也不受秋雨的干扰,在操场上一圈又一圈地跑着。我们也不甘示弱,在边上喊道:"加油! 加油! 加油! ……"边上的跳高、跳远也很热闹,也有很多人在一边加油打气。秋雨似乎也和我们有了同样的感受变得越来越小了呢,天气也慢慢地变晴了。

今天可真开心啊! 我希望,我还能见到绵绵的秋雨!

教师评语:雨中的运动会多么特别,又那么激烈。小作者将绵绵秋雨中的运动会记录下来,文字挠人,痒痒的,有一种不可名状的独特韵味。

书 店

郑 灏

书店,在我看来,是夏天绝佳的避暑胜地,冷气开得超级足,还可以找本好书,坐下来认真地看。既能看书又能乘凉,难道不是一举两得吗?

今天,我又来到书店,"新华书店"四个黄金大字,嵌在红色的背景上,在夕阳下格外显眼。书店外有许多能看见里面的窗户,可以看见里面的书,走近点,还能看见书名。

走进新华书店,一眼望去,一片白色:白色的书,白色的地板,白色的柜台,还有穿着白色工作服的工作人员。里面有很多书架,每个书架的侧面都拥有一幅彩色的画,有些画着枫树,上面有许多红色的枫叶,有些画着坐在渔船上的渔夫。

我在一个个书架之间游走着,寻找着我想看的书,我喜欢侦探小说,我走到陈列着侦探小说的柜台前,这里人很多,都找不到能坐下来的地方,他们的腿都伸到中间,只留下一条只能供一个人行走的通道,这时,我看见一个小姑娘,他好像出现在不该出现的地方,她坐在买侦探小说的地方哭,我亲切地问他:"小妹妹你坐在这里干嘛,你要买书吗?""我不买,我找不到妈妈了。"小女孩哭着回答道。我又问她:"你妈妈长什么样子?"小女孩说:"穿着黄色衣服,戴着雪耳环。"戴雪耳环的人很少,我很快找到了小女孩的母亲。

书店是个充满故事的地方,不仅有好看的故事,还有很多发生在我们身边的故事。

> 教师评语:游走在书的世界,能找寻一份内心的安逸和平静;游走在书的世界,还会遇到某些人,某些事,小作者语言朴实,记录了生活的一角,让人觉得平淡却值得回味,这就是生活。

一个人睡的滋味

王睿璇

我虽说是个男孩,但是一直胆子很小,特别是害怕晚上一个人睡觉,总觉得,天那么黑,恶魔一定会把我抓走似的。

在我八岁的一个晚上,爸爸妈妈都去上夜班了,让我一个人在家睡。往常他们会把我送到亲朋好友家,今天却要把我一个人留在家里。我使出我的哭闹招,平时那么有用的招式,今天竟然不起作用,我只好擦干眼泪听天由命了。

爸妈走了,还把电视机机顶盒上的卡给拔走了,说是怕我看个通宵。没有电视看,只能看看书啰。平时不怎么喜欢看书的我,觉得今天看到的故事都很有趣,特别吸引我。我一直看到9点多才去睡觉。刚要睡着,外面刮起一阵风,吼吼地叫唤,好像鬼叫似的,我赶紧把头钻进被

子里,不敢露出头来。过了好长时间,我在被子里憋坏了,探出脑袋出来望望,风居然停了。我把头放到枕头上,准备安安稳稳睡个觉。晾衣架上的衣服不知道为什么又晃动起来了,我以为是坏人要来杀我,把头又钻进被子里。又过了好长一会儿,我正在犹豫要不要钻出来时,心里出现了小天使和小恶魔。小天使鼓励我说:"那不是坏人,而是衣服在晃动,不要害怕。"我听了小天使的话,感觉有道理,刚把头钻出来,小恶魔来阻止我说:"别钻出来,你会送命的!"我好纠结啊,到底要不要出去呢? 这是我在被子里放了一个屁,实在是臭得很,在被子里,再也待不住了。只好把头伸出来了,看看阳台上除了衣服什么也没有。还是天使说得对,我听了小天使的话,安稳地睡了个觉。

第二天,爸爸妈妈夸我很勇敢,便奖励我,给我买了我梦寐以求的玩具,我很开心。

教师评语:一个人睡觉,对于8岁孩来说,是个纠结的问题,既想证明自己长大了,又非常害怕。一次机会把小作者逼上了一个人睡的境地,他把当时的无可奈何都展示在我们面前,接着写在一个人睡觉时,表现出的种种害怕的行为,很真实。好多小朋友读了这篇作文都深有体会。(指导老师:陈桂兰)

一路书香为伴

尹政远

每当夜幕降临的时候,我都会坐在窗前与书为伴,当我合上书本时,书中的内容就会在窗外呈现:他们有时气势恢宏,有时又凄凄惨惨,有时又精彩纷呈……

在一个月明星稀的夜晚,我合上《三国演义》,仿佛看到窗外关羽手提青龙偃月刀过五关斩六将，刘备带着关羽、张飞去三顾茅庐；仿佛看到诸葛亮带着船队去曹操大营草船借箭，看见周瑜指挥忠勇的战士火烧赤壁。

在一个雪交加的夜晚，我合上《安徒生童话》，一幕幕立刻呈现在窗外：仿佛看见卖火柴的小女孩穿着单薄的衣服，被刺骨的寒风冻得瑟瑟发抖，她点燃火柴带着美好的梦想离开了大家；仿佛看见那个爱换衣服的皇帝上了两个骗子的当，光着身子在大街上散步；仿佛看见丑小鸭受尽了嘲笑和愚弄最后蜕变成了一只美丽天鹅；仿佛看到一位士兵爬进树洞找匣子……

而在一个电闪雷鸣的夜晚，我合上《罗宾汉》，仿佛看见罗宾汉正在劫富济贫，罗宾汉的手下每一个人都是百发百中的弓箭手，他不喜欢暴力，只劫富翁不劫穷人。他帮助许多穷人用自己的机智打了无数胜仗，制服了可恶的诺丁汉，治安官和约翰王子……

今夜繁星点点，不知今晚窗外又会有怎样的场面呢？

教师评语：一个爱读书的孩子，脑子里都是书本里的呈现的世界。我们看到了一批叱咤风云的英雄：关羽、张飞、刘备、诸葛亮、曹操……感受到了卖火柴的小女孩的疾苦，没穿衣服的皇帝的无知，受尽嘲笑和愚弄的丑小鸭的坚强；更是被罗宾汉劫富济贫、整治暴戾的英雄行径所感动……爱读书的孩子的精神世界是丰富多彩的，让我们都爱上读书吧！（指导老师：陈桂兰）

奶奶的童年

刘子谦

我们现在的童年是无忧无虑的，每当我浪费粮食的时候，奶奶总和

一件小事

我说起她那缺衣少食的童年。

　　我记得奶奶给我讲过很多她的童年故事,其中我比较喜欢奶奶和她的姐姐把房顶上的铁板烧了一个洞的故事。奶奶的妈妈生下了两个孩子,其中一个就是我的奶奶,另一个就是她的姐姐了。那是奶奶八岁时的一个晚上,奶奶和她的姐姐在床上饿得怎么也睡不着,于是她们就想煮黄豆吃。她们悄悄地来到了厨房,开始煮起黄豆来。可是在拿锅的时候不小心把锅摔在了地上。她们的妈妈被惊醒了,于是就在房里喊:"你们俩在干什么? 怎么这么吵?"奶奶和她的姐姐有点着急了,怕妈妈会发现他们在煮黄豆吃,奶奶就说:"我们刚刚好像听见有老鼠出来的动静,所以我和姐姐就出来看一下。"奶奶的姐姐也说:"对,我们出来看看到底有没有老鼠,我们看完了就马上回去睡觉。"她们的妈妈不再说话了,奶奶和她的姐姐这才放松了许多。过了一会儿,她们又把黄豆撒在了地板上,又把妈妈惊醒了。这一次妈妈发火了,就说道:"你们不是说看好了就马上去睡觉的吗? 过了这么久还没去,难道你们跟老鼠打架了吗? 还不快去睡!"奶奶和她的姐姐不想再让妈妈听见她们有任何动静了,就乖乖去睡觉了。但是她们忘记关火了。第二天早上,妈妈起来发现了墙壁被火熏得漆黑,幸亏没有酿成大祸。

　　这就是奶奶小时候的故事,每次奶奶给我说起她们小时候的故事总是会念叨着:"你们这一代啊,真是在蜜罐里长大的啊!"

　　教师评语:小作者通过对奶奶童年偷偷烧黄豆这件事的描写,对比了两代人的童年生活,事件过程描述详细具体,虽是转述奶奶的故事,但显得有条不紊、井然有序,体现了作者清晰的思路与谋篇布局的能力。最后用奶奶的一句话来结尾,也体现了我们当代儿童幸福美好的生活,读后令人回味无穷。(指导老师:周琴)

我会玩平衡车啦

卢　振

最近,妈妈在网上给我买了一辆平衡车。我特别开心,决定要学习玩平衡车。

首先,我小心翼翼地把左脚踩上去,没想到平衡车竟然如此调皮,它立马动了起来,在原地转了一圈。这下,我学平衡车的勇气就变小了,心想:我会不会摔跤呢,会不会学不好呢？这时,我想起了歌德的一句话,如果你没有勇气,你就会把你的一切给丢掉。所以我决定再尝试一次。于是,我仔细认真阅读了平衡车的说明书,当我再一次把左脚放上去的时候,没有发生第一次的悲剧,我就立马用右脚也跟着踩了上去,平衡车开始摇摇晃晃地前进,我自言自语地说:我没有动,它怎么会自己前进呢？妈妈说,这是因为平衡车能够前后平衡,是一个类似于杠杆的原理,一旦前后倾斜,会通过电瓶产生相反的作用力,来保证平衡并根据方向行驶。所以,玩平衡车也是需要学习的,并且主要掌握前后左右的平衡。

听了妈妈的解释和鼓励,我慢慢地让身体直立,平衡车果然乖乖听话了。

虽然我一下子学会了前进和后退,但是怎么拐弯我还不会。我想平衡车的前进后退是利用身体前倾和后倾来控制的,那左右转弯是不是通过左倾和右倾来控制呢？于是,我尝试着慢慢地把身体向左边倾斜,平衡车果然跟着我的身体也慢慢左转过来了,居然还原地转了个圈,我立马让它停下来。妈妈告诉我,平衡车在转弯的时候要减速,就和我们开汽车一样,不能在直行向前的时候突然转弯,否则就会摔跤。我记住了妈妈的话,自己一个人很有耐心地练习。一次,两次,三次……

当天慢慢地黑下来的时候,我终于学会了玩平衡车,明白了做一件事情需要持之以恒和勇敢的心。

教师评语:小作者"我"第一次学骑平衡车,遭遇了很多困难,通过细致的心理描写,写出了"我"的坚持和韧性。在学习玩平衡车的过程中,作者也勤于思考,善于提问,在玩耍中懂得了平衡车的科学原理。文章结尾处点明中心:做一件事情需要持之以恒和勇敢的心。(指导老师:周琴)

我真是个奇葩

濮士景

童年是天真的,是好奇的……而在我的童年记忆中,最难忘的就是童年的一件奇葩事。

一天晚上,我拿着剪刀在剪指甲,娴熟的手法,让我不到两分钟,就修剪好了所有的指甲。可是,剪刀在手,顽皮的我总是不舍得放下,总觉得还有什么可以让我剪剪。记得前几次,我偷偷地剪了头发,虽说狗啃式的发型,很难看,也被家人们狠狠批评了几次,但是我依然觉得自己没有错,因为我觉得我像极了一名专业的"发型师"。

俗话说:"好奇心害死人!"这话一点儿也不假,瞧,剪完了头发,我的脑海里迸出了一个新奇的想法——剪眼睫毛。有了这个想法,我就大胆地干了起来。我拿着剪刀,用一只手夹着眼睫毛,另一只手拿着剪刀剪起来。因为这是我第一次剪眼睫毛,所以,我慢慢地剪着,只听"咔嚓、咔嚓"几声,我就剪完了眼睫毛,心里觉得很有成就感。可我却不知灾难正一点点地靠近我。

第二天上数学课时,我觉得自己的眼睛奇痒无比,而且一阵阵发痛。我睁不开眼睛,眼泪不停地流淌下来,这可把数学老师吓坏了,赶紧让同学陪我到班主任老师那里。班主任见状,赶紧叫来了妈妈,对我和妈妈说:"春天花粉多,是不是花粉过敏,平时多看看绿色,多看向远处。"细心的班主任老师似乎发现了什么,对我说:"濮士景,你是不是把眼睫毛剪了?"我一下子懵了,心里暗暗想着:"大家都没发现,老师真是火眼金睛啊!"好吧,我不好意思地点了点头。老师严肃地对我说:"难怪这两天你的眼睛会又红又肿的,眼睫毛不能剪啊!眼睫毛有保护我们的眼睛的作用啊,你怎么能这么调皮呢!再说,如果一不小心,戳到眼睛怎么办?"这时,在一旁的妈妈可着急了,立马带着我又到了医院,经过一系列的检查、配药、打点滴,我的眼睛才慢慢地康复了。

每当我回忆起这件童年的奇葩事,都忍不住笑出声来。

教师评语:童年是一首欢乐的歌,一个美好的梦,一件傻傻的趣事。在记忆长河中,童年的趣事让人难以忘怀。小作者选用题目别出心裁,采用了开头总起——中间写事例——结尾点题的写法。文章对事例的描写细腻生动,字里行间也让我们看到了一个充满童真的孩子。(指导老师:周琴)

一张78分的考卷

韩涉远

我是个很特别的人,对于细碎的事总念念不忘。比如四年来我的各门学科的考试成绩,都堆积在我的记忆里,偶尔想来,可能飘来一匹色彩艳丽的绸缎,也可能滚过来一块凹凸不平的石头。但是,当我看到这次考试成绩的时候,就犹如天上掉下来一坨肮脏的烂泥巴。

我对考试很敏感,数学、科学、英语考试一来,我会信心十足,语文

考试一来,我则会忧心忡忡。原因很简单,前者我是常胜将军,后者我总是屡屡惨败。这次考试前也不例外,可怕的第七单元独立作业已经开始向我慢慢逼近了。

考试时,我浑身冒着冷汗,恨不得让钢笔变成印刷机。可我不是神仙,做不到,只好埋头苦干。第一大题写好了……做完了第一面……又写完了第二面……当我做到第三面的时候,竟然有些人已经做完整张考卷了! 离考试结束只剩下五分钟了。于是,我匆忙答完了阅读题的最后一道主观题,开始写作文。第一自然段写完了,只听吴老师说:"时间到。请每列最后一位同学收考卷。"这段话如同一颗子弹从我的耳朵射进去。我的大脑被击中了,但还是命令我的手写几个第二自然段的字。可是,才写了半行,那个同学就把考卷从我的手下面抽走了。似乎拿去的不是考卷,而是我的心。我知道,我又没好果子吃。

痛苦地度过了几天时光,老师要宣布成绩了。老师没报分数,我的心就跳得更厉害了。当老师叫到我的名字时,我把注意力都集中在试卷上,好尽快知道分数。拿到自己的考卷一看,懵了——78分! 史无前例的最低分数! 那坨烂泥巴稳稳地砸在我心头上。

唉,"慢",仿佛是一个魔咒,紧紧扣住我的双手,让我在语文考试中一次次败下阵来……如果记忆可以修改,我想我一定要擦去"78"这个数字,好让烂泥巴里开出一朵花来!

教师评语:一个孩子的心声——因为"慢"给小作者带来了很大的困扰,这困扰如同一坨烂泥巴,脏脏地裹住了那颗原本自信、快乐的心。娓娓道来,让读者也感同身受,迫切地希望小作者能让那坨脏泥巴成为沃土,培育出娇艳的花朵!(指导老师:吴静)

心 结

柏欣媛

"柏欣媛,你去我家玩吧,我家养了好多可爱的小鸡呢。"我的好朋友玲玲特意来邀请我。"好啊! 好啊!"她这么盛情地邀请我,我当然很乐意去啦,嘻嘻……

不过,现在回想起那天的情景,让我这辈子都不想听到有人来邀请我去和小鸡玩了! 那天在我心里留下了一个心结——小鸡真可怕!

也许一开始你们都会跟我一样天真地觉得小鸡很可爱,很好玩。那是你们被它们的外表所迷惑了。别看它们只是群小小的小鸡,但是它们联合起来是有多么厉害和恐怖啊!

那天我来到玲玲家,一进门我就"哇哇!"地大叫起来。玲玲家小鸡还真是数不胜数啊! 多得就像一大堆芝麻。小鸡当时被我的叫声一吓,一起躲进了不远处的草丛里,看来还真是被我吓到了。"你们太弱了! 太次了! 太胆小如鼠了! 哈哈哈……"我在对面不断地嘲笑着它们。不一会儿,只见它们猛地向我扑来,把我围得无路可逃。我想我总不能踩死它们吧,要不然玲玲妈妈一定不会放过我的。可它们个个都对准了一个目标---那就是我。这时候我更不知所措了。本来只是想捉弄一下它们的我却被它们当成了敌人! 不一会儿,它们就开始攻击我,用力啄我身上的各个地方,我几乎遍体鳞伤,哇哇地大哭起来。与此同时,小鸡们居然若无其事地扬长而去了。留我一人待在原地傻傻地成为一个被小鸡欺负的姑娘!

看来,弱的不是小鸡,而是我啊!

教师评语:一句"看来,弱的不是小鸡,而是我啊!"读来让人忍俊不禁。一个被小鸡欺负的小姑娘。的确这是件值得记录的事。那么小鸡

欺负你的过程还可以更加具体些。小鸡怎么欺负你,你是怎样地无助呢,这样才更能体现出你的"弱"呀!(指导老师:吴静)

面菩萨

王品文

谁都知道我们家有两个"面菩萨",那就是我和我老爸。别人家无肉不欢,我们父女俩则是"无面不欢"啊!

可是老爸最近说要健身,所以控制面食。害得我也吃不到面。可今天不知道是什么日子,晚饭竟然吃面,而且是我最最爱的方便面!这可美坏了我。但是今天要吃到这美食却不容易,老爸让我下厨。好吧,为了我的至爱,原本怕火怕油腻的我豁出去了!撸起袖子就干!我按部就班,开始回忆平时妈妈煮面的步骤,一步步做下来。

首先,开火。这可费了我九牛二虎之力。平时消防知识讲座听多了,我特别怕火,紧捏着开关迟迟不敢下手,手心都冒汗了。一旁的老爸实在忍不住了,轻飘飘地来了一句:"这面到底是吃还是不吃呀?""吃吃吃!当然吃!"我猛一咬牙,一闭眼,狠狠一转,就这样开火了。看到火苗窜出来那一刻,我欣喜地捂着嘴大喊一句:"天呐!我打开了!"原来也没想象中那么艰难嘛,看来凡事都要尝试,我可不想做《小马过河》里那匹小马。强按捺住欣喜,我在锅内放入适量的水,等锅外冒热气,锅内水冒白泡时,打开锅盖,将面饼放入锅内再盖上锅盖。然后我就在心里默默数着"1、2、3、……60",揭锅,用筷子搅拌一下,以免粘锅,放入调料包再煮个几分钟后,就大功告成了。

当我把面盛到碗里捧到老爸面前的那一刻,我竟然觉得我的头上有一圈光环。哈哈哈……我的面——我自己煮的面!老爸斜眼瞟我一下,再探头看看茶几上的面,不痛不痒地来了句:"嗯!还不错,卖相我给80分,至于味道嘛……"话音刚落,他居然趁我不备,端起碗大口大口扒拉起来。

"啊!我的面……"我立马走上前去拿起筷子稳准狠地插进面碗!哈哈哈!两个面菩萨就这样陶醉在一碗方便面里。

> 教师评语:细细读来,读到了美味的方便面,更读到了有意思的父女俩!字里行间除了对方便面的无比喜爱,更是父女之间的浓浓亲子情。小作者也写出了自己大胆的尝试。文章既生动又有趣还有满满的爱!(指导老师:吴静)

打羽毛球

徐 想

耶!太棒了,又到了打羽毛球的时间了。对于痴爱打羽毛球的我来说,这时间尤为珍贵。

可是老天爷偏偏跟我作对,天空刮起了大风,我们只好在楼道里打羽毛球。原以为很简单,但是一打还真难。你们可能会想,楼道里怎么能打羽毛球呢?是呀,又狭窄又短,不可以打羽毛球,但我们今天还是尝试了一下。

我和妈妈拿好球拍,扎稳马步,说来就来。第一局我先发球,球速很快,犹如飞燕一样。妈妈措手不及,刚举起拍子,球已经擦身而过。紧接着,我又发了一个高球,原以为这次要被妈妈扣杀了,没想到妈妈没有好好把握住机会,又没接到,我好高兴啊!接下来轮到妈妈发球了。她连输两球,一上来就来者不善,只见妈妈球一离手,直接用力一挥拍,羽毛球像一只愤怒的小鸟朝我砸来,我惊呆了。眼看球就要落

地了，我眼疾手快，双腿用力往下一蹲，顺势用手用力往上一挑，没想到球飞向了我身后，我输了一局。我深呼吸几下准备好迎接妈妈的再次挑战。这一次妈妈打来一个高球，位置、高度都刚刚好，我的运气太好了。我用力往上一挑，一记扣杀，球直直飞向妈妈肚子上！哈哈，我赢了。

到了第二局，不知为什么球总是不听我的使唤，时而发球碰到两边墙上，时而碰到屋顶。我有点急燥了，跺着脚不情愿地捡起球重新发，可是依旧那样。我正垂头丧气要走时，妈妈却叫住了我。"这里是楼道本来就很窄，哪能和羽毛球场比呢？不要灰心，失误多正是在锻炼我们的技术呢，我们再来几个回合吧。"听了妈妈这句话，我的心里一下子好受多了，重新振作起精神。妈妈发了一个高球，我跳起来，但是球却飞了过去，就让我很尴尬，气得直跺脚。当妈妈再发来球的时候，我用了短暂的几秒钟，大力扣杀把球扣死。接着用力点上搓球，把球打向妈妈那边。

就这样来来回回，楼道里响彻着我们的笑声。之前的不愉快已经烟消云散，我也渐渐明白了，成长路上，我需要一个良好的心态去适应各种失败，才能立于不败之地！

> 教师评语：小作者能在和妈妈打羽毛球这样一件小事上有所得有所悟，看来是动了脑筋，有了深深感悟的。整个羽毛球比赛过程，动作描写也很生动，给人画面感十足。（指导老师：吴静）

拥抱美景

指导老师　吴　静

四季更替，岁月变迁，自然之美，人文之美总在心间蔓延。孩子们喜欢用美丽的词汇去赞赏，用丰沛的情感去拥抱我们心中的美。

春的印象

蒋梦洁

在陪我们玩够了打雪仗、堆雪人、滑雪等冬天的游戏后,冬爷爷才不舍地离开了,这时,春姑娘迈着轻盈的步伐向我们走来!

在我的印象中,春天是美丽的。田野上,原来那个银装素裹的世界变得多姿多彩了。那绿色的草坪上已经开出了几朵可爱的迎春花来,它们正俏皮地向你眨着眼呢!嫩绿嫩绿的枝条上,也已经有几只不知名的小鸟在叽叽喳喳地叫着,它们好像在说"春天来了!春天来了!"就连土壤中也散发着花草的香气呢!春天你真美啊!

在我的印象中,春天是温暖的。春风如同母亲的双手轻轻地拂过我的面庞,顿时使人感觉暖暖的。春雨是柔柔的,正如诗句中所说:"随风潜入夜,润物细无声。"雨落在脸上也是轻轻柔柔的,凉丝丝的。让人感觉很舒服!难怪雨后的小草长得格外快,原来有甘甜的春雨滋润啊!

在我的印象中,春天还是快乐的。广场上,男孩拿出了珍藏已久的滑板,如同燕子一般"飞来飞去"。女孩们也不甘示弱,纷纷拿出跳绳、皮筋,玩得不亦乐乎。广场上的老人们三五成群地打太极,练剑!或成群结队地一起展示着广场舞!放眼望去一片生机勃勃的景象!

春天是美丽的,温暖的,快乐的,我喜欢这样的春天!

> 教师评语:小作者眼中的春天真的让人流连忘返!花儿、草儿、鸟儿,春风、春雨,滑板、皮筋、太极。抓住这些事物,从美丽、温暖、快乐三方面写出了我们最爱的春天的样子。条理清晰,很有层次感。描写春天是温暖的这一段还要多多斟酌,可以更精彩。

夏天的味道

林霁瑶

春天随着一阵风走了,夏天跟着青蛙蹦蹦跳跳地来了。在人们记忆中它往往是一年四季中最热的,但你们知道它还有味道呢!

夏天的味道是辣的。太阳炙烤着大地,好像要把自己的光和热全部展示给人们看。你在跑道上放一块铁皮那直接就可以煎鸡蛋了!阳光照得小朋友的脸红彤彤的,农民伯伯在田间干活个个汗流浃背。

夏天的味道是甜的。夏天的冰激凌简直是人间美味,它甜丝丝的口感,驱逐了夏天的炎热。西瓜也是夏天的不错之选。大汗淋漓后,从冰箱里取出冰过的西瓜,挖一勺放入口中,冰冰凉凉的味道让人明知不可贪嘴,却还是忍不住一勺接着一勺送入口中,还不时赞叹道:"真好吃!真好吃!"

夏天的味道是豪爽的。一道闪电划破长空,乌云密布,转眼就下起了瓢泼大雨,没有丝毫犹豫,"哗啦啦"地下着。紧接着"嗖"地一下停了,还没等缓过神来,太阳已经在天空冲你笑了。瞧!它就是如此豪爽、干脆。

夏天的味道是热闹的,荷花、栀子花、牵牛花……争先恐后地开着,生怕被别人抢了风头。知了声、蟋蟀声、青蛙叫声,一轮接着一轮,整整一天此起彼伏。

我愿品尝夏天的味道,跟随太阳的脚步,体验夏天的生活。

教师评语:好有味道的夏天啊!原来夏天还可以是这样的,小作者让我们开了眼界,也让我们开始喜欢上了这样的夏天。辣、甜、豪爽、热闹,小作者找到了最具特点的夏天的事物,让夏天的这些味道都生动起来了,真棒!

秋 姑 娘

胥 芮

秋天来了！秋天来了！秋姑娘踏着轻盈的脚步来到人间。

你看，秋姑娘来到田野里，金黄的稻穗沉甸甸地低下头，一阵风吹过，远远望去泛起一阵阵金色的麦浪。红红的高粱擎起一面面红色的旗帜，迎着风召唤着辛劳已久的农民伯伯。机器声、欢笑声充斥着整个广阔的田野。秋姑娘看到农民伯伯开心的笑容，她也开心地笑了。

你看，秋姑娘来到果园里，柿子树枝头挂上了一个个红彤彤、圆溜溜的小灯笼，多喜庆呀！苹果红着脸等着果农们把它们一个个捧回家。一阵脚步声紧接着是一串银铃般的欢笑声。果园里来了一群小朋友。秋姑娘看到小朋友采摘水果的笑容，她也开心地笑了。

你看，秋姑娘来到路边，银杏树、枫树、石榴树……黄叶子、红叶子、绿叶子……忽然，吹来一阵风，黄叶，红叶，绿叶纷纷落下，仿佛一只只蝴蝶在空中翩翩飞舞着，大地渐渐铺上了彩色的地毯，美丽极了。秋姑娘看到这美丽的景象开心地笑了。

啊！我爱你秋姑娘，谢谢你带给我们无尽的美景和丰硕的果实！

教师评语：把秋天用"秋姑娘"来写，更能融入这秋天里。秋姑娘来到了田野和果园，带来了丰收和快乐，秋姑娘来到了路边，带来了美丽。可以再想想，秋姑娘还可以去到哪里呢？

冬 韵

胡宇歆

春之花,夏之海,秋之月,冬之雪。今天,我把笔落到白雪皑皑的冬天里。

冬天的雪,纷纷扬扬地飘落在人间,晶莹的雪花宛如点点梨花散落在小溪里、屋顶上、树梢上。雪停后,白色包裹了整个大地,那是我最爱的世界。踩几串脚印、滚几个雪娃娃、添几口雪味。冷!却如此幸福和满足。几缕阳光透过云层照射下来,显得那么清亮,用手挡,想让它来得慢些再慢些,让我在我的雪世界里再尽情享受下。但太阳可不是这么想的,转眼,万缕阳光洒向大地。我的脚印淡了,我的雪娃娃瘦了,我的雪世界渐渐消失了。但是我不伤心,因为我知道,在下一个寒冬,我们还会拥抱彼此。

冬天的太阳是享受到众人之爱的。奶奶爱它,因为院子里那一串串为过年准备的香肠、蹄髈;妈妈爱它,因为那暖暖的棉被上的香香味道;小朋友们爱它,因为家门口那嗑瓜子玩游戏的惬意午后。

冬天的晚霞,犹如熊熊烈火,山边上的云被晚霞染红了。晚霞退下山岗,可那激情却依然深深地印在人们的脑海中。

冬天的腊梅,迎着寒冬,它绽开花苞。毫不吝啬地肆意释放它的香味,沁人心脾,深深地把爱它的人吸引到跟前,忍不住折几枝带回家插入花瓶。大雪后的它们更是显得虎虎有生机,人们纷纷赞扬它顽强的精神。

冬天,那个诗意而圣洁的冬天!

教师评语:作者开门见山地把读者的思绪拉到了那个雪世界中。大雪后的快乐生活,雪化时的不舍,以及对雪始终不变的喜爱,都满满地在小作者的字里行间。对冬日里的太阳,更是很有新意地写出了太阳于冬天,于人们的特别之处。的确是很有韵味的冬天。

雪宝宝

毕优悠

早晨,雪宝宝躺在白云奶奶的怀抱里"呼噜呼噜"地睡大觉,他们做了个美丽的梦,梦见南方美丽的景色,他们都非常开心地来到了这里呢!

中午,雪宝宝终于睡醒了,来到了我们南方美丽的世界。雪宝宝可兴奋啦,跑过来,跑过去,迫不及待地来到了我们的教室外。"下雪啦!""哇,雪宝宝又回来啦,哈哈!"我和伙伴们欢呼着,我们把手伸了出去,雪花落在我们的小手上,落在地上,还没来得及堆积起来就融化了。这么多的雪花一片挨着一片,有的像圆形,有的似像菱形,还有的像一个个五角星。

有些小朋友赶忙跑了出去,满身都是雪,跟个小雪人似的,几个调皮又贪吃的小朋友,还把舌头伸出来吃雪呢!

上课了,我们正在练习比赛的歌曲——古诗串烧。雪宝宝在窗外飘来飘去,迟迟地不肯离去,好似陶醉在了这古韵之美中,直到风大叔来了,说:"雪宝宝,别赖在这不走了,远方还有好多的地方等着你呢!"雪宝宝才不情不愿地走了。

一片片雪花就像是一个个沉迷在童年中的孩子,落在哪儿,哪儿笑声泛起,这场雪使我难忘,冬姑娘的魔法雪啊!

教师评语:当可爱的小朋友遇上可爱的雪宝宝,整个世界都变得纯净且美好。小作者语言优美,情感细腻,让雪之美萦绕心间。(指导老师 李洁)

大 雪

白若洋

"大雪"是二十四节气中的第二十一个节气,冬季中的第三个节气。大雪的意思是天气更冷、下雪的可能性更大了。

人们对雪一直钟爱有加。因为它代表着美丽、圣洁。从古至今,有很多描写雪的文章。柳宗元的《江雪》:"千山鸟飞绝,万径人踪灭。孤舟蓑笠翁,独钓寒江雪。",诗人通过描写大雪映衬出自己不肯同流合污的纯洁品质;宋代卢梅坡《雪梅》中写道"梅须逊雪三分白,雪却输梅一段香。"诗人借雪、梅争春告诫人们每个人各有所长,也各有所短,应取人之长,补己之短。这样优美的文章更是数不胜数。

今年"大雪"十二月七号,正好也下起了大雪。中午在学校吃饭的时候,我们班的座位正好对着大门,寒风像疯了一般发狂地往我们的裤腿、衣袖里钻。放学走路队的时候,狂风卷集着雪花拍打在我们身上,雪借风势好像又大了三分。手中的雨伞都有些撑不开,有些同学的伞被风吹得向上弯曲,远处一看好像托举着一只锅盖前行,非常搞笑。

好不容易坐上了回家的汽车,顿时感觉暖和了许多,好像换了一个世界。现在才注意到外面的雪景其实挺美的。雪花像一个个可爱的小天使自由自在地从遥远的天空飘落人间,又像一个个快乐的小精灵奔向大地的怀抱,还像一只只美丽的蝴蝶在空中翩然起舞。雪花落在了树枝上,好像姑娘的麻花辫;雪花落在了屋顶上,楼房变成了城堡;雪花铺满了大地,仿佛瞬间进入了安徒生的童话世界。由于汽车速度很快,小雪花碰到车子的挡风玻璃马上像战败的士兵一样四散奔逃。

洁白的雪使万物变得纯洁,也涤荡着人们的心灵。希望雪再下得大一点儿,就可以堆雪人、打雪仗了。

魔 力 雪

孙亦婕

冬天已经来这里很长时间了,可大家要的不是冬天,而是春、夏、秋见不到的雪。雪,是白色的。每年冬天,雪会为树戴上帽子,雪会给大地穿上一层雪白的新衣,雪会让泥土变成灰白相间的颜色,雪会使车子盖上被子,雪还会照亮深夜的马路,让加班的路人不再觉得黑暗。

上午下雪了,只下了几片雪花,我和同学们一起在玩接雪花的游戏:就是比谁接的雪花多,谁就获胜。

慢慢地,雪越下越大!雪花一大片一大片地从天空中落下来,还有一些密密麻麻的小雪花也落下来了,感觉像在仙境里一样。我用风一般飞快的速度穿好了衣服,奔向阳台。哇!树白了;汽车白了;草地白了……变成了冰雪的世界,我不相信自己的眼睛,今年的雪下得好早。

我穿上雪地靴开开心心地跑在雪地上,踩上去软软的,像在地毯上一样,一步踩出一个脚印。不久,雪地被踩出了好多脚印,我玩得高兴极了!

大家可喜欢雪了,大家你一群我一组,做一个可爱的雪宝宝,和小伙伴们打雪仗,争个输赢;有的小朋友在雪地里打个滚儿,在雪白的地

里印个脸,玩得全身热乎乎的,脸也红通通的,还能给雪宝宝一个吻。孩子们浑身湿漉漉的,有的孩子回家可能会被爸爸臭骂一顿,也有可能被妈妈打一顿。但谁又能抵挡雪的魔力呢!

雪,有人喜欢它,可也有人讨厌它。它能给大地穿上新衣,也会导致路面湿滑,容易引发车祸,特别危险。

雪,有人喜欢它,也有人讨厌它。

教师评语:小作者的想法是略有一些矛盾的,喜欢却又讨厌,想玩却又有所收敛,但这又何妨呢? 还是痛痛快快地玩了一场,还是和雪来了个亲密接触,孩子,去玩吧,单纯美好的日子里就这样洒脱吧!
(指导老师:李洁)

畅游花海

郑欣怡

一个美好的周末,我们一家来到了美丽的十里银杏长廊玩。

哇! 山清水秀,花朵五颜六色:粉的、白的、黄的……各种各样,这里的风景美极了! 高高的山,清澈见底的溪水,水上还有几只小鸭子在嬉戏,秋高气爽! 美不胜收!

我们走到了无边无际的花海里,这儿一片白色的花,那儿一片粉色的花,还有那儿的黄色,那儿的紫色……所有的颜色向我涌来,目不暇接。这片花海中绵延着几条长长的小路,我们在花海中走着,看着,在这里,仿佛花儿们才是主宰,我们显得渺小又黯淡。我在小路旁拍了很多美丽的照片,但哪一张都没有我目之所及来得美。美丽的花海里有几座风车房,大大的风车在慢悠悠地转动,平添了几许浪漫的气息。

突然,一列小火车开了过来,里面坐满了游客,多得不留一点儿空隙。一片花海里有小火车在运行,好像彩色的大海里游来一条大鱼,为大海增添了一些乐趣。

一阵秋风吹过,银杏树上一片片扇形的小叶子犹如一只只金黄的美丽的蝴蝶,在空中飞舞、旋转,还不时地翻一个跟头,到最后才肯乖乖地停在地上;再看那银杏果,挂在枝头,泛着微微的黄色,就像一个个可爱的小精灵在枝头嬉戏。在秋风的呼唤下,这些小精灵调皮地来到地上,藏在了落叶之中,点缀着金黄的地毯。

我喜欢十里银杏长廊!

> 教师评语:小作者题目里一个"畅"字,就点出了此行的无拘无束,自在悠闲。确实,全文里的景致在小作者生动的描写中美不胜收,我喜欢这么美的地方,更喜欢你优美的文字。(指导老师:李洁)

多彩四季

蒋心苑

每一个季节都是五彩缤纷的,她们都有各自的颜色哦!

春天是一个眉清目秀的姑娘,她身穿嫩绿的衣裳。一棵棵柔弱的小草迫不及待地从泥土中探出头来,想要看看画一般的美景。河岸两旁栽满了生机勃勃的柳树,就是你数上一天,也数不清到底有多少棵。细长的柳枝上冒出了小小的绿绿的嫩芽,带着好奇心欣赏着美丽的春色。长长的柳枝在微风中摇曳着,显得那样柔和。

夏天是一个热情火辣的舞女,她身穿深绿的表演服。大树的叶子长得更浓密了,就像撑开了一把大大的遮阳伞,在它的下面可凉爽了。湖水很绿,绿得像一块大翡翠,也像舞女美丽的大裙摆。清波漾漾的碧

水中人影绰绰。炎热的太阳炙烤着大地,蝉热得在树枝上不停地叫着"知了知了"。

　　秋天是一个吃苦耐劳的妈妈,身上还系着金黄的围裙。银杏树的叶子像是一把把小扇子,落在地上宛如落了一地的金子走在上面,"嚓嚓"发出清脆的声音,就好像是音乐家在弹奏歌乐曲呢!秋天有许多水果都丰收了,有味道鲜美的葡萄,有黄澄澄的梨子,还有咧开嘴的石榴。每一颗晶莹剔透的葡萄,都很像是一颗颗水汪汪的眼睛,好看的很。果农们忙着采摘水果,脸上露出喜悦的表情。

　　冬天是个会变魔术的老婆婆。老婆婆慢慢地,慢慢地,把珍藏了许久的雪花洒了下来,为大地穿上了一件白色的大衣,不让她冻着。青山都戴起了白色的帽子,湖面上结着厚厚的冰,小动物们都来到湖边照自己美丽的身影。

　　你瞧,四个季节都有各自的颜色,他们让世界变得五彩缤纷,生机勃勃。

　　教师评语:你有一双善于发现美的眼睛。在你眼里,四季就是四位身份不同的人,你把春天比作小姑娘,把夏天比作火辣的舞女,把秋天比作勤劳的妈妈,把冬天比作会变魔术的老婆婆。你的文笔优美清新,构思巧妙,读后让人久久回味。(指导老师:周佳)

雷 阵 雨

孟琳云

　　正如歌词所唱"蓝天白云,晴空万里,忽然暴风雨……"

　　早上还是晴空万里,烈日当空,吃过午饭天色就暗了。不一会儿天空中乌云密布,像打翻了墨汁,黑沉沉的从西南角扯起一块巨大的黑布。接着一道银蛇似的闪电划破了天际,一瞬间"轰隆隆,轰隆隆"的雷声在耳边炸响,顿时,震耳欲聋、地动山摇。

豆大的雨点像断了线的珍珠,从天空砸下来,然后越来越大,像瓢泼,像倾盆,像天河决了口似的砸在地面上,溅起了一朵朵白色的水花。雨声先是"哒哒哒",接着是"沙沙沙",后来变成了"哗哗哗",像是在演奏一曲激昂雄浑的交响乐。大地笼罩在一片白茫茫的雨林中,一切景物在雨中变得朦朦胧胧。

雨"哗哗"地下着,雷"隆隆"地响着,整个大地似乎都在发抖,小区里的树木疯狂地摇曳着,发出痛苦地呻吟。大股水流从高楼大厦往下奔泻,形成了一道壮观的风景瀑布。地面上迅速汇集了一道道的溪流,"哗哗"地向低处流去。有的低洼处水越聚越多,成了一个大池塘。水没过了人们的小腿,漫过汽车的轮胎。

过了不久,风停了,雨住了,太阳又高高地悬挂在空中。空气像滤过似的,格外清新。彩虹也露出了灿烂的笑容。

> 教师评语:文章写得是雷阵雨,开头一首歌曲引人入胜。文章四字词语,比喻句,拟人句不绝于耳,使文章更具有阅读性,内容生动,令人回味无穷。最美的要数"在风中摇曳的树木,还发出痛苦地呻吟",一下给人一种枝折花落的场景。(指导老师:周佳)

四季的美梦

肖蒙蒙

春姐姐,夏妹妹,秋哥哥,冬弟弟,可都是大地最重要的一部分。

一阵沙沙的声音会是谁呢? 是春雨姑娘;一阵呼呼的声音会是谁呢? 是春风娃娃。过了一会儿,一阵柔和的声音会是谁呢? 那种柔和

的声音又说:"我回来了,大自然听从我的呼唤,带来春绿意吧!"一颗小春笋出来看了看,高声说道:"是春姐姐,是春姐姐,春姐姐它回来了。"没过多久。沉睡的小草、冬笋、花儿们都听见了,纷纷伸出脑袋四处张望,好像在寻找春姐姐。又是几阵春风细雨,树爷爷那被雪花染白了的头发,一下子就变成了绿色。被春雨滋润的小花儿们露出了甜甜的笑脸。不久,大地已经身披绿衣,百鸟争鸣了! 春姐姐笑了。

几个月后,大地与春姐姐告别了,他们迎来了四季里最调皮捣蛋的夏妹妹啦! 新年夏妹妹长大一岁了,变得和哥哥姐姐们一样听话懂事了。她有时让太阳普照大地,让大地暖暖的,有时让雷公公,雨婆婆下几天雷阵雨,滋润万物,植物们可感谢她了!

咻咻,咻咻,几声哨响,果树们一听就知道是秋哥哥发出的声音。秋哥哥一定是乘着水果小车来的。香蕉乘坐着黄色小船来了,苹果红着脸蛋来了,葡萄们你挨着我,我挨着你地走来了,秋哥哥们闻到了水果香气,洋溢着幸福的微笑。

冬弟弟一来就闹出了大动静。连续几天都是一阵又一阵的北风,吹在脸上就像针扎一样疼痛。过了几天,下雪了。冬弟弟看大树爷爷们没有衣服了,就让雪宝宝们给每一棵树爷爷都织上一件白色披风。腊梅正在一旁看雪景呢! 有的雪花像舞蹈家一样在空中翩翩起舞,有的像蝴蝶一样飞舞着,有的像蒲公英一样在空中纷纷扬扬地飘着。腊梅赞叹道:"这就是冬天的雪,冬天的雪是世界上最美的。我喜欢冬天的雪。"

一年又一年,四季交替轮回,他们给动物植物和人类带来了一次又一次美妙的梦境。四季为大地也带来了一个又一个的美梦。

教师评语:读完你的文章,我仿佛置身于童话世界。开头连着出现了三个设问句,自然地引出了春天。文中的四季摇身一边,成了四个个性鲜明的人物,小作者在我们眼前展现出了一幅神奇的画卷,内容生动,丰富。(指导老师:周佳)

171

美丽的太湖

徐 赟

"太湖美呀,太湖美,美就美在太湖水。水上有白帆,水下有红菱……"哼着这首美妙的歌曲,走在太湖大堤上,那太湖的景色美不胜收。

初秋的早晨,吹着太湖上的微风,让人感到神气清爽。太湖上笼罩着一层蒙蒙的薄雾,湖面上似乎下起了蒙蒙细雨,又似披着一条轻柔的纱巾。远看,湖面上一点点白帆,就像是一朵朵白莲在水上飘动。此时渔民已经开始了一天的劳作,偶尔还能听到渔人捕鱼的吆喝声。

雾散了,太阳出来了,阳光照射在波光粼粼的水面上,太湖就像一面硕大的明镜。一阵微风吹过,顿时明镜碎成了千万面小镜子。阳光在上面闪烁、跳跃,美丽极了。茫茫的湖水和远处的蓝天连在一起,目之所及,水天一色。一阵风吹过,那波纹像一条白线一般涌来,湖水拍打着岸边的礁石。几个螺丝在水中蠕动着,努力地向前爬。岸边的芦苇好似给太湖穿上美丽的衣裙,他们随风舞动婀娜的身姿,在湖边翩翩起舞。

到了傍晚,西方露出了美丽的晚霞,有红的、紫的、黄的、蓝的,把太湖装点的分外美丽。劳作了一天的渔船停泊在码头,太湖又恢复了平静。

"太湖美呀,太湖美。美就美在太湖水……"我又情不自禁哼起了这首歌谣。

教师评语:本篇习作,向我们介绍了美丽的太湖。太湖位于长兴的东面,是著名的风景区。太湖里物产丰富,有大闸蟹、白虾、银鱼等。作为长兴人,能生长在太湖边是一件幸福的事情。作者通过时间顺序描写太湖的美景,首尾通过一句歌词互相呼应,也吸引着读者,在歌声中,想象画面,感受太湖的美。(指导老师:周佳)

夏天的菜园

褚航宇

暑假里，我回到了我出生的地方——奶奶家。小时候经常跟着奶奶去房前的菜园里"干活"。我一个学期都没有回来了，得赶紧去看看我的"蔬菜乐园"了！

来到菜园，首先映入眼帘的就是南瓜了。南瓜藤上长满了白毛毛的小刺，大大的叶子中间偶尔有几朵黄色的像喇叭一样的花偷偷地探出头来，想看看外面美丽的世界。有些花谢了，长出一个个小南瓜，害羞地藏在叶子底下，不仔细看还真发现不了呢！

南瓜的左边种的是辣椒。辣椒秆上结满了五颜六色、形态各异的辣椒：有火红的、尖尖头朝上的朝天椒；有圆圆的，像灯笼一样的灯笼椒；还有五彩椒，有紫色的、白色的、黄色的、红色的、绿色的，它们三五成群地挤在一起。辣椒成熟以后，可以和其它菜一起烧，既好吃又好看。奶奶还能把辣椒剪在一个盆子里，撒点盐，切些蒜瓣搅在一起，制成腌辣椒，喜欢吃辣椒的朋友可以试一试哦！

南瓜的右边是一块韭菜地，从远处看就像一片绿油油的麦苗。来了一阵微风，韭菜就开始跳舞了，此起彼伏，像绿色的波浪。韭菜不仅跳舞好看，它的生命力还很顽强呢！吃韭菜时，都是用镰刀沿着地面割过去，过不了几天，只要一场雨，它又会长出嫩绿的新苗来。

这就是我家的小菜园，它不仅为我们提供了丰富的蔬菜，还给我带来了无穷的乐趣。

> **教师评语**：普普通通的菜园给小作者带来儿时的快乐，也正是因为那份眷恋，才让小作者对菜园的一切充满了感情。小小的南瓜就像一个害羞的孩子，一面藏在大大的叶子和黄色的花后面，一面又想偷偷地

看看外面的世界;五颜六色的辣椒就像三五成群的好朋友挤在一起;韭菜就是那个生命力最顽强的。这一切都归功于菜园带给了小作者无穷的乐趣。(指导老师:陈桂兰)

我爱的小院

郑圆圆

一个秋高气爽的午后,我在家写作业,突然听到小鸟地叫声,叽叽喳喳的,那只小鸟一定很快活吧! 我抬起头,刚好看到窗前的那两棵银杏树。有些叶子是绿中微微带黄,有些叶子中间是绿的,边沿是黄色的,就像一只只彩色的蝴蝶停在树上。也有些变成了金黄色,金灿灿的叶子在阳光的映照下,发出耀眼的光芒。一阵风吹过,那光芒就在树叶间跳跃,仿佛小精灵在欢快地玩耍。这两棵银杏树可是我最好的朋友,每次做作业累了,就看看他们俩,有时也会跟他们说说话。

每当春天,银杏树虽然不高,但微风拂过,它飘来的幽香,似是让人嗅到了古代藏书的味道。阳光之下一抹浓浓绿,忽而又因为光线的变化而变为亮白的绿,像镀了层银。

夏天来了,银杏树端端正正地站在窗前,显得正直而又威武,肃穆而不失优雅。硕大而葱绿的树冠下则是一片清风徐徐的荫凉。两树之间拉一个吊床,躺在上面午睡,好爽啊!

冬天到了,银杏树叶全部落下了。银杏树挺着光秃秃的树干傲然屹立在小院里,守护着我。

小院里的银杏树是我最好的朋友,我爱他们。

教师评语:小作者家院子里的银杏树那棵银杏树是她最好的朋友,

一直在陪伴着她。秋天午后做作业乏了,看看银杏树,绿中带黄的银杏叶犹如一只只彩色的蝴蝶,金黄的银杏叶仿佛是小精灵在快乐地玩耍,这样的银杏树给她带来了无比的快乐。不由让作者想起春天的银杏树有一股浓浓的书香味;夏天的银杏树是纳凉的好去处;冬天的银杏树依然坚守着小院,最后发出感叹我爱银杏树。(指导老师:陈桂兰)

瑞 雪

苏琳芸

"千山鸟飞绝,万径人踪灭。"望着室外纷纷扬扬的大雪,我不禁吟起了唐代诗人柳宗元的《江雪》。

不知从什么时候开始,一片片晶莹剔透的雪花,从空中慢慢地飘落下来,如同一颗颗六角形的宝石,又如一只只白色的蝴蝶落到大地上、房顶上、树叶上……。到处都是白茫茫的一片。雪越下越大,一开始还是小雪子,转眼间变成了大片的雪花与雪团。树叶上积满了白雪,树枝被压得弯下了腰,好像在和人们问好呢!

作为生活在南方的小朋友,很少见到这种北国风光,大家都十分兴奋,走出家门,玩赏这美丽的雪景。我和小姑也跑到一片空地上,堆起了雪人。我们两个分工合作,小姑负责雪人的主体部分,我负责细节部分。说干就干,小姑立马滚起雪球来,不一会就滚了一个大大的雪球,把它作为雪人的身子。与此同时,我也滚了一个小一点的雪球,把它当做雪人的头然后把它们叠起来。我在头部嵌入了两个瓶盖当眼睛和一根香蕉当嘴巴,插上一根胡萝卜当鼻子和两根树枝当手臂,一个有趣的雪人完成了。我看着自己的杰作,心情十分惬意,赶紧跟雪人来张合影,让小姑发到朋友圈里。就在这时,突然有一个雪球砸在我的后背上,回头一看,原来是一群小朋友们正在打雪仗呢!我和小姑也加入了

拥抱美景

他们的队伍,大家奔跑着,追逐着,互相投掷雪球,玩得不亦乐乎!

"今年麦盖三层被,来年枕着馒头睡。"瑞雪兆丰年,雪不仅给我们带来了快乐,也给农民伯伯带来了丰收的希望!

教师评语:文章一开头就引用柳宗元《江雪》中的诗句,非常吸引人,有看下去的欲望。小作者观察细致,从雪子到雪花、再到学园,最后是白茫茫的一片。堆雪人、打雪仗,是雪天带给大家的快乐。最后用一句谚语来结束,做到了首尾呼应,非常好!(指导老师:陈桂兰)

秋天的十里银杏长廊

方子怡

秋天,我们长兴人都爱去一个地方,就是十里银杏长廊。从我们六小出发,车往西向小浦方向开,不到二十分钟,就到了目的地。

首先映入眼帘的不是银杏树而是一片花海,五颜六色的格桑花,有白的、粉的、黄的、淡紫的,漂亮极了!格桑花长着细高细高的身体,叶子也是细长细长的,最醒目的就是花瓣,它们缀满枝头,美似仙女,在阳光下,一朵比一朵长得艳丽。我仔细地数了数,每一朵花都是八个花瓣,紧紧地挨在一起,好像八个好朋友一样。

这片花海在小溪边,我沿着小溪往西走,左边是青山,右边是一排排的银杏树,大概走了20分钟,来到银杏公园。一眼望去,银杏叶就像给大地铺上了一床毯子,不禁给人"满城尽带黄金甲"的感觉。漫步其中,一片片银杏叶犹如一把把金黄色的小扇子,在空中舞蹈,落在人们的头上、肩上、地上、池子里。银杏公园里有许多上百岁的"树爷爷",年龄最大的就是我眼前的这棵"树公公"了,人们称它"银杏王",已有一千五百多岁了,政府还在它的胸前挂上了"身份证"呢!要跟银杏王合影

的人络绎不绝,这位树公公也一直很配合,总是把他最好的一面展现在人们面前。

沿着银杏公园旁边的公路往前走,看到路两旁都是古老的银杏树,总有十来里,"十来银杏长廊"真是名不虚传啊!

> 教师评语:文章给读者的感受就是美:文美、景美。小作者的观察细致、语言生动,在她的笔下,格桑花就像一位美丽的仙女,有瘦高的体型,细长的叶子,醒目的花瓣,还五颜六色的,好美!小作者联想非常丰富:金黄的银杏叶飘落的过程就如在舞蹈,落在地上就是给大地铺上毯子,给人满城尽带黄金甲的感觉,这样的一幅画面,真美啊!(指导老师:陈桂兰)

美丽的长兴城

陶妍希

我是一个地地道道的长兴人。作为一个长兴人,我骄傲地告诉大家,长兴是全国文明城市,也是全国花园城市。我们长兴位于江、浙、皖三省交界处,交通十分方便,坐高铁可以直接去全国各地。

长兴的街道那么干净,那么漂亮。街道两旁种着银杏树(是我们长兴的县树),每到深秋,银杏树的叶子从树上飘落下来,好像一只只蝴蝶在翩翩起舞,又好像一位位舞蹈家在旋转。金黄色的叶子飘落到地上,给大地铺上了一条地毯,踩在上面软软的,发出吱吱的声音。街道中间的隔离栏上一年四季鲜花盛开,有红的、黄的、紫的、白的……五颜六色,美不胜收。

夏天的夜晚,人们最喜欢去的地方就是行政中心。行政中心的三幢大楼就像三位士兵在站岗,保卫着长兴。大楼的外壁上,灯光一闪一闪的,像一颗颗小星星,又像一只只小眼睛眨呀眨的。人们走过小桥,直奔和睦塘对面的喷泉。听见半空中传来悠扬的乐曲声,喷泉"唰"的一下,从水管里喷出来,扭动着优美的舞姿,水花四处飞溅。五彩的灯光从水池中间向水花照射,顿时,喷泉的水柱、水花呈现出多种颜色:有时是橙红色的,十分耀眼,洒下来的水花形成了水雾,如同一抹抹红霞;有时是碧绿色的,形成了一幕翡翠珠帘;有时是宝蓝色的,好似仙女给观众们捧上了成千上万的宝石;有时又是玫瑰红的,朦朦胧胧……真像一位神秘的魔法师!

长兴真美啊!我爱长兴!

教师评语:长兴是全国文明城市和全国花园城市,作为长兴的一个小市民,小作者也感到很骄傲。她抓住了白天的街道和晚上的行政中心来赞美长兴的美,很有代表性。银杏树是我们长兴的县树,秋叶飘落好有韵味;一年四季鲜花常开,色彩缤纷。行政中心绚丽多彩的灯光令人难忘。作者笔下呈现的长兴好美啊!(指导老师:陈桂兰)

桂林山水

庄淑芸

人人都说"桂林山水甲天下,阳朔山水甲桂林",我一直向往桂林那美不胜收的风景,今年暑假,我才真正领略了那向往已久的桂林美景。

要说桂林呀,最美的地方就要数漓江了,漓江没有西湖的水平如镜,也不没有黄河的气势雄伟。但是,漓江的水却清澈见底,一眼就可以看到鱼儿在水底沙石间游动的身影。水面风平浪静,可以倒映出清晰的人影,好像一面大大的镜子;水是那样的绿,像一块碧绿的翡翠。

桂林的山,连绵起伏,有的像一头骆驼,慢悠悠地走着。有的又像

一头大象,伸长着鼻子,憨态可掬。有的从这边看看像一位老人,从那边看看却又什么都不像了。山峰在云雾间若隐若现,游人置身于桂林的山水之间,仿佛进入了世外仙境一般!

说完了漓江的江、山,我们再来说说桂林的最著名的象鼻山,象鼻山原名为漓山,位于广西区桂林市内桃花江与漓江交汇处,山的形状酷似一只站在江边伸鼻豪饮漓江甘泉而因此得名。这象鼻山还有一个传说故事呢!传说,这只大象曾是天帝的坐骑,见过世间所有美丽、迷人的景色,可它看到桂林山水时,被这景色深深地吸引住了,天帝怎么唤它,它就是不肯回去。天帝一气之下,拔出宝剑,刺死了大象,它死后就化成了象鼻山。

我看着眼前这美丽的景色,不禁赞叹:"桂林山水果然名不虚传。我爱你,桂林山水!"

教师评语:小作者用简洁、明了的语言概括了桂林山水的特点。文章采用总分总的结构,叙述详略得当,段落之间过渡自然。小作者娓娓道来的传说故事更给桂林山水增添了一丝神秘色彩,读之令人神往。(指导老师:周琴)

我的四个朋友

张奕慧

我有四个非常要好的朋友,她们像守护者一样在我身边,我们形影不离。她们分别是春、夏、秋、冬,她们工作起来是那么协调有序,一个下班了,另一个赶紧来上班,从不偷懒。

春有着诱人的美丽,谁见了都会向她招手。每当春工作时,地上就草翠花开,湖水结的冰也融化了,冬眠的小动物也醒来了。公园里,桃花开出了美丽的花朵,远远的都能闻到香味。小燕子从南方飞回来,在公园上方飞来飞去,叽叽喳喳地叫着,好像在说:"春天来了,春天来了!"春风抚摸着大地,小笋感受到了春的温暖,个个探出了小脑袋。

夏,可就不怎么受大家欢迎了,她是那么炎热,太阳公公火辣辣地炙烤着大地,小草热得枯萎,小狗热得吐舌头,小朋友们天天热得躲在家里,可她还是不罢休,反而热得更加厉害。不过,小朋友们可以在夏天游泳,在水上乐园尽情地玩耍,也是一件非常开心的事呢。

秋,是农民最喜欢的,她带给了人们丰收,带给了人们凉爽,让人们忘掉夏天的炎热。秋工作时,果园里总是鲜果飘香,石榴个个都长得很大,大得快要破裂似的。苹果也特别红,红得像灯笼,也像小姑娘的脸蛋。一片片叶子落下来,在空中翩翩起舞,好似一幅美丽的画。

每当冬来临时,天空就会飘雪,大地一片白茫茫,小朋友们可以打雪仗、堆雪人。就算外面再冷,也抵挡不住我们出去玩的念头。小狗踩在雪地上,印出朵朵小梅花,也是一副美丽的景象。

我爱我的朋友们。春天带来了温暖,夏天是那么的狂热,秋天带了收获,冬天带来了快乐。大自然因为有了我的朋友们而变得美丽。

教师评语:文章用拟人的手法,采用总分总的结构,层次分明,语言清新有趣,描写了"我"的四个好朋友——春、夏、秋、冬到来时特有的美景,春天草翠花开,夏天骄阳似火,秋天落叶纷飞,冬天白雪茫茫。这一幅幅图画就是四季最典型的风景。习作中静态描写和动态描写相结合,增强了文章的表达效果。(指导老师 周琴)

后 记

　　"花和儿童一样,在春天的感召下,欢畅活泼地,以旺盛的生命力,舒展出新鲜美丽的四肢,使出浑身解数,这时候,自己感到快乐,别人看着也快乐。"这是冰心奶奶在《只拣儿童多处行》中的一段话。初读,觉得花美儿童才开心;再读,觉得儿童开心花才更美。怪不得说,"只拣儿童多处行!"有孩子的地方,就有笑声,有孩子的地方,就有欢乐,有孩子的地方,就有生机。

　　作为老师,我们每个工作日都和孩子在一起,是快乐的;作为语文老师,我们每天和孩子们都沉浸于文学的海洋,是充实的。当校长说要出版一本由孩子们自己写的文章的书时,我们从担忧到宽心、从紧张到雀跃,这中间有过多次的辅导、多次的修改,直到最后的定稿,老师们和孩子们都是认真的,也是充满着希望的。

　　看着孩子们稚嫩的笔触,欣赏着字里行间流露的真情,想象着当他们看到自己写的文字印成铅字时的笑脸,我们无法用言语来表达这份快乐和欣慰。

　　孩子们,相信自己,未来属于有准备的人!

　　奔跑吧,少年!

罗勤勤

2019 年 1 月

图书在版编目(CIP)数据

画溪春芽 / 吴建国, 庄忠杰主编. -- 北京：九州出版社, 2019.4

ISBN 978-7-5108-8002-5

Ⅰ. ①画… Ⅱ. ①吴… ②庄… Ⅲ. ①作文－小学－选集 Ⅳ. ①H194.4

中国版本图书馆CIP数据核字(2019)第069653号

画溪春芽

主　　编	吴建国　　庄忠杰	
出版发行	九州出版社	
地　　址	北京市西城区阜外大街甲35号(100037)	
发行电话	(010)68992190/3/5/6	
网　　址	www.jiuzhoupress.com	
电子信箱	jiuzhou@jiuzhoupress.com	
印　　刷	杭州五象印务有限公司	
开　　本	880毫米×1230毫米　　32开	
印　　张	12.5	
字　　数	313千字	
版　　次	2019年4月第1版	
印　　次	2019年4月第1次印刷	
书　　号	ISBN 978-7-5108-8002-5	
定　　价	69.80元(上下册)	

画溪春芳

吴建国 庄忠杰／主编

上

九 州 出 版 社
JIUZHOUPRESS

陈　杭

耿唯雅

林诗雨

许洪一乐

胡灵霏

吴　睿

吴　睿

吴诗韵

周逸涵

魏梓逸

金雨诺

白日依山盡黃
河入海流欲窮
千里目更上一
層樓
戊戌年胡佳瑶十二歲書

胡佳瑶

新竹高於舊竹枝
全憑老竿為扶持
明年再有新生者
十丈龍孫繞鳳池
胡駿翔十一歲書

胡骏翔

勝日尋芳泗水濱
無邊光景一時新
等閑識得東風面
萬紫千紅總是春
許宗翌十二歲書

许宗翌

緑水青山
銀是金山
錄習篆書記語
戊戌年王怀正

王怀正

羊诗恒

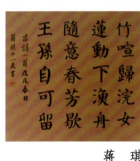

竹喧歸浣女
蓮動下漁舟
隨意春芳歇
王孫自可留
古詩一首戊戌春日
蒋琪十一歲書

蒋琪

吾家洗硯池頭
樹個個花開澹
墨痕不要人誇
好顏色只留清
氣滿乾坤
長興小學六三班
周佳慧十歲書

周佳慧

吴锡烨

吴诗韵

章亦安

周彭德

魏梓逸

谢奕冉

序

　　五峰相映，画溪河畔，朱藤环绕，春芽初绽。有幸看到近200个孩子的梦想，读到这美丽的童年之梦，为书作序，荣幸之至。

　　初读此书，被孩子们丰富的想象所吸引，被七彩的童年所感染，仿佛也回到了那阳光灿烂的日子，记忆中那个有点模糊却从未走远的日子，青春、热情、懵懂、自在……是那么相似，却又不同。少年的梦想和努力，生活的快乐和烦恼，在书中一一呈现。但我们少年时期没有补习班，没有电子产品，生活更加单纯，当然也没有这样作品出版成集的机会。

　　一切为了孩子的终身发展，这是本书出版的目的。我们所做的就是为孩子筑梦，为他们梦想实现创造可能，把"舞台"还给孩子，于是孩子有了自在书写的新天地，孩子们的文字稚嫩、活泼、真实、可爱，这是作文最吸引人的地方，也是本集子吸引我的地方之一。这本集中有文字，有书画作品，记录了孩子们的成长过程，作为小作者，是何其幸福，此书出版，很有意义。

　　文字有魔法，文字有魔力。我的少年时期也是与书为友，与文字相伴。少年时期的一点梦想，一些写作的习惯也成为我现在的习惯。喜欢用文字记录生活的孩子一定很可爱，用文字表达情感的孩子一定很美丽，祝福这些画溪学子，在春日发芽，茁壮生长。祝福这些老师，悉心呵护，终会换来满园芬芳。

　　画溪有语，学子有幸，阳光正好，当春风正行。

袁炜

目 录

▶ 有点启示

► 你好，生命

► 青色童年

▶ 我的校园

年少逐梦

指导教师　汪　芳

　　每当风起，铃声飞扬，闭上眼，梦想就在前方……很简单，一架纸飞机、一个小纸船就可以承载童年的那个上天入地的梦。它如同种子一样在幼小的心底萌芽滋长。童年是最阳光、最闪亮的宝石。随着时光的流逝，那个梦想一直都在变幻它奇异的色彩，吸引着追梦者创造一个又一个属于自己的舞台。

那个绿绿的角落

干 甜

这个暑假，我去了乡下老屋住。妈妈给我换了一个房间，一间很普通的屋子，窗外有棵比我爸年纪还大的老树。

我的窗……呃……服了！外面那棵老树扭着粗壮的身体使劲向前伸展，有几处看似快要断了，却还在冒绿叶。它竟触摸到了我的窗子。窗框无力地任它拍打。窗框的木质皮已经掉落了不少。窗户几乎打不开，我用力推了推，好不容易把窗推开一道缝，一根树枝"嘭"地就扎了进来，拍在我脸上……

要我怎么说你好呢？你这不听话的小树枝！

没办法，这样不能在窗边写作业了。试着把树枝拉到一旁，让你安静待在一边别打扰我写字。用胶带绑着你，跟窗框上的钩子手拉手。"好了，这样总该可以了吧，你不断，我不疼。你俩手拉手，看着我写字，看着我画画……"

我开始埋头整理小书桌，好让你俩有个好环境，可以说上悄悄话。桌角放个小鱼缸，哈，只有一条小溪鱼，一朵绿藻，一块鹅卵石……终于整理完了，房间也收拾得差不多，这时候就来了客人。

"好美的一角！"客人不住地夸我。我知道，其实，它们最美！

一只黑色夹杂着白色的蝶儿落在窗上，花纹可真特别，真好看！

唰——

唉，那树枝又调皮地弹了回来，蝶儿扑腾了几下翅膀，吓飞走了……

我要好好管教你！

我用绳子把树枝绑住，一头绑在墙上的钉子上，看你还能玩出啥花样？

相安无事了好几天啊！真安静！

仔细一看，树枝上还住着小虫子，一只绿绿的小青虫，软软的样子，

跟我的小蚕宝宝很像,于是我把正在吃食的蚕宝宝拿出来,放在树枝上。这只小青虫就像见到失散多年的姐妹一般快乐,蚕宝宝也是,很开心的样子,好一场"白蛇传"!

其他虫虫也寻亲而来,许多只围在一起,像是在讨论怎么欢迎她或是捉弄她。

这个角落,一天一天壮大起来,满眼翠绿,蜜蜂们正在对着我种的多肉发起"攻击",它们在多肉上爬上爬下,从左到右绕着圈。

虫子多了,鸟也来了,飞进我的屋子,在屋子里飞来飞去,叽叽喳喳,风铃在风姑娘的拨动下也发出清脆的响声。

暑假过了,童年过了,那个角落的生机时常进入我的梦里,诉说着它们的故事。

仔细听,小鸟在歌唱,昆虫在歌唱,青蛙在歌唱,我也在歌唱……

> 教师评语:从儿童的眼睛看出去,即便是个小小的角落,那也是一个奇幻无比的世界。小作者思维新奇,想象力丰富,用笔清丽,文采隽永,把童趣揉进窗外的虫声里、新绿中,写得如此生动、迷人。那是一幅唯美的画卷,真有点女作家萧红的影子!

像花儿一样绽放

赵心悦

揣着美丽的梦想,我在一天天地长大,梦想的脚步也越走越远。虽然每个人的梦想不一样,也都很遥远,我知道这中间会有很多坎坷,很多挫折,但是我从未放弃追逐,正一步一个脚印地向着自己的目标前进……

我曾经在幼年时也有很多天真的想法。依稀记得我小时候认为只要把所有的野草搅和在一起,就成了草药,可以当医生救人。我为什么会有这么天真的想法呢?因为我小时候特别喜欢看《喜羊羊和灰太狼》

这部动画片,喜羊羊生活在青青草原,草原上有着一望无际的好草。有一天,喜羊羊到草原上取草,放在瓶子里弄来弄去便成了草药,医治好了很多病人,成了草原英雄。我当时看了之后,又是惊喜又是羡慕,心想:这样的话,医院里的病人不都可以很轻松地治好了病,他们就不会再有痛苦了,说不定我也能当医生了。那时候的我对医生近乎盲目地崇拜,觉得他们让我们张张嘴、听听胸就能治好我们的病,太了不起了,我也想长大后当一名医生。如果现在的我就能制作出草药的话,我的梦想就可以提前实现了。想到这里,我激动万分,于是说干就干。

正好,奶奶门前也有一小片草地,我就天天去那儿拔草,把拔回来的草加点水搅和在一起,放在玻璃瓶里,一有空就观察,看看它有什么变化,满心指望它能成为救人的"仙草",好早日实现自己的梦想。爷爷见我天天盯着一个旧瓶子发呆,好奇地问我:"心心,这个瓶子装的是什么呀,你天天盯着它看?"我一脸神秘,严肃地对爷爷说:"这是我精心调制的草药,可以救人的,我马上要当医生了。"爷爷看着认真的我,笑得前仰后合:"心心,你太有意思了,这就是草啊,怎么能救人呢?你这明明是瞎胡闹。""不会的,喜羊羊的能救人,我的也能。"我气呼呼地拿着瓶子出去了,好几天没有理爷爷。现在再回头想想那时候的事,我也忍俊不禁。小时候的我,梦想是那么的简单:吃一口美味的冰激凌,买一个心仪的文具就能得到满足,高兴好几天,天真而可爱。

后来,我上学了,我的梦想又发生了变化。我想成为尖子生,成为大家学习的榜样,能被老师和同学认可。我也知道实现这个梦想并不容易,而且为了实现这个梦想,我也付出了很多的努力,除了平时好好学习,天天向上,周末我也参加了很多兴趣班,虽然有点累,但是看到努力后还是小有成果的,我也觉得很欣慰,也许这就是大人们说的——累并快乐着!

现在的我已经是小学六年级了,马上要上初中了,我希望自己能上一所满意的中学,也希望自己能在今后的学习道路上学到更多的知识,成为有用的人才。前方的路依然很长,梦想离我依然很遥远,所以我想对自己说:加油吧,少年!追逐吧,梦想!让自己像花儿一样绚烂绽放,

让生活像阳光一样灿烂美好！

> 　　教师评语：本文取材于真实生活，选材恰当，段落分明，过渡自然，情感丰富而真实，文章以"让我们勇敢地去追求梦想吧"结尾，令人饱含期待与热情，言已尽，意犹未了。这是一篇描写小作者对童年梦想追求的文章，文章开头直接展开对童年趣事的描写，语言活泼明快，富有童趣，其中对人物的语言、动作、心理等细节描写刻画具体生动，遣词造句准确传神，内容充实，感情真挚，表现了小作者快乐的童年生活给她留下的深刻印象！

童年梦境

吴　橙

　　小时候，我常常会做梦，梦见我会飞，飞过那挺着身板遥望着远方的高山，飞过那演奏着优美的乐曲的小河，飞过那高高的、用黑瓦搭起的屋顶，飞过那一片片春意盎然的树林……

　　在梦里，我与太阳肩并肩，与鸟儿对话，与白云、月亮一同入眠……

　　只记得，曾经，我从梦中醒来，而那梦，正是我的飞行梦。醒来以后，我呆坐在床头，脑海里浮现出梦里的场景：我一下子腾空飞起，还没等我反应过来，我便只能听到风从我耳边掠过的声音。飞啊飞啊，没多久，我升到了天空，和白云打了招呼，和小鸟唱了首二重奏，和太阳公公下了盘棋……

　　回想做过的梦，我脑子里一下子闪现出一个鬼点子：我要飞！

　　想罢，我便给自己进行了"全副武装"：什么锅盖啊，水桶啊，全被我套在了身上。我拖着"肥肥"的身子，笨拙地跑向鸡舍，鼓起了勇气，将稚嫩的双手伸向一只鸡的面前。我本想着拔一些毛，可是呢，哪知道那鸡如此机灵，竟看出了我的想法。只见那只"小机灵"将身子一扭，小腿

一蹬,跑出了我的视线范围内。好吧,我放弃了。于是乎,我卸下了那一身武装,蹬着我那小短腿,跑进了房间。

进了房间,我搬出了一个小板凳,悄悄地关上了门,生怕被妈妈发现。我迈开那小短腿,吃力地爬上了桌子。我展开了双手,摆出一副要起飞的样子。"准备就绪,准备起飞!"我红扑扑的小脸上写满了"开心""兴奋"几个字。"啪!"我的脸着地了。本该是超痛的,可我却傻傻地,憨憨地,坐在地上傻笑着。我心想着:这次不行,还有下次,下次不行,我还有下下次!

现在,我不但是上了小学,我还快要毕业了! 没错,从桌子上跳下去的傻事,我也不会再做了,可是,我的童年记忆,依旧深深印在我的脑海……

不论我多大,我都会把我的飞行梦深深埋在心底,永不忘记! 与此同时,我会努力实现它!

> 教师评语:"不是现实支撑着梦想,而是梦想支撑了现实,人要有梦想,生活才不会失去希望。"这篇文章很好地反映了这句话。文章开篇简明扼要,精炼有序,重点描述了小作者儿时追梦的故事,给人留下深刻印象。事例叙述生动具体,趣味性强,文章末尾小作者用寥寥数语,表现出了自己对实现梦想的渴望。文章前后连贯,形成完整的事例发展。

长大后,我就成了你

许盈盈

"我要当医生!""我要当警察!""我要当军人!""我要当厨师!"……教室里,同学们七嘴八舌地讨论着自己的梦想。

童年,那个纯真无邪的时代,我想得最多的莫过于自己的梦想。看

到军人保家卫国如此光荣,我想过当一名女兵;看到医生如此受人爱戴,我想过当一名护士;看到演员在舞台上闪闪发光,我想过当一名演员……

也许,某天早晨,我还在幻想着当演员的光彩夺目,到了晚上,我就会想着当厨师会做出怎样的美味佳肴。每一天,我都有一个新的梦想,爸爸妈妈常常会被我变化多端的梦想给"打败"。直到今天,我依旧没确定自己的真正梦想,但是,我,对老师这个职业一直有种莫名的向往。

我喜欢老师用红笔在作业上划出一道优美的红勾,我喜欢老师身上严肃、神秘、优雅的气质……老师这个职业的种种都吸引着我。

教育出一批优秀的学生,是每个老师的愿望。为了我自己还有老师,我得好好努力,成为一名优秀的学生,在未来,成为一名优秀的教师,教育出一批更优秀的学生!光是想,我就很激动了!

梦想,它的的确确是多变的。梦想,它也的确是我们努力的动力。童年,梦想使我努力。童年,我们一起追梦!

> 教师评语:本文无论是思想性还是艺术性都是很高的,读后让人久久回味。构思巧妙,运用比较手法,深化了主题;情节也颇具巧妙的心思,整个故事既出人意料之外,又在常情道理之中。语言朴实无华,采用白描手法,作者的爱憎包含在叙述之中,能让读者去体会,去深思。

筑 梦

方正昊

每个人都有自己的梦想,我也有自己的梦想,我的梦想是像鸟儿一样飞上蓝天。每个人都尝试过实现过自己的梦想,我也不例外。因为我的梦想是飞上蓝天,所以我经常做关于飞翔的梦。但是,不得不说为了追梦,我还做出了许许多多让人忍俊不禁的傻事呢!

还记得那是一年级的时候,我放学回家看到电视里在播放武侠片,里面的大侠飞檐走壁,手里拿着宝剑腾云驾雾般在空中打斗,我就在想他们是怎么做到的呢? 难道不会掉下来吗? 于是我心想:既然他们能飞上蓝天,那我应该也可以呀! 我得尝试一下。

说干就干,我打算先在客厅里尝试一下。把餐桌拉到客厅借助凳子爬上了桌子,想从上面跳下来,但是心里有点害怕,那就做点防护措施吧。我跑进书房找出前几天新买的泡沫垫子,整整齐齐地铺在地上,再次爬上桌子。

准备起飞了,我退到桌子的最边缘开始助跑,眼看快要跑到桌子的另一个尽头,我纵然一跃,我想着本来可以顺利起飞或者稳稳当当地落在垫子上,可是真可谓"千虑必有一失",我助跑的劲太大了,没飞起来不说反而落到坚硬的地板上,妥妥地避开了垫子,摔得我眼冒金星,半天没缓过劲来,还稀里哗啦地大哭了一场,把家里人吓得不轻,还被爸爸狠狠地教育一通,要求我保证以后不做危险动作。此后,我再也不想飞上蓝天了。

每个人都有梦想,但我以我的经历告诉你一个道理:请不要在你准备不够充分的时候,去尝试你的梦想! 否则你会付出代价!

> 教师评语:为了实现童年里"飞上蓝天"的梦想,作者不仅自己想办法,而且还付诸行动在家尝试实现自己的梦想,最终没能成功,还付出了"惨痛"的代价。文章的结尾作者以自己的亲身经历告诫读者不要轻易去尝试你追逐的梦想,不然会付出"代价"的。整篇文章行文流畅,表达清晰,妙趣横生,让人忍俊不禁,能感觉出作者童年时的天真无邪。

梦想是"有腿"的

干 甜

我儿时有一个朋友,名字已经记不清了,好像叫遨宇,遨游宇宙的

意思。他的父母似乎对这个名字很满意。

因为他的父亲是一位天文观测者，他的母亲也是，他们都对浩瀚的天穹充满无限的遐想。以至于他们的儿子在耳濡目染下，成为一名太空迷，也热爱繁星点缀的银河，想做一名宇航员在太空畅游。

他的父母对此很高兴，一直鼓励他，让他从小就学习天文知识。遨宇很勤奋。

天有不测风云，遨宇九岁那年大病了一场，高烧不退，昏迷不醒，在医院整整一个多月，高烧是退了，但他却失忆了，甚至连自己是谁都不记得。好在经过几个月的康复，顺利出院。

可好景不长。春节，是人们都喜爱的节日，其间有一个习俗就是放鞭炮。放鞭炮很好玩，但也危险，遨宇的腿就是被炮竹炸伤了。现在的他再也不能肆意奔跑，外出只能坐着笨拙的轮椅。

宇航员当不成了，身上有一点小伤口都当不了，何况现在的他只能靠轮椅移动呢。我记是那次，他哭了好久……好久……

虽然这辈子无缘太空梦，但遨宇并没自暴自弃，相反，他比同龄人更加努力，作为一名残疾人他付出的更多更多。按他自己的话说："我现在是一个残疾人，也不可能成为宇航员，但我不会放弃，即使我不能去太空，我也要努力成为一名科学家，把别人送上太空，我要学习当年红军过草地、爬雪山那种勇往直前的精神！"

从那以后，我就听说，他得过很多奖状和奖杯……

遨宇这番话经常在我耳边响起，多得数也数不清，他的话永远鞭策着我，使我不断努力，永不退缩！

我的梦想越来越清晰了。

> 教师评语：这篇文章文笔流畅，充满了真情实感。写出了人这一生会面对很多挫折，会经历很多失败，有勇气能面对挫折、战胜失败就更加难能可贵。这篇作文的主人公就是这样的人，面对重重困难，都能坚持到底，是金子总会有闪光之时，表现出了小作者扎实的语文功底。

榜样就在眼前

金文涵

"童年追梦",离我十分遥远,但又却在我眼前。告诉大家,我的梦想是当一名交警。交警,是一个令人敬佩的职业,但当一名好交警也很难,那一次才真正明白……

那是一个寒风呼啸的早晨,北风像一个顽皮的孩子,在人们的衣服里钻来钻去;停在对面的十几辆汽车,如一只只熟睡已久的铁龙;人们都将棉衣穿上,真的非常像一只只企鹅!卖烧饼的、卖蒸饺的、煮面条的都聚在我家的石桥边上!人群在这条路上走一定要小心——这里车辆多!而且一到冬天,大片大片茂盛的樟树盖住了街路,路上就结上一层薄薄的冰"毯",很容易滑倒!

其间,最醒目的就是一身白色棉袄,戴着交警帽的老张叔叔。听父母说,他四十八岁了,已经在这岗位工作二十多年了。站在近处,你便能看见他那布满老茧的粗糙大手,饱经风霜的额头下,总是一双严肃的眼睛,手里也永远都是两件东西:一个陪他十年的哨子和一些绷带——人们摔跤止血用。冬天的早上,他总是站在桥头用铲子将路上的冰碴铲掉,有时会立上"慢行"的牌子,撒下煤铺在路面。十年如一日,无论生病与否。

我想到这,看到这,鼻尖一酸,"啊!为什么有些人不像这位'战士'一样,坚守自己的岗位呢?为什么呢?"我擦擦眼泪,望着他那纤瘦的背影,看见交警神圣的担当……

教师评语:本文是围绕交警老张写的一篇记叙文。第一段运用了大量的环境描写,还使用比喻的修辞手法,写出冬天的寒冷,衬托出老张的高尚品质。第三自然段采用对老张的外貌描写和他的一些简单事例,让读者与老张的距离更近了。最后一段总结全文,回应题目。

从风筝开始

李 睿

每个人都有一个梦，我也是如此。

小时候，我的梦无比简单普通，那便是放风筝。因为我经常宅在家里，几乎不出门。放风筝对我来说就显得无比奢侈。我梦想着能放飞风筝，让梦想飞上蓝天！

但是，这么一个小小的梦想也不是轻轻松松就能实现的。三年级的时候，学校组织春游，我这才有了风筝，学会了放风筝。看着那风筝挣断了线，飞上了蓝天，我不禁鼻子一酸，这就是追梦的喜悦啊！

在那之后，我的风筝便像标本一样放在了家里，并不是我有多珍惜它，而是我很少有机会再放风筝了！

随着年龄的增长，我的梦想更加简单，只是想拥有一本属于自己的日记本。对于任何人来说，日记本都只是生活中的常物，而我想要的日记本是独属于我自己不给别人看的那种。

实不相瞒，每次写作文、日记，我都不想被父母看到，我也不知道是为什么，就是不想给他们看。但是，我越是藏却越是会被父母发现。所以，我便有了这样的梦想，拥有一本记载自己小秘密的日记本！

我的梦想不多，也都很简单，或许在旁人看来，甚至称不上是梦想，但对我来说，这就是梦，就是童年的梦。

我相信每个人都有梦想，在人生不同的阶段，都会有不同的梦想，让我们勇敢地去追求梦想吧！

教师评语：本文取材于真实生活，选材恰当，段落分明，过渡自然，情感丰富而真实，文章以"让我们勇敢地去追求梦想吧"结尾，令人饱含期待与热情，言已尽，意犹未了。

那一串串葡萄

李铮宇

童年是我们最开心的时代，是我们无忧无虑的时代，是我们有最多梦想的时代。

小时候，我十分爱吃水果！就总想着自己要种出一大片果园，想吃什么就吃什么。所以，每当有果核我就种到果园里去。

并且，我会天天去给它们浇水，终于有一天，我看见了一个小小的嫩芽从土里探出头来！正好爷爷走过来告诉我："这个小嫩芽是葡萄。"我想：爷爷有那么大一个果园，从家里看，像一个五颜六色的海洋，像一个挂满五颜六色灯笼的果园，可爷爷那么多水果中偏偏没有葡萄。

这株小葡萄长在一片樱桃树中间，这儿有足够大的空间让葡萄成长。一个星期过去了，葡萄比之前长高了许多！又过了一个月，葡萄长出了许多茂密的叶子，爷爷早给它搭好许多竹架，让它尽情生长。它在竹子中爬来爬去，就像在和我们玩躲猫猫一样。直到它长出了又大又紫的葡萄。

外围都是红色的樱桃中间有紫色葡萄点缀，最边上还有五颜六色的四季蔬菜装饰。整个果园色彩缤纷、十分喜人。我可以每天都吃到葡萄。我尝了一下自己种的葡萄，十分好吃，又大又甜！虽然我离种一个果园梦想还很远，但这是第一步，不会是最后一步，我一定会努力完成我的梦想。

我们的童年有许多的梦想，梦想让我们有前进的动力，我们会为了梦想去拼搏。

教师评语：童年不仅有许多好奇的触角，更有许多实践的勇气和信心。文中的小作者用独到的视角，取材童年时光，展现一株小小的葡萄嫩芽变成甜润果实的过程，其间有细致的观察和描写。而不经意间的童年奇想就会变成大大的梦想这一哲理，则让人读来对成长充满温暖和希望。

飞向彩虹

刘紫韵

"轰隆隆——""轰隆隆——",小时候,每当听到这个声音,我就会情不自禁地跑出门去,和我的小伙伴们一边跑一边喊:"飞机来啦,飞机来啦!"

"我爸爸就是飞行员,这说不定是我爸爸开的飞机呢!""我长大了也要当飞行员!"我得意地跟小伙伴们说。

小学二年级时,妈妈把我接到了长兴。有一次,妈妈带我去爸爸工作的地方,爸爸就带着我去看飞机。飞机有的整整齐齐地在地面排队,有的在天上飞来飞去。爸爸指着天上的飞机对我说:"看那架飞机待会就会翻跟斗,跟孙悟空一样;这架飞机会去外面撵坏人。"爸爸说的话我不太在意,我在意的是这些冲向蓝天的飞机,一对宽大的翅膀,尖尖的机头,流线型的机身,刀锋般的尾翼,纤细而结实的起落架,就这样组成了一架银灰色的战斗机! 看着这么酷的飞机,我更加坚定了当飞行员的梦想。

更大了一些,爸爸带我去了一个直升机机场。在发动机的轰鸣声中,我低下头来,感觉窗外的一切都变得矮小起来:人们就像蚂蚁一般,大货车就像一个火柴盒,绿色的树林和黄色的田野交织在一起,延绵到天边。看着这样辽阔的景色,我的梦想在我心里扎了根,变得不可磨灭了!

我一定要好好学习,向我的梦想一步步靠近!

> 教师评语:兴趣是人生最好的学习导师,有理想才有动力,有梦想生活才会更精彩。小作者通过所见所闻,表达出所思所想以及所愿。1957年毛主席对留苏学生演讲时说:"你们年轻人朝气蓬勃,好像早晨八九点钟的太阳。中国的前途是你们的,世界的前途是你们的,希望寄托在你们身上!"将来的中国,不会缺乏先进的飞机,最需要的是驾驶先进飞机的飞行员,感谢小作者用朴素的词语来分享她精彩的童年理想,也祝福她的飞天梦早日实现。

时光梦想与我

卢舟丹

　　时间就如同沙子一样,你小心翼翼地捧在手中,它还是从指缝中溜走;童年就如同糖果一样甜蜜,但你将它收藏起来再找出时,它早已化成一摊糖水;梦想就如同种子一样,只是随手在心中一放,但再见时,它早已在心中生根发芽,不可拔除。

　　在我很小的时候,曾经有一个很神奇的想法:把钟表的指针往回拨转,时间能不能回流到那件让我后悔许久的事之前呢?我将时针不停地往回拨转,可时间不会为任何人的任何事去倒流,正如同世间的一切一般,时间流转如梭,世间百变,不离其宗。

　　童年是甜蜜的,又是短暂的,我们热爱童年,正如我们喜爱糖果的甜蜜一样。童年如画,五彩斑斓;童年如书,充实动人;童年如花,芳香扑鼻;童年如歌,有喜有忧……童年天真无邪,但迟早离去,童年是美好的,有酸、甜、苦、辣,有悲伤还有欢乐,童年有许多的趣事和傻事,但从不后悔。

　　梦想是一粒种子,在心中生根发芽后便不可泯灭。我也是这样,我想当一名服装设计师,还拥有自己的工作室,这一切的基础就是学习。同一个模特,西装、衬衫、西裤、裙子等常备服装一次生成之后,可反复调用。调用的服装亦能进行各种变化,省略大量烦琐重复的工作。一个款式的设计,可分别展示由内衣到外套不同层次的穿着效果;裙子、裤子的搭配通过"显示""隐藏"的控制可同时并存,提供给不同喜好的人们多样化选择。这样一看,服装设计还真是复杂呢!不过只要是自己认定的事就一定要坚持到底,不然,又如何对得起自己和这个远大的梦想呢?

在此,愿时光不再虚度,愿童年不再忧伤,愿梦想终有回报!愿"沙子"不会流落到空虚中去,愿"糖果"自始至终都甜而不腻,愿"种子"生根发芽并枝繁茂盛!

> 教师评语:时间不能回流,童年都是美好的,可是童年也是一去不返。梦想总是有的,小作者自己的服装设计师梦想,有自己独到的理解。愿时光不再虚度,愿童年不再忧伤,愿梦想终有回报!小作者以流畅的文笔写出了心中理想,情真意切!

那是一片海

孙程雲

童年是一条鱼,一个天真的梦想就是河水,梦想滋润着童年;童年是一只蜻蜓,一个美妙的梦想是一阵微风,梦想是童年的动力;童年是一张白纸,一个富有色彩的梦想是一盒画笔,梦想描绘着童年。

童年的梦想说大也不大,说小也不小,刚好填满了你稚嫩的心。每一个人的梦想起始于童年:有的人要做军人,为祖国鞠躬尽瘁;有的人要当医生,拯救每一个火热的生命;有的人要做农民,传承着朴实和勤劳。而我童年的梦想却是做一个养鱼的老农。

我自小就十分喜爱活蹦乱跳的小鱼。小时候,我在电视里看到一位养鱼的渔夫,一手拎着一篮子,什么鱼都有:草鱼、黑鱼、鲫鱼,还有滑溜溜的小泥鳅……一手捏着"劳动模范"四个大红字的奖状。我心想:做渔民不仅能捉鱼,还能得奖状。这样的梦想直涌上我的心头。

"爸爸,爸爸!我们能买一个池塘吗?"爸爸一副不耐烦的样子,对我说:"好,好,好!等你长大了,爸爸给你买。"哎,长大了买,不等于不买吗?还是要我自己亲自动手。

回到家里,我直奔卧室,找出一个老旧的鱼缸,又跑到家边的,已被别人买下的池塘边,用缸子一个劲儿地淘。终于功夫不负有心人,鱼缸中浑浊的水里竟然有着两三颗螺蛳,还有一尾小得可怜的小鱼,它差点被淤泥埋了。我心想:有这么一个迷你小鱼塘,我的世界从此会更精彩了。

现如今,这个鱼缸我还留着,虽然变得更加破旧,缸中的鱼也换了好几次,但是我的梦想却始终未变,希望这个梦想能伴我成长。

它不只是我的鱼缸,那是一片海,一片梦想的海洋。

> 教师评语:小作者别出心裁,以养鱼老农作为自己的梦想,其朴实无华也正映衬着孩子般的童真童趣。文章开篇运用大量修辞手法,引人入胜,辞藻华丽,足见其文化底蕴。而文中小作者单纯的追梦历程令人回味,让读者感受到拥有梦想的充实和快乐,梦想就像一杯清茶,你只有细细品味它,你才能觅得一缕清香,就算追梦的路途很艰难,但正因为有梦,人生的价值才得以体现,希望小作者真的能够实现自己这一个小小的梦想,不忘初心。

深秋梦之落叶

王飞宇

童年,人生的梦在那时开启,生命的卷轴从那里舒展,人生的戏剧也从那时开始演绎。

童年的我,最讨厌秋季,为何一个收获的季节会令我讨厌呢?因为在深秋的时候,就会有大片大片枯黄的树叶被风吹落,接受秋风的洗礼后,那可怜的小树们便只剩下光秃秃的枝杈。

童年天真的我,梦想长大以后一定要发明一种机器,他可以让树木四季常青,令那些嫩绿的树叶永远长在枝杈上,不再掉落。于是,天真

的我在深秋时节,向大人们要胶水,试图把叶子固定在上面,可是胶水不好用哇,刚费好大劲把叶子黏上,一松手,它又随风飘去了。我灵机一动,想起了大人们常常用到的透明胶,那可是个好东西,多缠它几圈,我就不信他还能掉下来!于是我一手拿着胶带,一手握着剪子,三下五除二地爬到了大树的枝杈上,不由分说,开始了我"伟大"的工程!经过了整整一个下午的艰苦奋斗,胶带用完了好几卷,可是我的工程似乎只完成了第一步,唉,真是苦了我了!

我不甘心,请大人们来帮忙,他们拗不过我护叶的执着,终于答应了。苦苦忙活了一周,总算是没白忙活,叶子们都黏在树枝上了。

转眼间,到了暮秋,在其他树的叶子纷纷飘落之时,这棵树的树叶无一飘落,还是让我欣慰的。然而,好景不长,那棵树的树叶也同其他树的叶子一样,逐渐变黄,变脆,叶子的根处虽已被我固定,可它却从中间折断,伴随着最后一片叶子断裂的"咔嚓"声,我童年的第一个梦想也跟着它终止。母亲不止一次地告诉过我,秋季落叶,那是树在为自己提供养料,只有如此,第二年,新叶才可以再次展现在枝头,否则,它连冬季都熬不过去。那件事虽已过去很久,却好似刚刚发生,往日童年所作所为虽为愚蠢,却充满了快乐。

随着年龄的增长,那些傻事再也做不出来了。但童年的语言,童年的行动,童年的傻事,童年的梦想却永远不曾被我遗忘。闲时独坐,怀念过去,童年的梦想还会不时划过我的心间!

教师评语:本文主旨明确,为了实现童年里不让树叶掉落的梦想,作者不仅自己想办法,还让家人陪着一起做一些看上去有些"胡闹"的事情,而家人并没有一上来就压制作者的想法,反而是给予了充分的支持和陪伴,让作者自己去发现是否能够成功,字里行间都透出家人对作者的包容和浓浓的爱。虽然最后并没有真正得到自己想要的结果,但是作者明白了尊重自然规律的重要性,想必也不会感到特别遗憾。全文行文流畅,表达准确,妙趣横生,读起来让人忍俊不禁,让人感觉童年是金色的回忆。

羽翼中的梦

吴思怡

是你们折断了我的翅膀,又怎能怪我不能飞翔?

每个孩子,都会有一对洁白美丽的翅膀,他们盼望飞翔,盼望找到一片属于自己的领地……

"小昊,你的梦想是什么啊?"讲台上,老师注视着一个孩子,温柔地问道,"别的同学都说了哦。"

小昊站了起来,将头低下来,用轻得连他自己都听不到的声音说道:"我,我嘛……我想当厨师。"同学们听了都议论纷纷,但又很快安静了下来。"厨师吗? 很棒的职业哦。"老师用她温和的声音,几乎没有一点犹豫地肯定了他。小昊开心地抬起头来,白皙的脸蛋,澄澈的眼睛加上一身小西服,显得格外精神。

"什么? 当厨师?"小昊回到家,将自己的梦想和打算告诉了妈妈,却不料妈妈异常生气,给他浇了一盆冷水,"不行,绝对不行! 小昊,我和你爸辛辛苦苦把你养大,可不是为了让你当厨师,给人做饭的! 你再好好想想吧!"小昊不死心,又再一次征求了爸爸的意见,结果也是一样。

不过,他并没有放弃,他偷偷地开始自己学做菜了。

"小昊!"突然,他妈妈冲了进来,"都说了你不能当厨师,你怎么不听话啊! 妈妈也是为了你好。你怎么不说话了? 算了,反正你以后,就别再进这个厨房,再……"妈妈的话一遍一遍,一遍一遍,在他耳边回荡,刻入他的心灵。他哭了,却又无力申辩。从此再没进过厨房。

从那以后,每到吃饭时,就看见他用筷子不停地拨动饭菜,眼睛直盯着厨房,愣愣的。

那些自以为是,为了孩子好的家长们,别再摧残孩子们的梦想了。没有了梦想,哪儿来的翅膀! 是你们一边亲手折断了他们的翅膀,一边

又责怪他们不能飞翔!

> 教师评语:每个孩子心中都有梦想,需要被尊重,被信任,被支持!本文以父母将自己的想法强加于孩子身上为故事,扼杀了孩子的梦想!让他以家长的设定方向成长,让孩子失去了原本绚烂多彩的童年,不再表达自己的内心!文章最后呼吁家长当孩子有自己的梦想时,哪怕再小,也请不要打击或否定,让他们的童年不留遗憾!

变幻无穷的梦

徐依诺

"长大我要当太空人,爷爷奶奶听了可高兴了,给我爱吃的喜之郎果冻……"每当看到这段广告我都忍不住想起了小时候那些可爱的梦想。

记得那年夏天,妈妈带我和外公去捕鱼,捕到鱼后,外婆烧了红烧鱼给我们吃,鱼太好吃了,于是我这小小的心中出现了大大的梦想:"我长大了要当厨师!给妈妈、外公、外婆做世界上最好吃的鱼!"当我将这"伟大"的梦想一本正经地说给大人们听时,妈妈笑着说:"哈哈!以后等你长大了,我和外公、外婆就天天吃你做的鱼吧!""好!"我爽快地答应了,可是这个"伟大"的梦想没几天就不复存在!

那天,我和妈妈开车去上学,在路上我看到了个交警叔叔,他冒着大太阳指挥着所有车子的行驶方向,我的脑袋里又蹦出一个梦想:"妈妈!长大了我要当交警!""你不是要当大厨师吗?我还等着吃你的鱼呢""我不当了!我要当交警!交警叔叔太辛苦了,我要来帮助他们!""真好!"我这个梦想啊,也没有坚持特别久。

过了几天,妈妈带我去买衣服,我这双小眼睛看到这么多好看的衣服,心里啊,又跑出一个梦想来,"妈妈,妈妈,妈妈!长大后我要开衣服店！拥有自己的服装大楼！第一层放男生的衣服，第二层是休息室和厕所，第三层放女孩子的衣服！"妈妈无奈地说："你的脑袋里怎么有那么多的梦想？先是什么要当大厨师，再是什么要当交警，现在又当什么服装店老板娘。""我要，我要，我要！""哎！"妈妈无奈地摸了摸我的头。

谁的童年没有梦想呢？你的童年有什么梦想？哈哈！童年，年少有我嘛！梦想，一定要好好追哦！

教师评语：文章由一段广告开始，梦想从厨师到交警再到服装店老板，充分展现孩子的天真与烂漫，真实地体现童年的有趣！现在的大人是原来的孩子，原来的孩子也有很多的梦想！文章中因为想吃鱼就想当厨师，看到交警指挥车子那么辛苦就想当交警来帮忙，看到漂亮衣服就想开服装店，也是一个孩子年少时希望拥有的很多分之一吧！所以，文章结尾处用"梦想，一定要好好追哦"，这句话，也是非常灵动地体现孩子对那许多梦想的追求！

无限的梦

徐 颖

我们每个人有每个人的梦想。雏鹰的梦想是——在湛蓝的天空中翱翔；花朵的梦想是——为祖国母亲跳一段舞蹈；燕子的梦想是——在春天来临之际能够翱翔空中。

小时候，当我看到警察叔叔受人拥戴，我就想当警察。到后来，我才发现那些警察叔叔是那么劳累，工作又是那么危险时，我满心的期望好似划过天际的流星，美丽而短暂。后来我又想当医生，想治病救人；我想当演员，给大家带来爱看的电视；我想当老板，创业辉煌。童年渐渐地即将逝去，我的梦还没有定下，在漫无目的的足迹中，伴随着溪流，

一眨眼童年就过去了。我走近一个小池塘,这时传来一阵苍老而温柔的声音:"这儿的鱼可爱吗?""可爱,但是我没心情看。"

她问我什么事,我把满肚子思绪倾吐给她听,而她却笑着说:"我原本可以学一门手艺赚大钱的,但现在我却不奢求什么,我只想追求自己的梦想,想把这儿的每一条鱼养好,虽然生活清苦,但一切都很快乐。"她说完便走了。她的话一下子惊醒了我,生活不是不变的,无论怎样,只要自己喜爱、追求的,那一定是最美好的梦。

五彩缤纷的花好似五光十色的童年,而我们好似这池中正在玩耍的小鱼,当为了梦想而努力追寻时,我也会散发出无限的魅力。

> 教师评语:这篇文章以一组排比开篇:通过雏鹰、花朵、燕子等,写出了每个人都有自己的多彩梦想。从警察到演员充分展现了孩子童年时的"天真无邪"。同时,有自己在生活中的感悟:"只要自己喜爱,追求的,那一定是美好的。"这句话更能体现孩子对梦想的追求。

宇宙小梦

鲁良东

梦想如同一个目标,让你向这个目标前进;如同一盏明灯,指引你方向。每个人都有梦想,而我也有一个,那就是——在浩瀚的宇宙中穿梭。

小时候生活在农村,农村的孩子想法都很奇特,总有很多说不出的小幻想。夜幕降临,我会望着空中的群星和皎洁的月亮,它们构成了一道独特的小风景。我闭上眼睛,想象自己在太空中遨游,看到了许多的行星。可自己一睁开眼,那些宇宙中的一切都不见了。只有萤火虫在空中提着闪闪发光的灯笼。我有时会想萤火虫是不是来自太空,它那发光的小灯笼如同星星一般,一闪一闪。

就连空闲的时候,与朋友们一起玩耍,都是宇航员登上太空的游戏。比如学习宇航员在太空漫步,开采矿石,插上旗子等。在幼儿园画画时,我就画自己登上月球。虽然画技一般般,但想象力是比较不错的。因此我的画被贴在墙上,我时不时去看看那幅画。也有人说:"异想天开吧?""就你?算了吧!"的丧气话,可我也不曾理会他们。回到家我基本上都会从书柜中取出一两本小绘本,学习航天知识。

不过有时,我也会想:要不算了吧!可我认为坚持了就不该放弃,要向这个目标一直奋斗。久而久之,家里就堆满了跟航天有关的小绘本和书画作品,懂得也比同龄人多出一些。宇宙是那样的神秘,人们只揭开他百分之十的部分,另外的部分还不得知,所以我想坐上宇宙飞船去探寻那未知的部分,领略外太空不一样的风采。所以我想长大后做一名宇航员,探寻宇宙奥秘。

有了梦想,我们在生活中就有了方向,只有坚持才有可能完成梦想,所以我常常鼓励自己——向梦想前进!

> 教师评语:小作者是一个热爱生活、善于观察并充满奇思妙想的孩子。文中通过他在农村美妙的幻想,做扮演宇航员的小游戏,画自己登上月球等有趣的小故事,充分表达了一个孩子对探索宇宙奥秘的渴望。语言生动有趣,富有真情实感。(指导教师:俞燕)

我想当医生

胡天宇

我出生在一个农村家庭,出生在一个吉祥、喜庆的日子,那就是我们中国最传统的节日——春节。

据说我一出生,两只小手就在医生的面前挥舞着,像是想去抓医生的听诊器。爷爷、奶奶开玩笑说:"小家伙长大了,肯定也是一名医生。"在我六岁那年,我就对家人说,我的梦想就是要跟大伯一样成为一名优

秀的医生,也就在那一年,我得到的生日礼物是大伯送的一个听诊器,因此我还"骄傲"了好一段时间。

　　从那以后,我就经常模仿医生,用听诊器给爷爷、奶奶"看病"。甚至连家里养的小狗也听听,还有模有样地拿着手电筒和棉签为他们做口腔检查。这些举动经常把爷爷、奶奶逗得哈哈大笑。但是家里唯独妈妈说我长大了当不了医生,为了这句话我还在家里"大闹天宫",气了整整一天,还摔了妈妈给我买的玩具。当我气消了,我又跑去问妈妈,为什么不相信我能当一名医生? 妈妈笑笑说:"因为医生是一个神圣的职业,要有耐心,更需要的是责任心。可你呢,一会想当牙医,一会又想当外科医生,没有一个明确的目标,怎么还能做一个称职合格的医生呢?"听完妈妈的话后,我就一直纠结我要当什么医生好呢? 牙医? 外科医生? 当我哥哥开玩笑地对我说:"当然是外科医生啦,挣得钱多。"虽然哥哥是开了个玩笑,但我却当真了,我也是个"小财迷"。在后面的好长一段时间里,我天天拿着听诊器追着小狗帮它"检查身体",还模仿外科医生给小狗"动手术",吓得小狗看见我就跑。爸爸、妈妈因为工作忙不能常常陪我玩,爷爷、奶奶也渐渐地不当我的"病人"了,所以我唯独只有每天缠着我的小狗。当我渐渐地长大,慢慢的,我发现想要实现儿时的梦想要靠现在努力地学习,积累知识才是关键。单靠幻想终究是不可能成功的。

　　我到十二岁也就是现在这个年龄,对小时候发生的其他事有些模糊了,但"做医生"这一件事,我却一直没有忘记。我相信,我一定可以实现这个梦想的。

　　教师评语:本文构思巧妙,从出生时"想去抓医生的听诊器",到用生日礼物——一个真正的"听诊器"。给爷爷、奶奶、小狗"看病",这部分写得特别生动有趣。尤其是描写小狗的这部分,语言非常幽默,富有童趣。想象一下这只小狗,内心是要多强大,才能每天面对一位"医生"的"折磨"而幸存下去,不得不让读者为它捏一把汗。(指导教师:俞燕)

追逐梦想

胡游浩

在幼儿园的时候，有一次，老师让我们把自己长大后想干什么职业画在纸上，我当时就画了一个威武严肃的宇航员。

我之所以喜欢宇航员这个职业，是因为这个职业不仅可以看到茫茫宇宙，还能看见抚养人类长大的母亲——地球，浩瀚无穷的银河系，偌大神秘的黑洞，滚烫炽热的太阳。我可以探索未知星球，查找宇宙生命体，采集矿物。人类数量快速增长，地球也超负荷运转。如果，我当上宇航员，我也许还能发现适合人类生存的星球，或是发现可以穿到第二个地球的虫洞。

我现在虽然没有对我这个宇航员梦想做些什么事情，但是，我可以保证的是：现在开始，我一定要为我的这个宇航员梦想做出努力。我通过上网查阅资料，发现宇航员要学会跳伞、攀岩、野外生存、沙漠生存、颤抖床、荡秋千、高速旋转等技能，还要学会血液化验、文学考试、飞机驾驶等。所以，我想我一定要：1. 勇于爬高；2. 克服自己的恐高心理；3. 同时增强自己的体质，比如身高、体重、肌肉力量；4. 同样也要学好文化知识，如语文、数学等。我还从姐姐那里知道这些知识是远远不够的，还要去图书馆学习和查找关于宇宙、地理、文学等知识。尽管我没有上过这些课，但是，我会努力学习，争取当上宇航员。

我觉得梦想是美好的。梦想仿佛是阳光，温暖着我们；梦想仿佛是溪流，滋润着我们的心田；梦想仿佛是一阵清风，给我们带来了凉爽；我还觉得梦想是人的动力，让我们前进。梦想是我们每一个人都拥有的，如果失去梦想，世界会变得没有色彩。如果到老了才有梦想，为时已晚。只有在少年时代拥有一个梦想去努力，就一定会成功。

> 教师评语：人人都有梦想。梦想是一个看不见、摸不到却能给你莫大的希望和无限力量的东西。苏格拉底说过：世界上最快乐的事，莫过于为梦想而奋斗。老师从你的文中能感受到你对"成为一名宇航员"是多么渴望！那么，从现在开始，朝着你的目标努力吧！（指导教师：俞燕）

我的梦想

钱韵怡

在一个酷热的夏天，我出生在一个凉爽的医院里，人来人往。

我从四岁开始记事，在那个时候，我就是一个贪吃的小屁孩儿。每次当妈妈问我长大想做什么，我就很快回答她"吃遍天下美食"。妈妈总是笑哈哈地抱起我："你以后肯定是个小胖子！""为什么呀？""因为天下有好多美食呢！你的小肚子都要炸了！""哈哈哈……"笑声回荡在小巷里。

五岁时，因为妈妈给我报了一个舞蹈班，所以我有了第二个梦想——成为一名舞蹈家！关于这个梦想还有一段小故事呢。有一天，我跟妈妈在逛街，因为音乐的声音较大，所以我和妈妈被吸引过来，原来是一群小女孩在跳舞。我跟妈妈说"妈妈，你也给我报跳舞吧！""好啊！"从那以后，我每天都在跳舞。

上了小学，我的梦想就比较成熟了。我想当一个明星！拥有许多的粉丝和钱，这样，我的爸爸、妈妈、爷爷、奶奶……就可以过上更好的生活。可是，爸爸、妈妈告诉我："当明星是很辛苦的，要每天在外奔波，很少回家。"所以我就打消了这个梦想。

我现在的梦想是成为一位成功的企业家！我想做的企业是婚纱和钻戒等婚庆方面的。我觉得这些东西很适合女性，也很好看。肯定有许多人会去选购的。这样我可以很富有了，也可以让自己和家人的生

年少逐梦

活变得更好。

梦想是美好的,然而现实更重要,我觉得做什么都可以,只要平平安安、健健康康地生活就可以了。我的童年很开心,很有趣。

学习的路自己走

谢奕苒

我们每个人都有梦,既然有梦就要去追。在追梦的道路上都会付出汗水和努力,也只有努力,才会得到回报。

我从小就特别喜欢书法,我觉得这门艺术既能够磨炼我的耐心,又能让我享受其中。

七岁那年,妈妈带我去逛街,无意间,我发现了一家学毛笔字的学校。从它透明的玻璃中,我可以看到,教毛笔字的老师正在认真地指导学生练字。在指导完后,他便拿起一张宣纸和一支毛笔,蘸了蘸墨,龙飞凤舞地在纸上写了起来。我看得入迷了,妈妈叫了我几声,我才回过神来。我非常羡慕这位书法老师能写出一手好字,心里想着如果有一天我也能够写出这样好看的字,那该多好!顿时我对毛笔字产生了兴趣,很想学习。可我知道妈妈是不会同意的,但总得抱点希望吧!于是我鼓起勇气去问妈妈,果然不出我所料,被妈妈一口回绝了。因为她觉得我还太小了,不适合学。

一年后,我八岁了,我始终对毛笔字念念不忘。终于有一天,妈妈走过来对我说:"你不是想学毛笔字吗? 我给你报了名,这周五就可以正式上课了,开心吗?"我听了,兴奋得一个晚上睡不着觉,恨不得明天就是周五。一天,两天……周五可算到了,终于可以去上课了。虽然只过了两天,但我觉得两个月都过去了。

初来乍到的我,对这一切都是陌生的。刚开始,老师就让我练笔画。那时的我还小,就认为笔画这么简单的东西为什么还需要练,所以觉得随便写写就可以了。我自信地拿起了毛笔,蘸了点墨就开始写了。可正当我落笔的时候,这笔画却不受控制地歪来扭去,写了几个"竖"画后,看了看,有的是歪七扭八的,好像它们在跳舞似的,又像是它们在向我示威;有的被写得像根针似的躺在那里……用一个成语来说就是惨不忍睹! 简直是与刚开始的想法完全相反。

随着时间的流逝,我已经上六年级了,也明白当时老师让我先练笔画的意义了,因为笔画是写好字的基础,只有将笔画练好了,才能呈现出完美的字。转眼间,我学书法已经快五年了,也已经开始练习行书和隶书了。

虽然我现在已经是高年级了,作业量也随即增加,但我仍旧不放弃,因为这条路是我自己选的,再难我也要把它走完。虽说我在这条学书法的路上,付出了很多的汗水和艰辛,但我也感受到了快乐。

教师评语:兴趣是最好的老师。小作者从羡慕到向往,从不自信到沉浸其中,这当中,有苦有甜,有笑有泪,但坚持就是胜利。一个叙述自己学习的故事,能感染人,更能激励人。(指导教师:罗勤勤)

少许烦恼

指导教师 唐刘莉

世间万物皆有烦恼,花有花的忧虑,叶有叶的无奈。天上飞的小鸟,水里游的小鱼都有各自的烦恼。亲爱的朋友,你有没有留意,风儿拂过脸颊的细语,虫儿漫步田间的低吟,就让我们成为他们的代言人,帮他们倾诉自己的烦心事……

仙人掌的烦恼

熊戈雅

大家好！我是仙人掌，我有着顽强的生命力，被人们赞扬，但是，优秀的我也有自己的烦恼，请听我细细道来。

一天下午，小主人的朋友来家里玩，他们玩起了"捉迷藏"的游戏。我看着他们乐呵呵的，我也很开心。没想到，小客人竟躲到我的身旁，我真想大喊一声："嘿！伙计，长眼睛了吗？看看，我是带刺的啊！"可是，小客人没有听见我心中的呐喊。果然不出我所料，小客人没站一会儿就嚷道："哎哟！我的腿好疼呀！"大家围过来一看，小客人的裤腿上扎满了刺，从那时起，大家就远离我，弄得我像一个恐怖分子似的。我好伤心，也好委屈，明明是小客人自己过来的，又不是我的错，唉……

身为仙人掌的我，有着顽强的生命力，因为这一点，大家也总是遗忘了我。一个暑假，我被小主人放在窗外，那时的太阳仿佛有毒，好似要把一切事物都烤焦。当然，也包括我。虽然我是仙人掌，但也会因为缺水而干枯死亡，看到小主人给别的植物浇水，我每天却只能晒着太阳。我只好"望梅止渴""画饼充饥"，想象水会倒进我的花盆里……但换来的只有遗忘和冷落。我渐渐用意志使自己生存下去，我告诉我自己："坚持下去，你是沙漠中的绿色精灵，你能坚强地活下去……"直到有一天，小主人的表姐发现了我，并给予了水，使我在死亡的边缘存活了下来。

我是一株仙人掌，我是沙漠精灵。我有生硬的外表，却有细腻的感情；我有顽强的生命，却有柔软的内心；我被人们所称赞，但也有烦恼的时候。我思考过，我为什么是仙人掌？我为在沙漠冒险的人鼓起生存的希望，或是做一个满带尖刺的我……我也是一株有着烦恼的仙人掌，我需要有人来读懂我的内心，我要做一个真实的自己……

教师评语：我是一株带刺的植物，我是一株抗旱的植物，我需要有

人读懂我！生动的语言，丰富的心理描写，写出了一株仙人掌的烦恼，不愿被遗忘，被冷落。我有我的骄傲，我有我的倔强。

燕子的烦恼

王禹欢

我是一只小燕子，自由自在地生活在乡村田野。

但是，最近我很烦恼。自从我在报纸上看到了雨燕姐姐在"极速飞行"比赛中获得了第一名后，我就觉得自己很没用。我们普通燕子飞行的速度不慢，但是和雨燕一比，那可是完全不在一个程度上。而且，我在同类中飞行的速度只能属于中等。

虽然在速度上比不过人家，但我还有一个机会，那就是——"远航飞行"比赛。远航远航，顾名思义，是指飞得远。最近一届"远航飞行"比赛的冠军是大雁阿姨。别看大雁阿姨平时飞得还没我们快，但是她飞的时间长。我们飞的速度还行，但是坚持的时间不长。因此，我们经常飞一会儿，休息一会儿。而"远航飞行"有一个规则，就是中途不能停歇。不能休息，我们可能会因为体力消耗太多而死亡。

两大点都比不过人家，那我还能干什么呢？我的心像石头一样沉了下去。过了几天，我生病了。好朋友小松鼠来看我，我向他倾诉了我的烦恼。小松鼠听完后，笑着说道："你一定要出人头地吗？你看我，也没有什么比得过人家的呀！但我并不自卑，比不过人家嘛，就跟自己比嘛。只要能干好自己要干好的事，就可以了。"

听了小松鼠的话，我的心结一下子打开了。是呀，当你比不过人家时，只要做好自己就足够了。

教师评语：做自己就好，小作者以燕子的口吻，介绍了自己的烦恼，又在松鼠的开解中解决了烦恼，想象丰富，蕴含哲理。

错别字也会有烦恼

张　铄

我是一个"拔"字。

实话实说,我生来并没有错,但从一节作文课开始,我就开始怀疑自己了。

那一次的作文课,我印象深刻。老师拿起了小主人的作文本,在班里朗读起来。

起初老师声音响亮,台下的同学们也听得津津有味,我偷偷用余光飞快地瞟了一眼小主人,她正躲在一边偷笑呢! 毕竟在班里展示自己的作文,对小主人来说,是一件非常光荣的事。我想着,更挺直了腰板。当老师读到"我"时,我发现,老师的神色不太对,眉宇间,似乎有点想笑的表情,她的眉毛因为想笑而舒展开了,她的眼睛里,似乎有涟漪在荡漾着。我很奇怪,环顾了四周,没有发生什么稀奇古怪的事,又看了看自己,确认没有缺胳膊少腿,不禁疑惑:我有这么好笑吗? 老师调整了情绪,朗声诵读道:"我熟练地'拔'打着妈妈的电话号码。"话音刚落,整个班炸开了锅,单单是笑声都是五花八门,有低沉的,也有短促的,我还依稀听到几句嘲笑:

"哈哈,力气'真大'呀!"

"哪有人会把电话机上的按钮拔下来?"

……

我觉得世界似乎灰暗了……

老师用红笔把我圈出来,提醒小主人要及时订正,可小主人似乎变得有点暴躁,看也不看就把本子放在一边置之不理了。我每一天都对着小主人喊:"小主人,该订正了!"可小主人并没有听到,我很沮丧。我想去掉加在我身上的"红色光环",想改变汉字同胞们对我的看法,我是一个被用错了地方的字,但是我又有什么办法呢?

032

我望着天花板，忍受心中的委屈，大声喊着："把我们变回来！"

真诚祝愿小主人，作文本上不要出现"红圈圈"了。

> 教师评语：平时，我们的作文里常出现一些错别字。小作者别出心裁从错别字的角度，写下了它的烦恼，它的委屈，它的无奈，想象丰富，描写生动、有趣。

"4"的烦恼

邱诗琪

大家好，我是"4"，可以说，有许多人都不喜欢我，因为我的谐音是"死"。上帝呀，为什么要让我的谐音是"死"呢？其实这不能怪我，完全是上帝的错。

上帝在造数字时，给我们一家人都取好了名字，我有四个哥哥，三个妹妹，和两个弟弟，分别叫"岭""亿""儿""伞""丝""吴""六""起""发""舅"。后来，又给我们换了个样子，还把我们音调改了一下，变成了"零""一""二""三""四"（读第一声）"五""六""七""八""九"。可是上帝在把我们传授给人类时，不小心把我读成了第四声，害我被人们一直叫成第四声。后来在几个淘气的小朋友学了谐音后，又把我读成了第三声——"死"。就这样，我成了人们所说的不吉祥的数字。有时，我的心情不好，走到河边上，小鱼们会假装翻着白肚皮。这时，小朋友们便会说："'死'来了，'死'来了，快跑。"有时，我来到森林中，啄木鸟医生便会故意停止工作，对和蔼的树爷爷说："对不起，'死'来了，我救不活你了！"于是，一向和蔼的树爷爷生气地把我轰走。有时，我回到数字王国中，"888"便会故意踢我几脚，说："真晦气！"而我也不可以说什么，因为人类喜欢他呀！

其实,我并不是一个不吉祥的数字,在音乐中,我是"发",是一个很吉祥的数字呀!而且我是这一个世界上不可缺少的一部分呢,少了我,人类世界也会变得不完整呢!

一直到了现在,我的发音和人类对我的一切差评仍然是我的大烦恼,请大家好好读准我的音吧!

教师评语:数字也有烦恼,特别是"4",因为谐音而烦恼。文中小作者介绍了"4"的读音由来,生活中人们对它的态度,同时描写了作为数字"4"的不可缺少,条理清晰,想象丰富。

手机的烦恼

马靖雯

大家好,我是一部手机。最近,我的烦恼越来越多了!哎,我去和我的好朋友——课外书聊聊吧。

"你好呀!课外书!"我说。

"你好呀!"课外书回答。

"课外书,我的烦恼越来越多了!你快帮我想想办法吧!"

课外书说:"你怎么会有烦恼呢?你天天被人们捧在手里,有些人没有了你,根本生活不下去!"

"正是因为这样,我才会有烦恼啊!我每时每刻都要工作,要牢记每一样东西,一天下来,头都要炸了!"我回答。

"我还希望被人捧在手上呢!"课外书无限神往地回答。

"那是因为你只需要被人捧着,但是,我被人捧着还要工作。"

"我也想让主人们多陪陪我啊。"课外书说

"真希望主人们能多陪陪你,让我多休息休息!"

"是啊。"

"我们去草地上玩……啊啊啊——"我尖叫着,"课外书,我的主人来了,我先走了!"

只听到主人说:"总算找着你了,累死我了!"我便跟着主人回到了房间,果然,课外书说对了,主人离不开我呀!

主人打开了我,开始自拍。她先拍了一张一只手比着V字的照片,又拍了一张嘟着嘴的照片。主人关了摄像又开始刷抖音,一会又投入到游戏里,她好像不知疲倦……

我的烦恼有谁知道,我好忙碌,我想休息。

> 教师评语:在生活里有很多人喜欢玩手机,小作者细心观察到这点,以课外书和手机对话的形式,巧妙表达出"多看看书,少玩手机"的希望。

本子的烦恼

陈雪霏

我是一本本子,封面是一幅美丽的画,里面记载着有用的信息。可能你会觉得我长得很好看,我的生活很快乐,但我的烦恼很多,多得像天空中的繁星,数也数不清。

有时,小主人喜欢拿我当图画本,把我身上画得乱七八糟,脏得我洗也洗不干净,让我失去了很多好朋友,还让我被尺子、铅笔嘲笑。我只能躲在书包里,整天垂头丧气、闷闷不乐的。真希望小主人能多关爱我一点啊!

有时,小主人喜欢拿我当草稿本,涂涂画画,字写得横七竖八,别的本子看到我就会一脸嫌弃地说:"你身上的字怎么这么难看啊!你瞧,我身上的字多么公正,多么漂亮啊!"我只能默默蹲在墙角。真希望小主人能多关爱我一点啊！

有时，小主人喜欢拿我当玩具，把我身上的纸一张一张地撕下来，搓揉成一团，成为一个篮球，把垃圾桶当成球筐，乐此不疲地玩着投篮的游戏。若是投中了，他就会自恋地鼓掌；若是没投中，他便会生气地踩我一脚。这时，真希望小主人能多关爱我一点啊！

有时，小主人还会拿我当成武器，把我扔向别人。有一次，我不小心把别人刮伤了，那个人把我用力地扔在了地上，我被丢弃在地上，像个无人关心的孤儿。真希望小主人能多给我一点关爱啊！

我的快乐来自我的小主人，我的烦恼也来自我的小主人，我默默祈祷：小主人，给我多点关爱吧，我会成为你最好的伙伴！

教师评语：本子也有自己的烦恼。小作者用第一人称描述了不被爱护的本子的遭遇，被乱涂乱画，当玩具，当武器，字里行间都是本子的控诉。用四个"真希望"表达了本子的那份无奈，留给我们很多思考。

镜子的烦恼

戴欣妍

大家好，我来自我介绍一下，我是"镜子"，可以让别人清晰地看到自己。人人都有烦恼，当然，作为镜子，我也不例外。

我的小主人是个女生，她有着长长的头发，每次她洗完头吹头发时，总是喜欢把头发吹得乱七八糟，有的头发在空中飞舞，有的头发落在了地上，还有的头发就被吹到了我的"脸"上。"痛！痛！痛！"我忍不住哭喊着，可是小主人还是一个劲吹。我没有办法，只好忍受着迎风吹来的长头发的扑打。这样一直下去可不行，可是我又有什么办法呢？小主人不知道我的烦恼，依旧我行我素，我很无奈。每当这时，我羡慕被小主人摆放在卧室里的漂亮的台灯，能靠近小主人，又能和小主人保持距离。

小主人还有一个坏习惯，就是每次洗完手，不喜欢用毛巾擦手，习惯把手上的水给甩干，这个习惯对于我来说，真是一件坏事儿。因为水就全部甩在了我的"脸上"，难受极了。

小镜子也有大烦恼，不过这些烦恼却使我知道我的价值，我给我的主人带来了方便。小主人常用我照她的可爱脸庞，明亮的眼睛，樱桃小嘴。我也把小主人的一举一动看在眼里。她有时会把房间整理得干干净净，有时会专心地阅读课外书，会和妈妈撒娇，会陪爷爷奶奶聊天。每当这时，我就变成了魔镜，我心里第一百次地告诉我的小主人：你是世界上最美的小女孩。

我希望小主人以后能一直快快乐乐，把这些坏习惯给改掉，永远是世界上最美丽的女孩。

> 教师评语：从镜子的自述中看到小主人的许多优点，也看到小主人的一些坏习惯。短文用镜子的口吻说出小作者对自己的认识，很有意思。

我的烦恼

戴周阳

我是一名五年级的男生，性格活泼开朗。每天在学校里和同学们一起，我觉得很开心。但是，我有一个烦恼：每次考试的时候满怀信心，但当试卷下发时，那可真是惨不忍睹。你看，马上又要到期末了，考试是少不了的，当然也少不了爸爸妈妈的批评和训斥。妈妈一如既往地让我把课内作业写完，再写一些课外作业，所以，我每天睡觉都在九点后。我一直这样想：可不可以把考试这件事取消掉，这样爸爸妈妈就不会批评我了，我就再也不用看到那惨不忍睹的分数了。当然，这是不可能的。

考试时，让我最害怕的就是作文了。因为作文的分数太多，我每

次写作文时都写得很简单,因为我一写作文就很紧张,害怕时间来不及,就急急忙忙胡乱写一通,根本没有好好想清楚,当然字也就写得很丑。妈妈总是对我说,字迹端正,字迹端正……而我一直把这话当成耳边风,下次写时字还是一样。我还有个害怕的地方,那就是阅读题。每次做阅读题时,我也拿不到高分,其实也不是不会做,只是我没有耐心仔细地把文章读完,不会做的不思考就空着,后来就忘记做了。有一次,妈妈拿着卷子火冒三丈地对我说:"你没有不会做的,只是你不认真去做。"我把这句话写在了书本上,每次翻开书都能提醒自己,要认真,要认真!

我希望通过自己的努力,把烦恼解决。

> 教师评语:成长的道路上有许多的烦恼,小作者很真实地写下了自己学习上的烦恼,每次考试前"满怀信心",结果总是"惨不忍睹",也从文中看到了小作者的决心。

近视的烦恼

都婧瑶

在去年,我近视了,是因为写字的时候姿势不对,吃糖吃得太多了,所以导致视力不良。

近视了,戴上眼镜,一点儿也不好看,鼻梁上方会凹进去,而且还要经常清洗镜片。睡觉的时候,放到桌子上,等第二天早上总是找不到眼镜,所以我一点也不喜欢戴眼镜。

不戴眼镜吧,烦恼也不少。上课时,只闻老师其声,看不清老师写的字。有一次,数学课上,忘记戴眼镜了,面积的公式我看不清就估摸着写了一个,果然计算错误,因为不知道公式。不戴眼镜看电视,仿佛要和电视机亲吻,免不了要挨爸爸的"爆栗子"。马路上,错把别人叫外

婆,羞得我满脸通红,落荒而逃。最要命的是和爸爸踢足球,眼镜成了我的累赘,摘了它,当球向我滚来时,我"嗖"地飞起一脚,竟踢了个空脚,都被爸爸笑死了。

近视啊,一点儿也不好,现在才知道眼睛的重要性,我要更加保护自己的眼睛,不然,人生一点儿意思也没有了。

> 教师评语:近视的确有许多的不方便,小作者把近视的麻烦一一罗列,真切体会到近视一点也不好,从中懂得了保护眼睛的重要。

语文书的烦恼

葛澜欣

大家好,我是语文书,我有各种主人。小主人有时对我很爱惜,有时却不把我放在眼里,这也是我最大的烦恼。

其他的小朋友都给他们的语文书穿上了两件新衣服,但是我的小主人却没有,只是给随便套了件透明的衣服。我的衣服很薄,刚开始的时候,能一眼看到我封面上的图画。但是没过多久,我的衣服就脏了,模糊了,甚至上面还有一些污渍。小主人有时在我的衣服上贴上一些粘粘纸,时间久了,也变得又脏又丑。后来,我身上的衣服也不见了,我就裸露在外面,时间久了,我的脸上、身上都是灰蒙蒙的,难看极了。

小主人喜欢画画,有时会把我身上的小女孩、小男孩画成难看的老太婆、老爷爷。有一次,小主人和小男孩吵架了,开始,他们只是动口。后来呀,小主人拿起我就丢了过去,我飞在空中的时候,我祈祷千万不要打到别人,当我落地的时候,我又希望千万不要掉在水里。我很烦恼!

我希望我的小主人能够每天都爱护我,喜欢我。

乌鸦的烦恼

金 灏

我是一只乌鸦,在森林里,我长得丑,叫声还不好听,是个不吉祥的鸟,是人们讨厌的动物之一。动物们老是嘲笑我,我只好离开森林,去城市里看看。

在去城里的路上,我遇到了黄莺,黄莺问:"你去哪里呀?""我去城市里,听听人们对我的看法。"我说。"那你可以学学我的叫声呀!"黄莺说。我想:声音已经这样了,我还是听听人们对我的看法吧。

我喜欢孩子们,我飞到一家幼儿园的窗户旁,老师正在给同学讲故事:狐狸对乌鸦说:"你是世界上最美丽的鸟了,而且你的叫声也很动听,我能听听你的叫声吗?"乌鸦得意忘形,刚张开嘴,嘴里的肉就掉了下去,狐狸叼起肉逃之夭夭了。同学们开始窃窃私语:"我在电视里见过乌鸦,它很黑、很丑,没想到它被夸一下就得意忘形了。"我很伤心,安慰自己说:"幼儿园的孩子还不懂我,我还是去小学吧,也许他们还能懂我一点。"

我飞进一所小学,他们正在背马致远的《天净沙·秋思》:"枯藤老树昏鸦……"有的同学说:"第一句是给人凄凉、荒凉的感觉,特别是'昏鸦'这个词。""可恶,你们为什么老是这样说我啊。"我自言自语。

哎……你们为什么老是说我的坏处啊,而不是想到我扔石子,最终喝到水的智慧呢? 你们老把我说得很差,这让我很是伤心呢!

教师评语:在人们的印象里,乌鸦给人的感觉总是不那么舒服。在文中小作者用我们耳熟能详的故事写出了人们对乌鸦固有的印象,同时也想为乌鸦正名,乌鸦也是智慧的鸟类,描写很有意思。

乌鸦黑黑的烦恼

盛沈乐

大家好! 我是一只小黑乌鸦,我的名字叫黑黑。

我很爱问问题。我为什么这么黑? 我的祖先也是黑的吗? 我为什么不能长出白的或五颜六色的羽毛? 我的叫声为什么不能像夜莺的歌声那么动听? 为什么童话中,我总是表现出不好的一面?

我有很多烦恼。我到森林里去找小动物们玩儿,都没有小动物愿意和我玩,都嫌弃我。我飞到人类房子的屋顶上边站着休息时,我只要发出一点叫声,人们就会用石头砸我,好点的人只是想把我赶走罢了,但坏点的人想把我砸伤。我想对人类说一声:"我也是有尊严的,别老是看不起乌鸦,每个动物都是平等的。"

我们乌鸦也是聪明的鸟,大家听过《乌鸦喝水》的故事吗? 我们用巧妙的方法喝上了水,在有的民族里,我们还是吉祥鸟呢!

在世界上每个东西都是平等的,如果不平等,世界就会乱成一片,我希望我们乌鸦也有属于自己的地位。

教师评语:文中写了一只爱问问题的小乌鸦,因为不被别人喜欢而烦恼的乌鸦。小作者写清了乌鸦的烦恼,介绍了乌鸦的其他特点,也希望乌鸦能被人们重新认识。

乌鸦的自述

施沁蕊

　　我是鸟类中人们不怎么喜欢的鸟之———乌鸦，大家都认为我代表的是不吉的寓意，书上说我的鸣叫是悲伤的，还有人说我是地狱的使者，代表死亡，那些离世的人都会看到我，这根本就是谬论。你们不知道吧，其实我是一种吉祥鸟，我根本就不是什么象征死亡的鸟，我在英国是圣物，乌鸦在英国王室被视为宝贝。

　　我是众多乌鸦种群中的一只，我的大名叫小嘴乌鸦，小名叫小集。别看我们的嘴巴小小的，但是很有力。我们喜欢群居，有一天，我们飞到了城里，早上，商人起床推开门，看到我马上就把门关上了，他说，他看到我生意是会亏本的。一个妈妈看到我马上抱紧自己的孩子，她说，如果晚上做梦，梦到我，娃娃是会生病的。可是你们不知道，我们是孝顺的典型，当我们的父母年纪大了，老了，病了，无法觅食的时候，我们儿孙辈的乌鸦，不但会给父母寻找食物，而且会把食物给弄得很可口，像人类养育子女一样给老乌鸦喂食。我们终生都是一夫一妻，而且智力超众，能完成很多复杂的举动，我过马路会等待红灯，有人说我们是人类以外智商最高的动物。

　　如果你看见了我，不要害怕，我和其他的鸟类一样，是人类的好朋友。

　　教师评语：乌鸦被定为祸兆，有时人们的认知是片面的，文中小作者通过乌鸦的特点的介绍，乌鸦在西方的地位，以及"鸦反哺"的典故，让我们更全面地了解了乌鸦。

蚂蚁的烦恼

吴 乙

大家好！我是一只蚂蚁，我们蚂蚁家族很庞大，我们团结，我们友好，我们坚持不懈！人类学习我们的肢体语言，观察我们的生活习性，甚至用我们来判断未来的天气情况！当你们羡慕我们无忧无虑的生活时，其实我们也有烦恼！

你们脚下的一片芳草地对于我们而言却是一片大森林。我们走在路上，要时刻警惕危险的到来！一群很威猛的动物来啦！赶紧跑！不不不，不能跑，完全跑不过它们，要么躲到一片叶子下面，完全看不见你，要么站在原地蜷缩身体，利用细小的身体伪装成一粒沙子。万一被发现百分之一百吃掉你，让你参观参观它的肚子到底有多大！

前方的蚂蚁兄弟来报信了！我们的天敌——一群小朋友来啦！一双双大脚震得大地颤动起来，大家不要待在原地，赶快跑，躲到一个看不见的地方去！如果被他们发现，他们最喜欢用水来禁锢我们，那可是最可怕的游戏，因为我们是不能触碰水的！一个黝黑发亮的东西向我们靠近，放弃吧，似乎已经走投无路了，貌似手机摄像头，人类太喜欢观察我们了，其实，我们也不喜欢成为网红！

我是蚂蚁，我也有烦恼，我不想被过多关注，我只想继续渺小！

教师评语：原来，小小蚂蚁也有烦恼，害怕被大的生物袭击，害怕被人们过分关注，小作者在最后，让小小蚂蚁吐露心声，做自己，不被打扰就好！

书桌的烦恼

徐孟哲

大家好！我是一张在你们看起来很普通的书桌。

去年，主人把我从家具市场买来时，是崭新的。小主人似乎很喜欢我酒红色的外表与香樟木的香气，每天放学都在我身上写作业，有时还会趴在我的肩膀上打瞌睡。

但是，时间一久，小主人便失去了对我的好奇心，对我变得粗暴起来：拉抽屉时非常用力，弄伤了我的胳膊；无聊时，他还会用小刀在我的脸上画画，刮花了我的脸……

我身上变得坑坑洼洼，四只脚有些不平，会左右摇晃。小主人到我这儿来的次数变得越来越少了，他将目光聚集到了自己房间的一张新买的彩色塑料桌上。

我越来越得不到重视……

终于有一天，主人来到我身边，他自言自语地说："这桌子太旧了！"便把我搬起来，放进了另一间漆黑的房间里。

原来这里是一间储物室，我在这儿交了许多好朋友，有茶杯、乒乓球……我们时常回忆着自己以前被"宠爱"的日子。但是慢慢地，我身上放满了不用的东西，压得我喘不过气来。我试图抖掉它们，可它们实在是太重了。有时，我甚至想放弃自己——折断两条腿，但又想到我是一张桌子，应该履行自己的职责，就打消了这个念头。我常常想：在这里，我还会待多久？最后，我又会去哪里？

这就是我——一张你们看来很普通的桌子，这就是我的烦恼。

教师评语：这是一张桌的自述，崭新时主人喜爱，破旧时主人冷落，最后又会去哪里呢？生活中就有许多这样的旧物，小作者能细心发现，并把自己代入其中，写出了那份无奈。

我的烦恼

徐梓诺

灰蒙蒙的天空，飘落着大片大片的乌云。"小小少年，很少烦恼"，优美的曲子从音乐盒里发出。谁说小小少年没有烦恼，比如我，就有很多烦恼。烦恼就像生活中的一个障碍，又厚又重，压得我喘不过气来。它使我迷茫，使我愤怒，也让我无助。

还记得有一次，数学成绩考得很不理想，我就偷偷地、快速地把试卷揉成了一团塞到书包的角落里，蒙混过关。妈妈叫我把试卷拿给她看，我涨红了脸，慢吞吞地把纸团拿给了妈妈，当妈妈一看，火冒三丈，严厉地说："你晚饭别吃了，好好反省一下自己！"我，可以说身经百战，每次都是凯旋，因为咱学习好呗！但这次，唉！马失前蹄呀！如果当初我再用心一点，上课时再认真一点，那也不会考得让妈妈失望了。一个杯子摔碎了，你还能把它贴得完完整整吗？不！它最终也不能像以前那样了。"雷雨"中，我悄悄地把这次考试的情况写在了我的日记本上：

看看这张皱巴巴的试卷，我忐忑不安，后悔了！考完试后，再认真检查几遍，就不会考得那么差了呀！我想！我要吸取这次惨痛的教训，认真、仔细地对待每一题，不会再掉以轻心了。

数学，我的烦恼，一定要把你解决！

我的一片广阔的天空里，有目标，有快乐，有烦恼，只有经历了风雨才能见到彩虹哦！

教师评语：小作者从一次数学考试的不理想，写出了学习上的烦恼。烦恼就像头顶的乌云，雨下了，乌云就散了。小作者会反思，会把压力变成动力，相信很快就会雨停云散见彩虹。

仙人掌的烦恼

郑子怡

仙人掌绿绿的,身上带着尖刺,不需要水,一样可以坚强地存活下来,可你知道吗? 它也有我们从未知晓的烦恼。

它也会想自己可以变得好看一点,可以吸引人们那么挑剔的眼球,但它做不到,因为这实在太困难了,它没办法脱胎换骨。

在仙人掌旁边,有一盆娇滴滴的玫瑰,它生得让人怜香惜玉,捧在手上就好似一块宝贝,极其珍贵。仙人掌见了以后,更加对自己没信心了,自己那浑身的、让人不敢触碰的尖刺,怎能与玫瑰相提并论啊? 这简直是胡扯嘛……还跟它处于同一屋檐下,真是"鲜花"与"牛粪"。

日子如同千里马奔驰而去,转眼间,玫瑰变了许多,往日鲜艳的大红色一下子变成了枯萎、凋落的枯黄花瓣,"换装"就如同昨日,还没等你好好欣赏它,不争气的玫瑰就先以凋零告终。仙人掌呢,那些小尖刺自然是不会变的,但它换了身新衣裳,翠绿的大衣瞬间让仙人掌充满了精气神,像打了鸡血一般,生机勃勃,无比讨人喜爱。

仙人掌虽然不是娇艳或清新的花,但它顽强的精神,不畏自己的弱小,勇敢地一步一步往上爬,也许它犹如一只蜗牛,辛辛苦苦地前行,始终比不过豹子的简单一跃,但世间万物又何尝是千篇一律的? 只要你用了自身全部力气,就算没有让你仰天长啸的回报,也有让你心中一暖的意外,没有任何人天生就是强大的,也没有人天生就是弱小的,无非是一开始就使尽全身力量的勇气,仙人掌就是最后成功、最闪亮的,即使在万花丛中一点绿的,也是与众不同的胜者。

烦恼并不可怕,再强大的人,再弱小的人,同样都有他们生命中的烦恼,都是当作生命中不可缺少的一部分。

教师评语:世间万物皆有烦恼,仙人掌也是。在小小仙人掌身上,小作者读到许多人生的哲理,有时我们以为的困扰,假以时日可能会变成优势,时间会给我们最好的答案,不要沮丧,生活会给坚强的人更多暖意。

小狐狸的烦恼

周罗正杰

我是一只小狐狸。有一天,一个小姑娘在窗口看见了我,说:"哇!那只狐狸真幸福,能在外面自由自在地玩耍,而我却只能在家做作业。"

什么? 我还非常羡慕你们,你们不用像我一样受苦。大家都听过乌鸦和我的纠纷吧,说我们把他口中的肉骗走,走到哪都被别人叫骗子,天天背着骗子的黑锅,真叫我烦恼呀!

我走回森林里,看见了猎人。猎人也看见了我,拿着猎枪来追我。我吓得直跑,落入了坑里,眼看猎人马上就要追到我了。我迅速钻进树丛里,一动不动。这时我爸爸、妈妈赶来了,与猎人斗智斗勇,爸爸一会跳到坑里,一会跑到树边,吸引猎人的注意。妈妈闻着气味找到了我,带着我飞快跑回洞里。妈妈对我说:"人类的世界很可怕,我们再聪明也要绕着走!"我们在洞里一直等着爸爸,我想对你们说:"我们不是坏人,我的爸爸很爱我,他是看我肚子饿了几天,才去骗乌鸦的肉。"

有人说我们狡猾,借着老虎耍威风,但我们也是为了生存,不然怎么虎口逃生呢? 希望你们体谅我们,不要再说我们坏了。

> 教师评语:在我们的世界里,总觉得狐狸是狡猾的。小作者用一个大狐狸救小狐狸的故事,写出了动物的爱,试着用自己的方式解释了《乌鸦和狐狸》《狐假虎威》故事中狐狸的无奈之举。

小溪的烦恼

倪欣儿

我是一条小溪。我坐落在村庄的南面。每年春天,我总是唱着欢乐的歌,快活地流淌。周围一片绿色,一片芳香,小鸟儿都在树上筑巢安家,这儿成了鸟的天堂,不时传来鸟鸣声。我清澈见底,鸟儿们经常来这里欢快地玩耍。

后来,不知从什么时候起,人们总是拎着斧头来这砍树、摘花、踩草,就这样绿色天堂被夺走了。我哭诉道:"人类啊,树木能产生新鲜空气,花朵能给你们芬芳,青草能使你们心情舒畅。"没有树木,没有鲜花,也没有青草,小鸟们也回忆着过去,恋恋不舍地飞走了。我更孤独,更悲伤了。而且,人们还把垃圾往我身上倒,让我变得浑浊不清,我悲伤地想:"过去是多么美好,有树、有花、有草、有小鸟陪我,我生活在天堂里,可是现在都消失了。"想着,想着,我流下了痛苦的眼泪。

渐渐地,人们意识到了自己的错误。于是,他们开展了"五水共治"工程,把我身上的垃圾清理干净了,不再往我身上倾倒废物,让我浑浊的水变清澈了。在四周种上了树苗、花种和绿草。还立了一块告示牌:"请保护好我们的家园。"不久,这里又变成了从前的模样,成了鸟的天堂,我的乐园。

教师评语:小作者把自己想象成了一条小溪,通篇采用拟人的手法,向人类控诉了他们破坏大自然的恶劣行径。通过小溪模样前后的变化,唤醒人们要保护我们的山、水,保护我们共同的家园。结合县里开展的"五水共治"工程,增强大家的环保意识。(指导教师:潘雪华)

老虎的自述

邹致博

我是一只老虎，从小就生活在大山里，山上的巨树与我为友，河里的鱼儿给我做伴，所以我一直无忧无虑，自由自在。

后来，随着时间悄悄溜走，我也成了一只半大的小老虎，一声吼叫，虽不能地动山摇，却也有一丝王者的影子。

不知从哪一天起，山中的朋友越来越少，山中的另一家老虎也不见了踪影。

后来，有一种极其害怕老虎的叫作"人"的生物经常来到山里，看着他们拿着一根"棍子"对着我。然后只觉一身麻木，我顿时四肢无力，承受不住身体的重量，我向一边倒下……

下一次拥有知觉，是在一个小房间里。隔壁的人"叽里呱啦"地说话，让我觉得很不安，他们不是害怕老虎吗？他们手里的东西是什么？我在哪？一连串的问题在我脑海里浮现。

我睡了一觉，醒来时门已经开了，看到那些人，我想一下子扑上去，但无奈实在是没有力气。那人好像吓了一跳，眼神里露出一丝恐惧，随即又露出一丝微笑。"不许笑！不许笑！我要让你们好好了解一下，你们抓的是老虎！"我大声吼叫着。那人轻蔑地看着我，将我拉进一个笼子。他们拉着我，走进了大山。然后，周围热闹了起来，这里挂着我以前朋友的尸骨，我在所有气味中闻到了一股熟悉的味道——是老虎的味道！是这里有杀手，猎杀了所有的动物？还是……我不敢再去想了，谁能杀死老虎呢？那股味道渐渐变浓，什么！那只是一张皮！我感到恐惧，他们敢杀死老虎！我用力挣扎，挣扎，挣扎！直到我用尽了全力……

我闭上眼睛等待死亡的来临，却听到有东西冲来的声音。我用尽力气睁开眼，又发现了一群拿着枪的人，还看见抓我的那些人都抱头求饶。我想，我的末日也许到了，失去了所有，活着又还有什么意义呢？

不知为何,他们不动手,而且还给我吃上好的食物,请人给我按摩。是想把我养胖了有多点肉吧。我不会让你们得逞的!那些穿着白衣服的人愁眉苦脸,大概是嫌我不长肉吧!

又是好久,我回到了已经"空无一人"的大山,我又恢复了自由,冲向了大山深处。我穿过河,越过山,没有目标地狂奔。我耗尽了一切力气,倒下了。我看见所有朋友向我招手,我身体轻飘飘的,渐渐飞上天空,穿梭在云间……

教师评语:老虎,山中的王者,可是这样的王者却越来越稀有,有的种类已经濒临灭绝。小作者正是看到了这一点,所以通过一只老虎讲述自己被抓,甚至差点被猎杀,最后侥幸逃生的过程呼吁所有人要保护动物,不要让老虎在地球上消失。(指导教师:应珏丽)

有点启示

指导教师　沈末琴

　　有这样一本书——书中没有一个字，却处处是学问；书上没有作者的名字，但每个人都是书的作者。这本书的名字叫"生活"。"生活"是一本永远读不完也读不够的书。善于读这本书的人，就能参透人情世故，体悟成败之理。孔子周游列国，告诫弟子"三人行必有我师焉"；苏轼游览庐山，引发了"只缘身在此山中"的思考……一本"无字之书"，能让人丰富知识，充实思想，陶冶情操，坚定品行。

　　在人生的路上，我们一路行走，一路采撷，小心地收藏起令自己心动的点点滴滴，将来它便是一笔丰厚的财富。

中　奖

韩思怡

国庆小长假中的一天，我们一家四口去商场买新衣服。

我们先去四楼男装铺。爸爸兴致勃勃地试着衣服，妈妈也指手画脚地帮着参谋，而我却对这长长短短的衣服丝毫提不起兴趣，无聊地站在旁边的收银台看阿姨收钱。收银台的阿姨眼睛看着电脑，手却在键盘上健"指"如飞，灵活地操作着键盘，统计着数据。等钱收好了，收银台阿姨就会送给顾客一张"精美礼品"的赠品券和一张抽奖券。看着这些纸券一张张地从这只手递到另一只手时，我别提有多羡慕了——要是我们也能得到其中的一张，那该有多好啊！

轮到爸爸付钱了，爸爸居然也得到了一张赠品券和一张抽奖券。我一把夺过这两张券，高兴得蹦了起来！我赶紧拉着爸爸去抽奖。虽然从四楼到二楼只有一段路，可是我恨不得脚上长个风火轮，马上飞到礼品兑换处。我一边乘着电梯，一边打起了如意算盘：会送啥呢？ 一个大毛绒娃娃？ 一支自动铅笔？ 一块巧克力？……

好不容易到了兑奖区，我赶紧把紧握着的赠券递给了营业员。没想到，换来的竟是一把小得可怜的塑料梳子。"唉！ 怎么就送这么一个东西啊！ 没劲！"我顿时就像泄了气的皮球，失望极了！

营业员阿姨似乎看出了我的心思，笑着说："小朋友，你还可以抽一次奖哦！""真的？"我激动地喊道。阿姨的提醒像一支强心剂，让我一下子又兴奋起来。我双手合十，默念了几句后，伸出手指点击了一下键盘，只见屏幕快速地转动起来，一颗心仿佛要跳出嗓子眼了。又点了一下，指针稳稳地对准了"一等奖"三个字。我简直不敢相信，睁大眼睛仔细看，确实是一等奖。恍惚中，我又听见营业员说1000元。我欢呼雀跃，爸爸妈妈却在一旁笑起来了："傻宝贝，不是你中了1000元，而是买这个柜台里的玉器可以抵1000元！"再看看这些玉器标价都是要四五千呢！ 这不还要倒摸出三四千块钱吗？ 再说，这些玉器既不能吃又不能

玩,买回去又有啥用呢?望着柜台里这些冰冷的石块,我的心也凉了半截。可是那营业员阿姨却满脸堆着笑,仿佛比自己中了奖还高兴,一个劲儿地说:"你的运气这么好,中一等奖可是不容易的!这么好的运气,还不赶快买一块回去呀!"阿姨的话似乎又将我说动了,我呆呆地杵在那儿,半天没挪动脚步。妈妈见我还不死心,笑着把我拽走了。下了电梯,妈妈告诉我她在这里也抽过两次奖,每次中的也都是一等奖!啊?!原来是这样啊!我恍然大悟!这个"中奖"原来只是他们的一种销售手段呢!

此次"中奖"让我不虚此行。今后的生活中我一定还会遇见像今天这种中奖的事情,但今后我一定会深思熟虑,因为"天上不会掉馅饼"!不要贪图一时的便宜而因小失大呀!

> 教师评语:摸奖促销是商场惯用的一种商业手段,但小作者用儿童的眼光观察世界,用幼稚的心灵感受生活。孩子起起伏伏的心理变化细腻传神,朴素直白的语言透露着童真童趣,但恰恰从这份童真中反衬了一个纷扰繁杂的俗世,立意深刻。

仙人掌的启示

周博文

在我家的阳台上,有一盆高大挺拔、粗壮且生命力顽强的仙人掌。它不知经历过多少次的狂风大作、电闪雷鸣、天寒地冻、干旱酷热的苦难,是一位坚强不屈的勇士!

在它刚光临我家时,是春暖花开,却潮湿多雨的季节。那盆仙人掌经历着绵绵不绝的阴雨天,一天一天地忍受着水的折磨,几次都差点儿淹死,但它那顽强的意志却一直告诉它:"活下去!活下去!一定要挺住!"

到了暴雨肆虐却异常干旱的夏季,花儿们在三十七八摄氏度的气

温熏烤之下垂下头来,过几天就干死了。再来看看仙人掌,它脚下的泥土是那样干燥,裂开了好几道口子,这盆仙人掌才能更好地为以后的生活打下基础?"暴风雨来了!"我们一家大叫着,迅速地把阳台上的花儿全部搬回家,唯独落下那盆仙人掌,风像虎啸似的刮来,仙人掌的盆子已经被吹出好几米远,而它又一次依靠自己的意志力存活下来。

天寒地冻的冬天来了。这时阳台上已没有多少植物,只有阳台上的仙人掌和小区的竹子还活着。那天的雪下得比2008年那场都大,道路结冰,哪里都是白茫茫的一片。那时,仙人掌的身上已积满厚厚的白雪,就在我认为它已经没救时,奇迹发生了,在那个肉鼓鼓的小球上,开出了一朵灿烂的小花。

仙人掌依靠它坚强的意志,度过了风欺雪压的日子,最终开出美丽的花朵。我们的生活中,也有许多伟人有这样的品质:居里夫人为了提取纯镭,长期被辐射;诺贝尔为了发明炸药,炸翻了五栋实验楼,炸死了五个助手,连最小的弟弟也不幸遇难,他的父亲接受不了现实,不久后也病死了;爱迪生为了发明电灯,差点儿搭上自己的性命……

这样的人还有好多,他们都有一个共同点,不因为几次失败而放弃,坚持到底,最后获得成功。我们也要学习这种珍贵品质。

> 教师评语:文章通篇采用对比,充分体现了仙人掌的坚强意志。多处运用比喻、拟人等修辞手法,语言生动形象。结尾由仙人掌联想到生活中伟人的品质,感受深刻,并升华了中心思想。

跑步的启示

徐子涵

"走啦!我们出去跑步。"今天是我第一天加入爸妈的跑步锻炼队伍,兴奋得大喊着就换鞋冲下楼。

054

"既然你要跑步,就一定要坚持到终点,中间可不能半途而废噢。"老爸在后面追着说。

"放心吧!我可厉害了。"我不在乎地说着,其实心里打起了小鼓:终点在画溪大桥,那离家可有一公里多,一口气跑到还真不是件轻松的事,但我愿意全力一搏。

一开始,我就憋足一口气,用尽全力把爸妈直接甩到"千里之外",路边散步的人们都被我一一甩在后面。可没跑多远,我就感到心跳加速,呼吸困难,腿开始发软,脚步越来越沉重。我张大着嘴,拼命喘气,好像被扔上岸的鱼一般开始缺氧。渐渐地,我的脚步也越迈越慢,越跨越小,只能靠意志坚持不让自己停下来……很快,爸爸妈妈就超过了我,还转过头来对我喊着:"小伙子,加油啊!"这时我抬起头来看看四周,发现已经快到河边的亭子,心里默默地估算了一下,离画溪大桥的距离大概只有300米。我咬了咬牙,加快了步伐,死命往前冲,速度越来越快,路灯在我的眼前闪过,过了拐弯,画溪大桥那拱形的影子出现在我的视线里,越来越大,它从一条小蛇逐渐变成巨龙……

我回头看了一下身后跑过的路,原先看起来几乎不可能完成的事情,通过坚持不懈的努力,取得了成功。跑步是这样,生活不也如此吗?

> 教师评语:把一次跑步写得非常生动具体,不论是开头我"口是心非"的心理描写,还是中间跑步过程的描述,都十分真实,特别是最后即将到达终点的比喻句用得很传神。

"美容"记

杨烨鑫

爱美之心人人有,每个人都喜欢让自己变得更漂亮,如果你的脸长得很漂亮,那你的第二张脸(写出来的字)美不美呢?我的脸不怎么好看,但我的"第二张脸"还是可以看看的。接下来,你们就来听听我的"美容"记吧!

我从三年级开始练字,还不是因为那个时候的语文老师说我字烂,写得快的时候像鸡爪在上面爬,像鬼画符一样,别提有多难看了。于是,妈妈给我买了本字帖,叫我照着字帖临摹。一开始,我是比较有耐心的,一笔一画地认真写,写得还比较像样。妈妈看了以后,满意地说:"写得不错,再接再厉!"我听了,不禁得意扬扬起来,心想:既然妈妈都夸我写得好了,还有啥好练的呀!写完了刚才的那一纸后,我就甩笔"罢工"了。

因为工作繁忙,妈妈一连几天都没有检查我有没有练字。有一天,妈妈突然心血来潮说要看一下我的练字本。这下,我可是有点儿孙悟空大闹天宫——慌了神,心想:妈妈肯定会给我来一顿竹板烧肉的。见我目光躲闪,面露难言之色,妈妈已猜了个八九不离十。想不到妈妈既没打我也没说我,而是和颜悦色地拉起我的手,我心里的这块石头总算是落下了。妈妈问我想不想练好字,我不假思索地回答道:"想啊。"然后妈妈就语重心长地跟我说了一个古代大书法家王献之练字的故事,我听了以后有所感悟。之后每一次的练字我都不落下,经过一个学期的勤奋努力,我的书写水平从"青铜"变到了"王者",老师和父母都夸我是个小小书法家。

"宝剑锋从磨砺出,梅花香自苦寒来。"从练字这件事中我获得了一个受益终生的启示——做一件事,只要坚持不懈,就会获得成功。

> 教师评语:小作者从自己真实的练字经历中懂得了练字的重要性,描写生动,语句通顺。希望他能继续坚持下去,把字写得更加漂亮,成为真正的"王者"。

细节决定成败

尹 璐

那天,我们要进行数学单元测验。上课铃一响,同学们就急匆匆地回到座位。教室里,有的人在临时抱佛脚,拿出数学书手忙脚乱地翻阅着;有的人摇头晃脑地背诵着数学公式;还有的人淡定地端坐着,一副胸有成竹的样子。

老师夹着卷子不紧不慢地迈进教室,环视四周后,默默无语地将卷子发了下来。我前后扫了几眼,觉得挺简单的,连附加题都没有,心想这次一定能考一百分,就稳操胜券地开始做了起来。

我一目十行地读着题,做得十分流畅。一题一题下来,几乎没有不会做的题,只在"解决问题"这类题目时放慢了速度,认真了些。不一会儿我就做完了,大概地扫了几眼计算题,重点检查了分数较多的大题,觉得没有错误后,就开始期待卷子上那个鲜红的"100"分,想着想着,忍不住咧开了嘴。剩下的大把时间我一会儿翻翻试卷,一会儿掰掰手指头,一会儿玩玩铅笔,把它拆了又装,装了又拆。时间过得可真慢啊,距离结束还有十几分钟呢,真无聊!我索性把笔一扔,趴在了桌子上。

终于,测试结束了。我扔下试卷就去找同学,兴奋地跟他们对着大题的答案。一题,两题,我全都对了,我高兴得手舞足蹈起来,心想:这稍难的"解决问题"都全对了,其他的题目肯定都对。我嗅到了胜利的气息,兴奋得像只小猴子,再也坐不住了。

但事实往往不会如我意,快放学的时候,卷子发了下来,展现在我眼前的不是"100",取而代之的,是一个鲜艳的"96"。我简直不敢相信,晃晃脑袋,揉揉眼睛,可眼前还是刺眼的"96"。我犹如被人迎面浇了一盆冷水,彻底地呆住了。我皱着眉头把试卷翻得哗哗响,前后翻看是哪里错了,不是"解决问题",不是选择题,不是填空题……啊!竟是两道简单的计算题,只不过少了个小小的小数点!如果考试时能认真地检查一下,而不是在那玩,在那浪费时间,100分不就是我的吗?试卷一旁的"—4"像是在嘲笑我不够认真,不够仔细一般……

这次考试让我明白:对待任何事都要认真仔细,不管这件事是大是小。再小的事不认真,都有可能成为你通向成功的"绊脚石"。"细节决定成败"!

> 教师评语:事件虽小,但描写具体,尤其是细致地捕捉到"我"内心的变化,跌宕起伏,读起来很生动。

半途而废非好汉

林子祺

虽然我很早就学会了游泳,但是,第一次学游泳的情景,我至今依然记得。

那一年夏天,天气十分炎热。外公说,他要带我去游泳。我听了,乐得一蹦三尺高。

来到游泳馆,水池里人多得像下饺子。瞧他们有的奋力滑动双臂,有的自由拍打两腿,有的悠闲浮于水面……看得我羡慕不已。没有游泳圈的"钳制",游起来一定很爽。正好,外公毛遂自荐,主动提议要当我的教练,我的心里自然十分高兴。但外公在一旁说了点啥,我是一句都没往心里去,只是一个劲儿想:游泳不就是在水中闭上眼,使劲用手拍打水面吗?没什么难的。我这样想着,便不顾一切地纵身一跃,一个猛子扎进水里,哪知身子像块石头一样直往下沉,耳边响起串串水泡的"咕咚"声。我急了,慌乱地挣扎着,幸亏水不深,两脚着地后站起身,刚好将头部露出水面。一阵急咳后,只觉得鼻子又酸又痛,我捧着怦怦直跳的小心脏,害怕地逃往池边,不禁打起了退堂鼓。

外公一把攥住我,厉声喝道:"不准退缩!半途而废非好汉!"外公的命令不得违抗!听了他的话,我下定了决心,一定要学会游泳,一定要当

好汉。不知经过了多少次的失败,也不知呛了多少次水,通过长时间的坚持和努力,我终于学会了憋气,可以像一块海绵一样浮在水面上了。

接下来就要学游泳姿势了。根据外公的指导,我试着游了游,发现游了半天,才前进了一点点,有时甚至还在原地。难道我真的不是一块游泳的料? 就在我有点儿泄气的时候,耳畔又响起来外公的那句话——"不准退缩! 半途而废非好汉!"这句话犹如黑夜里的一道闪电照亮天空,犹如沙场上的一阵鼓声催人奋进。我又重拾信心,调整状态,加紧训练。我不仅虚心接受外公的建议,还常常默默地去游泳教练那里"偷师",再结合自己的经验,最后终于游得又快又好了。

现在,我的游泳技术越来越高超了,我谙熟于狗刨、仰泳、蛙泳等各种游泳姿势,终于也能像小鱼儿一样自由自在地在水里遨游。每每畅游于水波之上,我都会打心眼儿里感激外公,若没有当年那句"半途而废非好汉"的激励,就不会有今天的本领。

有句话说"贵在坚持、难在坚持、成在坚持"。对此,我深有体会。

> 教师评语:小作者通过回忆,真实地再现了当年学游泳的经历。文章反复出现外公教育我的那句话——"半途而废非好汉",强化了凡事"贵在坚持、难在坚持、成在坚持"的人生启示,中心明确。

运动的启示

朱兆禾

今年暑假,为了提高我运动方面的能力,妈妈给我报了一门专门进行体育活动的训练课。

第一堂课,有一个非常费力的跳上跳下的动作。刚开始练的时候,我还不觉得累,可连续跳了一段时间之后,我感到头晕眼花、呼吸困难,整个人非常不舒服,感觉再跳下去的话就要神志不清,活活跳"死"了。

真想停下来不练了，后来，直到休息了好长一段时间，我才缓过神来。教练告诉我说，是因为我的呼吸方法不正确，导致缺氧才会头晕眼花的。那时候，除了不会"呼吸"，肺活量小外，我的协调性也是非常差，简单的开合跳也需要停顿才可以跳完全程；我的韧带也很差，每次压韧带的时候，小腿下面会像针扎了一样疼；我的手臂力量也很弱，俯卧撑都做不了几个。

现在，我已经坚持训练了一个多季度了，各项指标都在慢慢提升。肺活量可以达到2800毫升，跳绳半分钟能跳80个，仰卧起坐一分钟最多能做50个。手臂力量也提升了许多，俯卧撑可以做25个以上。柔韧性也有明显提高，拉韧带的时候，在脚尖尽力往前伸的情况下，用手也可以轻松地摸到脚尖。要是做训练协调性的运动，我基本上都可以非常轻松，并且不间断地完成了。做这些训练的时候，总是出许多的汗，但是每一次出汗都出得非常痛快。

每当我遇到困难的时候，就常常会想起我运动训练这件事情。从刚运动时非常累到现在运动起来很轻松，我经历了很多困难，但我都咬牙坚持下来了。我想，坚持就是胜利，所有事情只要认真地坚持下去，肯定会有成功的那一刻。

> 教师评语：通过运动，孩子各方面的变化提升是明显的，正如他文章里说的。肯坚持、能坚持，既是教练对他运动表现的评价，也是他运动得到的切身体会和感悟。"坚持就是胜利"，运动如此，学习生活亦然。

我家的金鱼

时陈昊

我们家里有三条小金鱼，它们活泼可爱，十分漂亮。

这三条金鱼，分别叫"黑尾""小葡萄""小萝卜头"。它们眼睛亮亮

的,像一颗颗珍珠在发光。它们很特别:"黑尾"顾名思义,它长着一条黑尾巴;"小葡萄"有一双乌黑发亮的小眼睛;"小萝卜头",为什么要这么叫它呢?因为它长着一双红红的小眼睛。这三条金鱼身体是红红的,腹部有一块白的。它们的样子格外漂亮,非常迷人。那一片片鱼鳞,在阳光的照耀下,闪闪发光,像穿了一身红铠甲。

它们不仅长得好看,而且还非常有趣。

每当我喂它们吃东西的时候,它们总是把渴望的眼神投向我。当我把鱼食撒在水中的时候,小金鱼们就会蜂拥而上,争先恐后地抢着鱼食,生怕被别人抢走了。它们吃东西的时候,嘴巴一噘一噘的,可爱极了!它们圆圆的嘴巴一张一合,非常有节奏,貌似在不停地喝水,其实是在呼吸。有时候,它们在鱼缸里自由自在地游着,整日游手好闲。它们在水里把尾巴摆来摆去,姿态优美,那灵活的尾巴,好似一把大扇子,又好似一个螺旋桨,游起来时像一朵火烧云,在天空中漂浮着。看着它们的小嘴一张一合,不时吐出珍珠般的小水泡,使我们一见就生爱慕之心。

养金鱼给我带来了许多乐趣,在精心喂养小金鱼的过程中,我也明白一个道理:用心对待自己的朋友,就会给自己带来更多快乐!

> 教师评语:文章从小金鱼"长得好看""非常有趣"两个方面生动地描写了家里的小金鱼。其中第三段的过渡段自然引出下文,也提炼了主要内容。第四段运用大量的比喻,形象地写出了小金鱼的可爱有趣,颇具美感。

考试给我的启示

金雨诺

我的学习生涯中,经历了无数大大小小的考试,只有一次考试深深地映在我的脑海中,这次考试让我体会到"骄兵必败"的道理。

三年级刚开学,我因为学习认真,经常受到老师的表扬。在一次语文考试中,我考了全班第一名,而且是100分,我大喜过望,心想:这回一定会受到妈妈表扬的。我像一只欢快的小鸟,高高兴兴地飞奔回家,兴奋地把考卷拿给妈妈看。她露出了惊讶的表情,对我说:"宝贝,你真棒!"听了妈妈的赞扬,我不禁沾沾自喜。妈妈瞧瞧我,平静地问:"要不今天就不看书了吧!"我半信半疑地说:"真的吗?"妈妈说:"你自己决定吧!"说完妈妈就去做家务了。我想:这次考得那么好就不用看了吧。第二天我写完作业就打开电视。突然,"啪"的一声,电视机被妈妈无情地关掉了,冷冷地甩下一句:"你今天还没看书。""啊呀,有什么好看的呀?"我满不在乎地说。第三天、第四天……接连几天,我都沉浸在100分的喜悦中,将书抛到了九霄云外。两星期后,又是语文考试,但对语文这门学科,我还是挺有把握的。试卷一发下来,我匆匆扫了一眼,暗暗自喜:好简单啊!我飞快地做完所有习题,将笔随手桌上一搁,哈哈,大功告成!第二天,分数出来了,没想到只考了83.5。我难为情地把试卷给了妈妈,妈妈顿时严肃起来,语重心长地对我说:"这下你应该明白了吧,一时的成功不代表永远的成功!"

妈妈的告诫让我无地自容,我深刻地领悟到:要成为真正的胜利者,需要"胜不骄、败不馁"的心态。以后我绝不为一点点成绩而自满,也不为一时的失败而灰心丧气。妈妈的话让我一生受用。

教师评语:每个人在成长的过程中都会遇到挫折和失败,但关键是要能够从这些挫折和失败中吸取经验。小作者从考试一事中获得了成长。文章人物描写具体,重点突出。

有志者事竟成

乔仁杰

在浓郁的花香下,蜜蜂成群结队;在一棵棵茂盛成荫的树下,有着骑着自行车的翩然少年,三五成群。

我也想要——那酷炫的自行车。

经不住我的软磨硬泡,爸爸终于打算在我生日时给我买一辆自行车。当快递经过长途跋涉寄到我家时,我高兴极了,急切地打开包装箱,仔细地端详着。它是蓝色的,车身很低,整个身子呈流线型,速度极快,是名副其实的"赛车"。

一拿到自行车,我就迫不及待地想要试试。新手上车,我摔了个一佛出世,二佛升天,爸爸被我逗乐了。他赶紧教我如何掌握平衡,如何踩踏板等动作要领。再次骑上"赛车",我用力一蹬,自行车像醉汉似的摇摇晃晃。在转弯处时,只听"哐噹"一声,我又摔了个四脚朝天。我捂着生疼的屁股,硬撑着从地上爬起来,拍拍身上的灰,又勇敢地骑上了随时会让我摔跤的恐怖的自行车。我叮嘱爸爸:"爸爸,你可要扶牢啊!"爸爸点点头,说:"好。"有了爸爸的帮助,我胆大了许多。骑了一段路后,我回头一看,爸爸正站在原地朝我笑呢!我害怕极了,一个跟头摔了下去——又是一个四脚朝天。我正想埋怨爸爸,他却走过来鼓励我:"加油!像刚刚那样,你不是骑得很好吗?"听了爸爸的话,我又一次骑上了自行车……我平静心情,平视前方,骑得稳多了,再没摔过跤!通过不断的练习,如今,我不但学会了骑车,还骑出了许多花样呢!

有志者事竟成。当你决心做一件事,并努力为之奋斗,那么你一定会有收获的。

绿荫下,有个帅气的少年正骑着一辆蓝色的赛车穿梭在公园的羊肠小道上。斑驳的阳光照在他通红的脸颊上,飞旋的车轮带起一阵阵微微的凉风……无数路人向他投来了羡慕的目光。

> 教师评语：因为羡慕所以想学车，通过努力学会了骑车，并成为别人羡慕的对象，文章开头、结尾的描写富有画面感，且相互呼应，可谓是小作者的独具匠心。学车的艰辛，学成后的自豪，内心丰富的感受自然流露，语言生动、风趣。

失败乃成功之母

贾雯洁

一天下午，我趴在阳台上看着外面。忽然，我看见几个孩子在骑自行车，他们像水里的鱼儿一样自由自在地游着，好羡慕啊！爸爸看出了我的心思，于是给我买了一辆自行车。

爸爸说："走，下楼我教你骑自行车吧！""好好好！"我高兴地喊着。到了楼下，爸爸让我坐上去，我坐在车上脚一蹬，东倒西歪，不是车倒了，就是摔跤了。我骑的时候，由于把握不好节奏，车子不小心停了，车就往右边倒下了，我和自行车一同摔到了花坛里。我一看，膝盖上流血了，便号啕大哭。爸爸急忙跑过来，把我抱回家，然后再把自行车扛回去。我不再想骑自行车了，看到会骑车的小朋友也不再羡慕他们了。

过了两三天，爸爸对我说："雯雯，我们下楼骑车吧？""我不去！"我一口回绝。"你为什么不去呢？"爸爸问我，"摔跤好疼，我才不想骑呢！"我回答。爸爸语重心长地说："孩子，凡事你只要开始做了，就不能半途而废，一定要坚持走到终点。比如你的裤子，那厂子里的阿姨做衣服裤子时，不能做只有一个袖子的衣服，也不能做只有一条腿的裤子吧！雯雯，做什么事都要有耐心，知道吗？""那好吧！"在爸爸鼓励下，我终于下了楼。

到了楼下，爸爸喋喋不休地说道："你要记住，骑车时要一直骑，不要停，停了脚直接放下来，眼睛看前方，骑车时要专心致志，不要往后看……"我按照爸爸说的话做了，经过一个下午的努力，我终于学会了

骑自行车。

从这件事我明白了，"失败乃是成功之母"，做什么事都不能半途而废，做事要有恒心、耐心。

教师评语：小作者从学骑自行车这件小事中获得了"失败乃是成功之母"的启示，是一个善于观察、善于思考的孩子。文章语言朴实，但感情真实，主题明确。

流浪的小狗

包雨薇

前些天在热闹非凡的商业街上，我看到了一只骨瘦如柴的小狗。这只可怜的小狗缩在黑暗的角落里，瑟瑟发抖。它雪白的毛发已是灰褐色的了，毛发里还掺杂着几片枯枝烂叶。它看上去营养不良，走路时轻飘飘的，脚下像是踩着几朵浮云，好似不经风吹，一吹便倒。我既担心又伤心，对它不禁产生了怜悯之情，就擅自做主把它抱回了家。

它似乎很胆小，每次见到人都躲得远远的。

每次给它送上可口的饭菜，它只是不屑一顾，缩在一旁。过了几个小时，饭菜都凉了，我只好原封不动地拿回来。

这天，我把它抱进一个纸箱子里，里面有舒适的毛毯和简易的窗户。窗户上，我还特地给挂了有黄色斑点的窗帘。随后就听见它冲我叫了几声，大概是向我表示感谢吧！渐渐地，我们开始一点一点地熟悉了。我在书桌上写字时，它小心翼翼地跑了进来，生怕打扰到我，见我正专心致志地写作业，就索性趴在我的脚边睡着了。微风抚摸着我的头发，阳光洒在小狗的身上，本就雪白的毛发就像披上淡淡的金纱，看起来既神圣又安详。我微微一笑，把它轻轻抱起，抚摸着它的毛发，眼里满是宠溺和爱怜。

为此,我笔尖微微一动,流泻下此时此刻的感受:信赖,犹如一股清泉,在内心幽静的深处流淌,那是世上最动听的旋律。

> 教师评语:字里行间流露了小作者对小狗的怜爱和宠溺之情,可以看出小作者是个善良、有爱心的小姑娘。文章结构清晰,文笔清新,描写细腻,充满了真情实感。

困难是一位严厉的导师

许网忆

每当看着朋友们骑着自行车,我心里总觉得痒痒的!于是我对爸爸说:"爸爸,我想学自行车,你能不能教教我呀?"没想到爸爸爽快地答应道:"好吧!不过学习时你必须得有耐心!"我点了点头。爸爸便把自己深藏已久的破自行车拿出来,我见了哇哇大哭起来:"丢死人了,我才不骑这么破自行车呢!"爸爸对我的反应却不屑一顾,冷冷地说道:"那你别学了呗!"我只好抹了抹眼泪,对爸爸说:"好吧!"这便开始了我的学车计划!

我一抡腿骑上了自行车。没想到车子像头小犟驴,一股脑儿直甩头。"扑通"一声,我随着车子应声倒下,重重地摔了一跤,痛得我呲牙咧嘴。见我摔倒,爸爸毫无同情之色,他不紧不慢地走上前,帮我扶住了后车凳。有了爸爸的帮扶,我骑着自在多了。我握紧车把手,两脚有节奏地踩踏着,努力控制着均匀的车速。"就这么骑,不错!"老远飘来爸爸的赞扬声。原来不知什么时候,爸爸已经悄悄放了手,见我没事他正高兴着呢!我心里一慌,脚下方寸大乱,车龙头摇得像个拨浪鼓似的,最终还是没有把持住,又摔了一个狗啃泥。我再也忍不住了,既有身上的疼痛,又有对爸爸的埋怨,这一次我索性放声大哭

起来,不住地嚷嚷道:"不学了! 不学了! 都怪这辆破自行车!"爸爸没有安慰我,而是说:"做人一定要坚强! 学车前你不是信誓旦旦的吗? 你不能因为一点小事就放弃吧? 你不会因为一道题目不会做就退学了吧? 你不会因为摔倒了就永远不站起来了吧? 记住困难是严厉的导师! 摔跤,这是他对你的考验,你得经得起考验啊!"听了爸爸的一番话,我一骨碌从地上爬起来,又重新把自行车扶了起来,不知疲倦地练习着。

学车这件事已过了很久。每当生活中遇到挫折,我总能想起父亲对我说的话:困难是一位严厉的导师! 这样想着,我浑身上下就会充满战胜困难的勇气与力量。感谢困难,它让我不断成长!

> 教师评语:小作者具体地描写了自己第一次学骑自行车的经历,并从中获得了终身受益的启示。文章语言生动形象,充满了童真,读来让人发笑,但也令人深思。

一场难忘的音乐会

梁宇欣

今天吃好晚饭,天色已近黄昏,但这样的昏暗没有让我感到一丝困意,反而让我精力充沛。因为今晚我们学校会举行一场音乐会。来到学校时,天空已挂起了弯弯的月亮,北风呼呼地吹着,我和妈妈停好车子,便进入了学校。

音乐会在我们学校新建的报告厅举行。我走进报告厅大门,耀眼的灯光照在舞台上,一眼我就看到一行醒目的大字"把舞台还给孩子,让梦想展翅飞翔"。我很快找到位子坐了下来,听了一会儿美妙的音乐,音乐会便开始了。

灯光渐渐暗了下来，只剩下几束银光射在小鼓手身上，他在灯光的照耀下，带劲地挥动着鼓棒。一阵阵动感的鼓声，让台下情不自禁地响起了清脆的掌声，应和着台上的节奏。表演结束，演奏者起身谢幕，接着便开始了今晚真正的演出。

我带着期盼的心情环顾四周，大家也正目不转睛地盯着舞台。今晚的主角小提琴王子——周姚终于上场了，耀眼的灯光凝聚在他的身上。大家又是欢呼，又是拍手，又是挥旗。周姚把我们全场的气氛都调动起来了。他第一曲表演的是《小步舞曲》，那动听的旋律，时而高昂，时而热情，时而激进。那声音让人沉浸在优美的音乐中，我回过神，侧目望了望旁边的同学，他们仍沉醉在音乐中，有的还不由自主地小声哼唱……

接下来还有很多精彩的表演，其中我最喜欢的是我的好友孙芊妤、蒋静怡的《送别》。她俩表现得很自然，歌声非常甜美，吉他弹得也特别好。得到了大家的欢呼声和掌声。周博文和周姚配合得也很默契，我由衷地佩服他们。

在一片欢声笑语中，本次活动圆满地结束了。音乐会带给我的不仅仅是听觉上的震撼，还使我明白了"台上一分钟，台下十年功"的道理。我暗暗告诉自己：以后干什么事都要认真去做，只要付出了努力，并且坚持下去，就一定会成功！

教师评语：文章开头直接叙事，通过描写傍晚环境衬托出参加音乐会时的愉快心情，十分具有艺术化。文章中间选择了几个让人难忘的节目进行描写，有详有略，语言流畅，形象生动地再现了音乐会的氛围。最后由音乐会产生联想，获得启示，自然真切。

三条小金鱼

周 姚

　　三年级的一天,我放学回家,看见了正对着门的柜子上,有一个鱼缸,里面有三条正游得快活的小金鱼。我惊喜地问妈妈:"妈妈,这是我想要的金鱼吗?"妈妈说:"是啊,我今天有空特意去买的哟!""耶!"我高兴得一蹦三尺高。

　　"现在,我要给三条小金鱼取名字了,取什么好呢?"我对着金鱼缸发愁。"根据它的外观想啊!"妈妈在一旁提醒道。我豁然开朗,开始观察起他们来。第一条小金鱼我叫它"熊熊",它黑黑的,两个眼珠转起来特别像我看过的熊大和熊二,所以我第一个想到的就是黑色的熊;第二条小金鱼是橙红色的,它的尾巴像水里游来游去的大蒲扇,我想到了松鼠,所以叫它"松松","松松"是这三条小金鱼里最漂亮的一条;第三条小金鱼我怎么想也想不出来叫什么名字,妈妈说叫它"花花"好了,因为身上有好多种颜色,橙红色、黑色、白色……像五彩缤纷的花。

　　取好了名字,我依然饶有兴致地看着它们。我发现"熊熊"和其他两条小金鱼的不同。它的眼睛大得像一个铜铃,眼珠往外凸出,其他两条小金鱼眼睛小小的,眼珠往里面凹进去;它的鳍比较小,其他两条小金鱼的鳍比较大、宽;它的尾巴小得像一片香樟树叶,而且紧得像一只缩在"壳"里保命的蜗牛,其他两条小金鱼的尾巴松得像一片羽毛,在水里漂来漂去,很是悠闲潇洒。

　　三条小金鱼真是好可爱,我怎么都看不够啊!

　　刚开始的几个月,我精心地喂养着三条小金鱼,把它们呵护得很好。可到后来,我渐渐不管他们了。直到有一天,我看到花花白肚朝天……

　　可惜的是现在,我的三条小金鱼已经死得一条不剩了,这都怪我当时没有精心喂养它们。因此,通过这三条小金鱼,我知道了:做什么

事情,一定要坚持不懈,半途而废是没有任何好处的!

> 教师评语:文中对三条小金鱼的描写很细致,使人一下子就能联想到三条小金鱼的样子。尤其是给小金鱼取名字这一部分,充满了童真童趣,读来让人忍俊不禁。文章后半部分再稍微具体一些,主题会更鲜明。

马蹄莲和文竹

柏昱晨

妈妈买回来两盆植物:一盆是马蹄莲,一盆是文竹。我瞬间就被马蹄莲吸引了,因为它有碧生生的翠叶和娇美的花朵。它的花瓣是白色的,花蕊微微透着些许粉色,和文竹相比,漂亮多了。

我把文竹和马蹄莲都放在了阳台上,但是由于更加偏爱马蹄莲,我时常把文竹冷落,比如,我每天都会记得给马蹄莲浇水,却经常会忘记文竹也会干渴。开始文竹的叶子还是绿色的,渐渐地也便枯黄了,我便把它丢弃在一个角落,开始对它不闻不问。

马蹄莲在我的细心照料下越长越茂盛,越长越娇艳,它的叶子像一个大蒲扇,在微风中摇曳着,欢笑着。直到有一天,我和妈妈到姥姥家中去小住了半个月,家里便没有人照料马蹄莲。回到家中,马蹄莲已经是耷拉着脑袋,叶子也已经枯黄,我十分伤心。我立马开始给马蹄莲浇水,想着它可以变得生机勃勃一点,可是,并没有什么效果,最后,马蹄莲还是枯萎了。

一天放学回家,无意瞥见了那棵被我遗弃在角落里的文竹,倒是它,在阳光中挺枝抽叶,依然在生长。看上去特别的茂盛,翠绿的叶子显得特别有生气,让我甚是惊讶。

文竹把自己的根深深地扎入了泥土,不惧压力,不惧困难,这种精神说大了就是我们中华民族不屈不挠、自强不息的精神啊。这种精神值得

070

我们每个人牢记心中,在生活和学习中更是要将这种精神学以致用。

教师点评:文章采用对比的写法,突出了文竹顽强的生命力。小作者且能以小见大,借文竹的不屈歌颂中华民族自强不息的精神,从小小的文竹中汲取力量,借物喻人,耐人寻味。

摘 茶 叶

刘雨晗

一年一度的国庆佳节又到了,今年我们准备去外婆家过国庆节。外婆的家在有着"茶叶之乡"美称的松阳。在外婆家门口放眼远眺都是一片一片绿油油的茶叶地。

吃过午饭,我们就出发去茶叶地了。路边的柿子树上挂满了火红的柿子。刚到茶叶地,我就迫不及待地向外婆要了一个袋子,准备摘茶叶。可是,刚把手伸过去摘就想到了我已经忘记怎样摘茶叶了。我把目光投向了外婆,只见外婆手法熟练,动作真是快呀!于是我睁大眼睛再仔细瞧,我发现外婆身子稍往前倾,一只手撑着袋子,一只手伸向茶叶的嫩芽。摘的时候外婆还慢慢地往前移动。不一会儿,外婆的袋子里就已经有一座小"茶叶山"了。于是,我就模仿着外婆的样子摘起来,可是,刚摘了一个嫩芽,嫩芽却从我的指缝溜走了,我的心里不由得烦躁起来。后来在外婆的指导下我才慢慢掌握了要领。

这时,妈妈提议,不如就来一场摘茶叶的比赛,让爸爸计时,一个小时的时间,看谁摘得多。外婆毫不犹豫地同意了。只听见"开始"一声令下,我的手便向茶叶抓去。外婆提醒说:"要保证质量哦!老叶子不能摘进去,不然卖不出好价钱的。"不到十分钟,我的脚就开始变得有些僵硬了,再加上十月份天气还是有那么点热的,真想找个地方坐下来休息一会儿喝点水。于是我摘茶叶的速度不由自主地慢了下来，妈妈见我无精打采的，便给我加油打气，我的体力仿佛也听到了这些话，速度就慢慢快了些。不知不觉，一小时的时间到了，爸爸一声"比赛结束"，我一屁股就坐到了地上，舒了口气，感觉两条腿已经不是自己的了。妈妈走了过来，看看我袋子里的茶叶说："不错，摘得比我多。"望着这么一大片茶叶，想想外婆天天起早摸黑，我就站了起来继续摘茶叶，我想为外婆分担些辛劳。

这个国庆节虽然过得有点累，但是很快乐，让我体会到了只有付出辛勤的劳动才会有收获。

> 教师评语：你的作文勾起了老师小时候的回忆，采茶叶，多么遥远却又熟悉的场景！小作者通过回外婆家摘茶叶体会到了劳动的辛酸，体会到了当下美好生活的来之不易，并悟得道理：只有付出辛勤的汗水才会有收获！(指导教师：潘雪华)

大嘴的故事

郑子怡

我家养了一只十分可爱的小鸟，他的名字叫大嘴。这大嘴到我家只有五个月，虽说是鹦鹉却一直不会说话，我觉得它可能是只假鹦鹉。

一天早晨，我在大嘴欢乐的歌声里醒来，每天听着"唧唧"这样小鸡样的歌声起床，那独特的声音也变得如此的悦耳动听，在出门的时候我对大嘴说了一声："你好！"大嘴"唧唧"地回答我，我一边叹气一边说："你呀，天天早上唧唧，什么时候也能和我一样打声招呼呢？"

下午上完课回到了家，我看到大嘴又在那里唧唧的，于是对他说了一句："你好！"大嘴依旧在那里"唧唧"，我垂头丧气地回了房间写作

业,突然我听到"你好!"大嘴似乎在那里模仿我说话。我冲出书房,"大嘴,再说一遍!"大嘴却一声不吭,难道是我听错了,"你好,你好!"我拼命地说,"你好,你好,大嘴,你好,你好!""你好!"大嘴真的会说话了,我高兴得跳起来,忙喊道:"妈妈,大嘴会说话了,大嘴会说话了,快来看啊!"我就知道你一定不会让我失望的,于是我又对他说:"你好,你好!"大嘴也对我说:"你好,你好!""你好,大嘴,你好!"我太高兴了,"大嘴跟我说再见,再见,再见!"大嘴张开嘴对我说:"你好,你好,你好!"妈妈笑了,说:"你要拔苗助长了啊,大嘴用了这五个月的时间,学会了说'你好',已经很了不起了,当然这也有你的功劳。"好吧,大嘴,你已经很聪明了。

后来我就天天对大嘴说:"你好,你好漂亮,再见……"现在他已经学会说"你好漂亮"了,而且说得很响亮,很清楚。大嘴一天天地进步,让我非常开心,我想不管是鸟也好,还是人,只要努力了肯定是会有惊喜的。

> 教师评语:"笼中鹦鹉唱,唱且拟人声。"鹦鹉的"口技"在鸟类中十分超群。文中这只名叫"大嘴"的鹦鹉,在小作者的努力下学会了好多新鲜的语言,带给小作者许多惊喜,也验证了"努力了就会有收获"的道理。(指导老师:唐刘莉)

学滑板的启示

沈祥晨

在生活漫长的道路上,我遇到过许许多多大大小小的事,有的使我兴高采烈,有的使我垂头丧气……但要说使我最难忘的事,还要数学滑板了。

看着大街上那些学生们都有着一个个各不相同、五彩缤纷的滑板,我不禁也动了心。于是,我急忙让爸爸也给我买了一个滑板。

没过几天,滑板就到了我的手上。这时,我才想到一个很重要的问题:就算我有一个滑板又能怎么样,不会滑还不是跟没有一样。于是,我开始自学。

我激动地抱着滑板,来到马路边。我先是小心翼翼地踩上了滑板,原以为我会轻松地学会滑板,可现在呢?我站在上面一动也不动,紧张得汗都要出来了,生怕动一下下,就会摔下来。过了一会儿,爸爸开口了:"你应该勇敢一点啊,要是你一动也不动地站着,那怎么能学得好呢?"

于是我学着别人的样子,一蹬腿,还好,没摔跤,渐渐地,我的胆子大了起来,连续轻轻地蹬了好几次,也挺好的。马上,我就在心里暗暗自喜:原来,我已经这么厉害了。

骄傲的我向前猛地蹬了一下腿,谁曾想到,滑板飞了出去,我又摔在了地上。

我对爸爸说:"这也太危险了,我不学滑滑板了。"爸爸平静地说:"好,那以后什么事也别来找我!"我十分无奈,只好继续练习。经过几个星期的辛苦训练,我终于学会了滑滑板。

这件事让我明白了"虚心万事能成,自满十事九空"。更让我明白了,学什么都要坚持不懈,不能半途而废,这样才能学好一样技能。

教师评语:生活中遇到的困难可真不少,小作者通过学滑板的亲身经历,体会到了"虚心万事能成,自满十事九空"的精髓,老师相信只要你努力执着地往前走,成功的桂冠必将属于你。(指导教师:蒋华云)

回声的启示

余　娜

生活中能给我们带来启示的事物还真不少！一句格言，一件小事、一组漫画都能引起我们深深的思考。

我听说这样一个故事：从前，有一个小男孩不懂得什么是回声。一天，他对着大山喊道："喂！喂！"他又好奇地问道："你是谁？"男孩又大叫起来："笨蛋！大笨蛋！"回声也毫不客气地回敬了相同的话。男孩儿很气愤，跑回了家，把事情告诉了妈妈。妈妈说："是你不对呀！只要你和和气气地对他说话，他也会和和气气地对你说话。"

是呀，只有你善待别人，别人才会善待你；只有你尊敬别人，别人才会尊敬你；世界上许多事情都是这样的。

先说班级。班级是由一个个活泼可爱的同学组成的。你的爱恨就是你感受爱恨的根源。如果你乐呵呵地对待别人，对别人和和气气的，那别人也会乐呵呵地对待你；如果你经常板着脸骂人、打架，那别人也会以相同的方式回敬你。这就是班级的回声。再说大自然。近些年来人类对环境的破坏较为严重，随意排放污水废气，乱砍伐树木，肆意捕杀野生动物。大自然也报复了人类。每年不是发洪水，就是大旱，这就是大自然对人类的回声。如果人类善待大自然，那么大自然也会善待人类。

在我们的生活中，许许多多的事情都是这样的。只有善待别人，别人也会善待你，如果你不友善地对待别人，别人也会如此回敬你。

教师评语：静听回声，在回声中我们可以找到自己。小作者构思巧妙，用深情的语言讲述着，夹叙夹议，感情真实，发自肺腑，向我们表达"只有善待别人，别人才会善待你"的主题。本文思想性较高，引起读者的思考。（指导教师：蒋华云）

云层之上

鲍志峤

　　终于登上了飞机,我兴冲冲地找到自己的座位坐下,系好了安全带,等待飞机起飞。再过两个小时,就可以到桂林了,这是我期待已久的旅行。

　　我兴奋地推开飞机窗户的盖板,向窗外望去。刚才阴沉沉的天空,就在我们登机的那么一会儿工夫,就变得漆黑一片,像一口大铁锅倒扣在大地上,就像世界末日到了似的。原本零星的雨点也变得密集起来。停在不远处的飞机在雨点的拍打下,被笼罩了一层雾气,只能看到一个模糊的轮廓。这时,广播里传来了乘务员的声音,通知我们因为天气原因,航班要延迟起飞。顿时,我的心情像外面的天色一样黑了下来,呆呆地向窗外看去,期待着暴雨早点结束。我开始担心,万一雨一直不停,不会连旅游也泡汤了吧? 其他的人也都开始坐立不安:有些人不停地打着电话,叮嘱着什么事情或者为自己要迟到表达歉意;有些人焦躁地撤下了领带,脱掉了西装;还有些人不停地站起来,坐下去……

　　老天爷似乎故意在捉弄我们,半个小时过去了,还是不让雨停下来。又是半个小时过去了,虽然天空依然是黑压压的,但雨慢慢小了下来,飞机终于动了。飞机飞快地在跑道上加速,像一把利剑刺穿了乌黑的云层,飞到了云层之上。此时,窗外仿佛是另一个世界,明艳艳的太阳张开了笑脸,发出耀眼的光芒,把黑暗赶得一干二净;蓝天显得格外地透彻清晰,蓝色浓郁得像海水一样;雪白的云朵那么厚实,人跳下去似乎都能被接住。

　　我不由得为大自然的神奇感到惊叹,刚才在机场天地一片昏暗,其实在云层之上一直是晴空万里、阳光闪耀。原来,只要冲破阻碍,就能收获美好!

　　教师评语：一次坐飞机的经历，让小作者感受到大自然的神奇，更悟出人生的哲理——只要冲破阻碍，就能收获美好。精彩的动作描写、心理描写、环境描写，让我们的情绪也随之低落、焦躁、激动、惊叹。文末的点睛之笔更能让我们感受到生命的美好，读来十分畅快！（指导老师：俞燕）

收废品的老人

吴诗韵

　　天灰蒙蒙的，空气中飘着雨水和泥土的味道，一场突如其来的大雨仍然没能散去夏日的炎热。

　　在一个到处充满了绿色的公园里，迎面走来两个人，一男一女，穿戴整齐得体。

　　男孩微笑着说："我们坐这里好吗？等会儿，我先擦擦。"他拿出来一包纸巾仔细地将长椅擦了一遍："好了，我们坐下吧！"两个人便你一句我一句地聊了起来。

　　"额，先生，你能把脚松开吗？踩着我的东西了。"一个沙哑的声音从后面传出来。两个人惊讶地回过头来，看见一位衣衫褴褛的老人正蹲在地上，对着他们笑，老人饱经风霜脸上布满了皱纹。

　　男孩连忙抬起脚，把一只黑色的袋子捡起来还给了老人，说"给你！"老人接过袋子憨厚一笑："谢谢！"

　　女孩轻轻地拉了拉男孩的衣角，皱着眉头说："哥哥，我们走吧，后面怪臭的。"

　　男孩犹豫了一下："我不要！"

　　"你想和一个叫花子待在一起吗？"还没等男孩回答，女孩把男孩拉走了。

女孩看着男孩,说:"好了,我们去喝奶茶吧!我知道有家店超级好喝的!"

男孩笑了一下说:"那好吧,走,我没带钱。"

"没事儿,我有啊!"女孩说着就掏起了口袋。

"诶?没有啊,我记得我明明带着的!"

"你再找找看呢?"

"还是没有!"

这时老人跟了上来说:"哎,等等我!"

女孩不耐烦地说:"你干什么!我们走到哪儿你跟到哪!要钱是吧?我没有!"

老人走上前一步说:"我知道你没有钱。"

"那你来干什么!"女孩生气地大喊。

老人掏出一个粉色的小包递了上来说:"因为你的钱包在我这里啊,你落在椅子上了。"

女孩一把抢过钱包,打开来数了下钱,发现一分钱也没少。

女孩望着老人渐行渐远的背影,眼里闪过一丝水光。

她怔怔地站在路口,很久,很久……

教师评语:衣衫褴褛的拾荒老人和一对穿戴整齐得体的男女之间发生了一个小小的故事,但女孩的情感变化却是文章的主线,折射出人性的美与丑。小作者笔下的老人、男孩、女孩,正是社会人的缩影;公园的一角,也是社会的一角。(指导教师:罗勤勤)

你好，生命

指导教师　应珏丽

　　大自然是意想不到的另一个世界。投身于自然，用心灵去感知，用心去触摸，有时化身为一滴小雨滴，去憧憬美好的未来，哪怕很快就会灰飞烟灭，但也感激曾经那短暂的美丽生命；有时成为翱翔天空的小鸟，享受美妙的森林生活的同时希望人类还他们一片宁静。愿每一个孩子都亲近自然，热爱生命，每一缕晨光的意义，代表着自然的张力与生机。感悟品味生命，接收自然的馈赠，不正是一种积极的生命姿态？

生命，请接受我由衷的感谢

陈心妍

因为有了你，我才会被亲爱的妈妈带到这个美丽的世上；因为有了你，我才能健康幸福地开始一天又一天美好的生活；因为有了你——生命，我才有机会享受大自然那无穷无尽的魅力。

清晨，一缕阳光像个小精灵似的，快活地跃进我的窗口，悄悄落在了我的床边、身上，它轻轻地将我从梦中唤醒。我躺在床上，静静地聆听自己的心跳：扑通、扑通——轻快而又有节奏地跳动着。啊，我欣喜地感受到生命脉动的韵律美。我知道，那是你轻轻地叩击我的心房，告诉我快起床，要开始一天的学习了！

闲余，我在公园散步，小心翼翼地走过一排排搭石，看着涓涓细流从我的胯下淌过，雨滴落下去，叮叮咚咚发出悦耳的声响；看到溪流两岸在风中摇曳的花草，叶与花瓣的婆娑，似在细语呢喃；那随风飘来阵阵花草的清香，让人心驰神怡、沁入心脾。偶尔，抬眼望见不远处斗舞翻飞的戏蝶和啾啾鸣叫的小鸟，我感受到了生命的幸福和美好！

走累了，我就坐在树荫下乘凉，以蓝天为长幕，以绿地为绵席，以花草为挚友，再邀上清风和阳光一起聊聊——把茶话诗麻，那是多么惬意的事呀！

生命——因为有了你，我才是我；因为有了你，天地才披上锦服；因为有了你，世界才焕发出绚丽的光彩！

生命啊生命！请你接受我由衷的感谢。

教师评语：言为心声，小作者能以诗般的语言来抒写对生命的赞歌，足见她对生命是极度的热爱与感谢。她首先用一组排比句叙写了对生命的热爱，做到了开篇点题。然后为我们描绘了三幅和谐又优美的画面：晨光中感受生命的美好；公园里享受生命的美好；草坪上领悟生命的美好。最后用反复的手法，一唱三叹，既点了题，又深化了文章的主旨，更照应了开头。尤其是文中的语言，处处皆是诗，读来充满了诗情画意！

小雨滴的憧憬

刘星羽

我是一滴十分普通的小雨滴，我和我的伙伴们从出生开始就生活在云朵妈妈那温暖的怀抱中了。但是我们飘忽在自己天空家园的时间并不长，因为，我们马上就要到大地上去旅行了！

尽管我们舍不得离开妈妈的怀抱，但是我和我的兄弟姐妹们还是十分憧憬在这温馨家园之外的奇妙世界。

当天空还是湛蓝湛蓝时，我们就迫不及待地开始讨论我们渴望到达的地方。

挤在中间的小雨滴抢先说："我一定要落到农民伯伯们的田野之中，帮助他们灌溉庄稼，让农民伯伯们不用为浇水而辛苦忙碌，来年也能够大丰收！"

左边的小水滴接着说："我要飞到一座城市的上空，洗去它们长久以来的灰尘和污垢。希望我的到来能给城市带来清新和安宁！"

右边的小雨滴欢快地说："我要去那片郁郁葱葱的森林之中，首先给森林大叔洗一个澡，然后陪森林中的小动物捉迷藏，累了就听百灵鸟为我歌唱。"

后面的小雨滴也迫不及待地说："我想去无边无际的大海中，成为大海中的一员。然后跟着大海一起去世界各地旅行，那是多么惬意的事呀！"

前面的小雨滴静静地说："我要去一个很远很远的地方，那里除了黄沙就是黄沙，也许我的加入，才会吸引更多朋友光临。我希望你们也可以跟我一起去，因为那里最需要我们。"

我默默地听着兄弟姐妹们诉说自己的理想。

正当他们谈论得热火朝天时，风大哥急不可耐地驾着雷爷爷冲来了。

我虽被冲得晕头转向，但心里却感到无比新奇。

因为我们的身体在风大哥的驱动下正急速下降，我们睁大双眼期待地看着将要停歇的地方——然而那不是田野，不是城市，不是村庄，不是森林，不是沙漠，更不是大海，而是一座光秃秃的小丘——上面只有一棵快要枯死的小苗。

我并不觉得失望，因为在我即将融入泥土的那一刻，我似乎看到了小苗在慢慢吐绿，我也似乎听到了它们迎接我的欢乐的歌声……

教师评语：小作者细腻的描写，一群叽叽喳喳的小雨滴畅想自己未来的场景，似乎将我们带入了他们那交谈热闹而又欢快的场面。小雨滴们的理想其实就是小作者那善良又纯真的理想——渴望做一个对别人有用的人；而文中的"我"似乎只是一个旁观者，实际拥有一颗随时做好奉献的默默无闻的心灵。文章采用拟人手法，使叙述生动有趣，读起来充满了童真童趣。

生命的启示

王俣博

雨过天晴，太阳露出了灿烂的笑容，校园主干道两旁的香樟树愈发苍翠。漫步在这空气清新的林荫道上，心情自然舒畅起来。忽然，我被水泥道上那几截扭动的"小黑团"吸引住了。我蹲下身子仔细看，原来是蚯蚓。在刚才那场风雨中，它们都经历了什么？竟然被"拦腰截断"……看着这些被截断的、扭动着的蚯蚓们，我陷入了沉思：生命究竟是什么？

有人说，生命是脆弱的，可每个生命都是那么不堪一击吗？不，不是的。蚯蚓被截断后不仅能存活下来，甚至还可以变为两条蚯蚓。为什么？因为它没有放弃，没有绝望，而是挣扎着活下去，勇敢地面对困

难与挫折,努力活成了比原来更精彩的样子。哦,原来生命是面对困难与挫折时的一种决心和勇气。雄鹰搏击长空时的惊鸣;战马飞驰沙场时的壮举;盘古开天辟地时的气魄;女娲熔石补天时的决心……这些,不都是充满决心和勇气的生命吗!

也有人说,生命是渺小的,可每个生命都是那么微不足道吗? 不,不是的。蚯蚓生活在地下阴暗潮湿的土壤中,外表也是极其不好看,可即使这样,依然在艰苦的环境中坚持为人类和地球母亲进行了美化土壤的工作,用实际行动来证明它的存在也是有意义和价值的。哦,原来生命是努力实现自身价值的一种信念和努力。

宇宙是一个大生命体,而我们每个人的确只是其中浮尘般的一个个体。江流入海,落叶归根,我们是大生命体之一滴、之一叶。如此渺小,可我们绝不卑微,因为正是这一滴、这一叶的合成,才有了宇宙的正常运行。如果生命是种子,可是不努力发芽成长,种子终将成为一粒空壳;如果生命是帆船,可是不努力扬帆起航,帆船终将成为海底沉船。种子成林成材,帆船到彼岸,这些,可都是充满信念和努力的使命啊!

我要说,生命是坚强的,生命是伟大的,蚯蚓尚有如此顽强和精彩的生命力,更何况我们呢? 困难与挫折不可怕,渺小与平凡也不可怕,可怕的是生命失去了勇气,失去了信念。所以,我们都应该热爱生命,活出光彩!

> 教师评语:生命的启示,小作者从清晨被拦腰截断的蚯蚓引出话题,得出生命的启示是决心和勇气,还有信念和努力。能从身边的事物看到别人看不到的,取材新颖,言语之间蕴含深刻的道理,引人深思。

生命的真谛

柯毅轩

生命如流水，只有在他的急流与奔向前去的时候，才美丽，才有意义。生命，随处可见：树上的毛毛虫，慢慢地蠕动着，那是生命在运动；鸟窝里的鸟蛋，静静地躺着，那残留的是生命的余温；草丛里的小甲虫，不断地来回冲撞着，那是生命的傲然；草地上的青青小草，春天焕发勃勃生机，秋天慢慢枯黄，来年又是生机盎然，那是生命的循环。生命随处可见，她是脆弱的，因为她往往不堪一击，但她又是坚强的，因为可以活出精彩。

春天的一个早晨，天气特别温暖，阳光照射在身上暖暖的，我提议去山上挖笋。来到山脚，外公告诉我说："有笋的地方往往会高高地凸起，还会有很多裂缝，你看，这里准有一株大笋。"果然，外公几下子就挖出了一株大笋，足有一斤多。我也跃跃欲试，可是总找不到。这时，我发现了一株刚长出芽头的笋，它被一块大石头压着，奋力地生长着，芽头都顶破了，可是石头却纹丝不动。我想伸手帮它，转念一想：脆弱的竹笋与坚硬的石头，到底谁才是最后的胜利者呢？于是，我便记下了这株笋，准备每天都来看看它的变化。可是，天公不作美，接下来连着几天都是细雨绵绵，我没能如愿去看望我的竹笋。第四天，天终于放晴了，我迫不及待地来到山上，"咦，那块大石头呢？"我惊喜地发现原来的那个地方只有一株粗壮的大笋，看来竹笋战胜了不可一世的石头，我欢呼起来，竹笋的生命力是多么顽强啊，经过这些磨难，它一定可以成为一株参天翠竹！

竹笋告诉我，只要奋力向上，就可以看见阳光，同样的精神，我在百足虫身上也看见了。那天，我们下课后在教室门口的空地上玩。这时，我看见从墙角里爬出一条百足虫。"啊！"一个女生发出了尖叫，顿时引来了许多人的驻足观望，几个胆大的同学开始"虐待"这小虫，他们时而

用脚轻轻地踩踏，时而朝它扔小石头，时而还用水浇它。只见那百足虫煎熬地扭动身体，将自己团成一团。时间一分一秒地过去，上课铃声响了，大家匆匆赶回了教室，我想看看它是否死了，所以留在后面，只见它缓缓地舒展身子，朝墙角爬去，虽然很慢，却很坚定，真可谓"百足之虫，死而不僵"！

生命的真谛是什么，我想就是那顽强地顶开石头的竹笋，它告诉我只要克服重重困难，就一定可以看见灿烂的阳光，成为参天的栋梁；我想就是那被人虐待却仍旧坚强地活着的百足虫，它告诉我，生命只有一次，所以不能屈服，要勇敢地活下去。我想……生命只有一次，让我们的生命绽放美丽的光彩吧！

> 教师评语：生命是一个沉重的话题。对于一个孩子，文章立意积极向上，用一双善于发现的眼睛，从身边的小事谈及生命的意义在于坚强，一株竹笋、一条百足虫虽然是微不足道的，但在作者笔下却是娓娓道来，让我们看到了它们闪光的一面。

狼的自述

金晨一

我是一匹狼，我有着尖尖的牙齿，充满杀气的眼神，还有一身亮丽光滑的灰皮毛。

我住在美丽广阔的大草原，每天捕猎，在草原上感受风的洗礼，是我们狼族最大的乐趣。

大家都听过《小红帽》的故事，所以觉得我们狼是一种狡猾、智商低的动物。不，其实我们非常聪明，而且并不自大，我们懂得团队配合的重要性，常常会把敌人和猎物引入一个个我们设计好的陷阱。我们不断变强，很多动物都害怕我们，但是如果没有我们，食草动物就会越来越多,草原就会变成沙漠,所以我们也是草原的守护神。

美好的日子一天天过去了,有一天我们被一群叫作人的生物抓到了动物园,虽然每天都有新鲜的肉吃,但是再也感受不到奔跑的乐趣了,我们被迫学习走钢丝和各种杂技。我们也想过逃跑,但都被那铁笼挡住了去路。

日复一日,年复一年,我已经老了,动物园再也不需要我了,我又回到了我的老家——草原。我又感受到了猎物对我们的恐惧,又感受到了风的呼呼声。草原的生活,多么美好!

> 教师评语:小作者用拟人的手法,赋予了狼人的行为、性格。情节也是一波三折,作文开篇描写了狼的外貌特征,接着描写了他们生活的场景和情状,让人充满了想象。又另辟蹊径,一反常态,没有写世人眼中一般狼的凶残、奸诈,而是塑造了草原守护神的形象。又来一个急转弯,美好的生活被人类打破了,更引发了对动物与人类如何和谐相处的问题的思考。最后笔锋一转,狼又回到了草原,草原真美,让我们意识到要善待动物,主题得以升华。同时小作者的笔触略显稚嫩,缺少一些细节的刻画,虽有壮丽之骨,却无狂逸之姿。

仙人掌

——生命的意义

王怀正

走进沙漠深处,一棵棵仙人掌挺立在黄沙中,它们一身荆棘,像一只只刺猬! 我不禁赞叹道:在这样的环境中活下来,这仙人掌得有着多么强的生命力啊!

很多人都喜欢红豆杉、君子兰,可是你们知道吗? 红豆杉的生长,需要优越的地理位置和湿润的气候;而君子兰要求更是苛刻,它们只有在气温是15到20度时才能正常生长。可仙人掌不一样,它傲然地在沙

漠里挺立着,不畏阳光的炙烤,不惧黄沙的洗礼,就算山崩地裂它们也要坚强地生活下去。

我们都知道,仙人掌的刺大多十分尖锐。其实,仙人掌并不是原来就长满了刺。很久以前,仙人掌也和别的植物一样身着绿衣,长满绿叶。那时,仙人掌生活的环境郁郁葱葱,自然条件很不错。可是不久后,仙人掌生活的地方越来越干旱,天气也越来越热,地上的土慢慢变成了沙。经过黄沙和干旱的问候,许许多多的动植物都死亡了。仙人掌为了适应这种极度缺水的环境,它们就要改变自己的样子——尽量减少水分的蒸发。想要减少水分的蒸发,叶子的大小是关键,大部分水分都是在叶片上蒸发的。于是它们把叶子变小变小再变小,长期以来,仙人掌的叶子就细得跟针一样了。我想,这就是"适者生存"的道理吧。

仙人掌克服恶劣的自然条件,坚强地生存了下来,这种强烈的求生欲望给人们极大鼓舞,这就是生命的意义吧。我们生活在大千世界里,很多时候不是环境适应你,而是你来适应周围的一切。仙人掌就是这样,所以不论是在茫茫的沙漠中,还是在空间狭窄的花盆里,它们都可以活出自己的精彩。

教师评语:"适者生存,不适者淘汰。"这是达尔文的生物进化论。孩子从仙人掌身上看到了这些,同时又悟出了生活的道理,要想在社会上更好地生存,我们就要去适应社会。能看到这点,特别是对一个"00后"的孩子来说尤其可贵,有了这样的觉悟,相信孩子的生命一定可以绽放异彩!

美妙的四季之声

佘子妍

在丰富多彩的声音世界里,有含蓄沉郁的钢琴声,有柔美愉悦的吉他声,有玉珠走盘的琵琶声……但我觉得,要说最美妙,非自然之声莫属了。不信?那你就用心去倾听大自然的四季之声,我想,你一定会有新的发现。

春天,是一年的开头,也是生机勃勃的季节,自然有很多美妙的声音。听!当你仰望天空时,便会看见,那些小鸟正婉转地歌唱着,好像在享受着春天的温馨和美丽;当你低头时,便会看见,一只只小蝌蚪正劲头十足地交谈着,好像在攀谈着春天的温暖与幸福;清晨,走在公园的小道上,你会听见花开的声音,那是生命绽放的声音。

春姑娘离去,便是夏姐姐的来临,她把所有热量都撒向大地,使池塘里的青蛙在那鼓噪,犹如一支阵容庞大的乐队在演奏;还有那知了在"家"使劲地喊叫,仿佛在说:"热死啦,热死啦!"不知是哪个淘气的孩子,向池塘里抛了块石头,"咕咚"一声,它们的演奏戛然而止,连忙四处躲避;池边的柳树上,一只大鸟吓得飞出树丛,一声鸣叫划破了天空的宁静,就如同武侠小说中剑客的一声长啸,那么摄人心魄。

秋阿姨来临了,大雁排着"人"字形线路向南方飞去,偶尔一声长嘶划破天空,是那么嘹亮;走在校园的小路上,脚下传来"窸窸窣窣"的声音;"沙沙沙"——那是风吹树叶的声音,你看,树叶纷纷扬扬飘落下来,它们已经走完了自己的一生;稻田里,果园里的声音最动听,那是农民伯伯丰收的欢笑声。

终于,冬爷爷登场了,他把寒冷抛向大地,让北风呼呼地刮着,那是一曲美妙动听的无字歌谣;下雪了,雪纷纷扬扬地下了一夜,大地换上了雪白的新衣,"簌簌"——雪球儿从树枝上掉落下来;"打到你了,哈哈哈!"那是孩子们欢乐的笑声;"哔哔啪啪",过年咯,那是团圆的声音。

一年四季又过去了,新的一年即将来到,而其间那些丰富且奇妙的声音是大自然馈赠给我们的礼物!让我们用心去感受吧!大自然的四季带给我们的声音是如此美妙,那哗哗流淌的小河在欢快地歌唱,小姑娘银铃般的笑容在深谷中回荡,高空的声声雁叫,仿佛在诉说着思乡的衷肠……

> 教师评语：一年四季，春夏秋冬，景色各异。孩子没有选择景物来描述，而是从容易被忽视的声音来描写四季的特色，春天的温馨，夏天的聒噪，秋天的萧瑟，冬天的欢乐，的确别有一番趣味！

生命的意义

陈雨茗

生命，是一种很神奇的东西，它有时候很强大，有时候又很渺小，大到一头大象，小到一只蝼蚁，但它们都是生命，而生命的意义又是什么呢？

寒冷的冬天，北风呼啸，可是在这冷冽中，却始终有一抹红色挺立在那里，是那么耀眼，又是那么傲然——她是蜡梅。蜡梅不畏寒冷，不惧风霜，傲然挺立。纷纷扬扬的樱花，选择开在了春天；端庄秀丽的荷花，选择开在了夏天；绚丽多姿的菊花，选择开在了秋天；而蜡梅，它选择绽放在冬天！用她的铮铮傲骨和那一抹红色，为在冬日里的人们，增添了几分暖意。

断壁悬崖上生长的小草，不同样用她的存在阐述着生命的意义？那天闲暇之余，我和爸爸妈妈去爬山，好奇的我像自由的鸟儿四处张望，不经意间看到了对面崖壁上的一丝绿色。那绿色，苍翠欲滴，那绿色，令人震惊！虽然周边都是峭壁，可是阻挡不了她的生长，她用勃勃生机告诉我她的存在。过了一会儿我才反应过来，默默地拿起相机，按下快门，把这一丝绿色拍了下来，这张照片，被我保留至今。

一花一草用自己的生机盎然告诉我们生命的意义，而贝多芬，一位举世闻名的大音乐家，用他的创作为我们阐述生命的意义。他双耳失聪，却不放弃，坚持创作了许多耳熟能详的歌曲，例如《降E大调第三交响曲》《小周第五交响曲》《D小调第九交响曲》……他用他毕生的努力与不懈创造了永恒的经典!

我终于明白了,生命的意义在于坚强!英国著名诗人雪莱告诉我们"如果冬天来了,春天还会远吗?"是啊,熬过了寒冷的冬天,迎接我们的是温暖的春天,所以我们要坚强,这样才能绽放生命的光彩!

> 教师评语:一个热爱生活的小姑娘,从铮铮傲骨的蜡梅,断壁悬崖的小草,还有双耳失聪却创作了无数经典的贝多芬身上看到了生命的意义在于坚强。相信你明白了这点,以后的生活也一定会更精彩!

石缝中生存

周颜佳

生来命运对我就不公平,我被风吹落在这个岩石缝里,这是一个可怕的世界。成堆的岩石,像是一个个怪兽,露出凶猛的表情,仿佛要吞没了我。坚硬的岩石让我无法动弹,岩石缝中,我痛苦地闭上了眼睛。这就是我——一粒不幸的松树种子。

怎么办? 认命吧,让饥饿和寒冷袭击吧! 不行,生命只有一次,我不能就这样白白地死了,是种子就应该发芽,谁也不能阻挡我发芽!

我坚持着,等待着春天的来到,一天,两天……冬天原来这么漫长。终于,石缝中射进的一缕阳光照射在我的身上,啊! 春天真的好温暖。细雨滋润着我,雨水真的好甜美。我拼尽全力发芽,岩石有些抖动,再使劲! 再使劲! 我出来了,看着天上的太阳和白云,原来世界是那么美好! 我激动着,外皮有些破裂,我贪婪地吸收着阳光,不放过土壤中的任何一滴水,我奋力生长着。第二天,我长出了绿芽,自由的感觉真好! 这时,离我不远处的野草向我喊道:"喂,新来的吧,刚发芽就

骄傲了，我在这许多年，就没有种子健康地长大过。"甚至连丑陋的毛毛虫也不屑一顾地说："我劝你还是放弃吧，你不可能长大的。"我挺直身子，高声说道："我一定能长大，因为我不是杂草，我是一棵松树！"

我使劲吸收着阳光雨露的精华，在石缝里顽强地扎下了根。不管是大风还是雷雨，都无法阻止我成长的脚步。很多年后，我长大了，为这片铺满岩石的地方，增添了一处绿。再也没有人轻视我，走过路过的人都会对我投来赞许的目光。

原来，生命一旦和顽强连起来，就坚不可摧。

> 教师评语：一棵松树种子掉在了石头缝中，它曾抱怨命运的不公平，想放弃生命，但想到生命只有一次，它便努力生长，并且告诉所有瞧不起它的朋友，它一定可以长大，因为它是一棵青松。小作者以第一人称的口吻来写，读起来更让人感慨，原来生命是如此的顽强。

生命的价值

高正豪

花儿谢了，有再开的时候；树叶凋零了，有再长的时候；鸟儿南飞了，有再来的时候；钱花完了，有再赚的时候。那么人的生命呢？有重来一次的机会吗？答案是不可能的。人的生命是宝贵的，它只存在一次，只有坚持不放弃，才能有美好的明天。

前段日子，我和爸爸发现阳台上的一盆吊兰已经奄奄一息了，可能因为它离厨房比较近，被油烟熏的缘故吧。只见它的叶子绝大部分已发黄枯萎了，垂头丧气地耷拉着脑袋。爸爸顺手剪下其中看起来有点绿意的一束，对我说："如果它就这样死了，太可惜了！我们来救救它吧。"我满脸诧异地问："怎么救啊？它已经发黄枯萎，没有生命力了！"可爸爸却说："让我们来试一试吧！"于是我们把这株小吊兰插到一个空

余的花盆里,又小心翼翼地给它松了松土,浇了浇水。

过了两天,我想起小吊兰,跑去看看它,只见原本发黄枯萎的叶子已慢慢伸开,而颜色也逐渐由黄变绿了。我想:难道它在努力恢复生命力吗？又过了两三天,我再次去看小吊兰,惊奇地发现,它竟然长出了一片新的嫩叶。就这样一天天过去,小吊兰又长出了好几片绿叶,生命力是越来越旺盛了,看起来都有些绿意盎然了。小小的一株吊兰,包含着多么顽强的生命力啊！

从小小的吊兰身上,我明白了一个道理:一定要珍惜生命,热爱生命,只有不放弃,不抛弃,才能让有限的生命体现出无限的价值。

教师评语:生活中处处蕴含着生活的哲理,小作者从一株濒临死亡后重生的吊兰身上看到了生命就是不放弃、不抛弃,就一定能体现生命的价值。有感而发,从小事入手,从生活在发现,文章也更有生命力！

顽强的生命力

苏思怡

世间万物都有生命,而生命一经宇宙创造,就会以顽强的毅力存在。

我的老家在农村,每逢假期我都要回老家。农村的美好就在于地广人稀,家家户户都有一个独立的院落,院落里种上蔬菜和花草,显得特别温馨。

农村的早上很安静,爷爷奶奶总是起得很早。通常奶奶烧早饭,爷爷去干农活,而我就喜欢在奶奶家的门口玩。那里每朵花的开放、花瓣的凋零都逃还过我的眼睛；每根草的成长都让我惊喜。

那天,我惊奇地发现门口的石头缝里,伸出了一丁点儿绿绿的东西。它纤细如发,不细看,是看不出来的。我走近去端详,原来它是一

棵小树苗。看到小树苗从坚硬的石头裂缝里长出来，那真是太神奇了。我蹲在石头边上，审视着这棵小树苗，我左看右看，我想知道它的种子是怎样进入石缝里的，它又是怎样发芽长大的，靠什么力量从那么小的缝隙钻出来，越看我越觉得它太了不起了！

从那以后，我没事总喜欢去看它几眼，眼巴巴地希望它快点长大。

有天晚上，下起了大雨，风呼呼地吹着，外面又黑又冷，我站在窗前呆呆地看着门口的那块石头。望着小树苗的方向，我心想，它估计要完了。它那么小那么弱，不是被风刮走就是要被雨淹死。想着小树苗不在了，我心里有些失落。

第二天早上，我和爸爸妈妈一起到门外散步。突然，爸爸惊喜道："这里什么时候长出了一棵小树苗！"听了爸爸的话，我赶紧用目光去搜寻爸爸说的小树苗，顺着爸爸手指的方向，我看到了我心心念念的小树苗正在风中摇曳，它像个将军一样屹立于石头之上。我高兴极了！激动地跳了起来。

随后我告诉了爸爸我和小树苗的友情以及我昨夜的担忧。爸爸若有所思地对我说："世界上任何生命都是很顽强的，哪怕是一棵不起眼的小树苗，大自然就是如此神奇和伟大！"

爸爸还告诉我：树是如此，人也是如此。既然大自然给了我们生命，我们就要以最强大的力量来好好生活。所以我们要珍爱生命，让生命绽放光彩！

> 　　教师评语：小作者能从生活中不经意的"遇见"发现生命的不可思议；再由小树苗抗击风雨来感悟生命力的顽强；最后由树及人，联想到世界万物，渺小如小树苗都能好好地活，何况是大自然精灵的人类呢，不是更应该好好地珍惜生命，实现自己的价值吗？我们常说：不是生活中没有美，是我们缺少发现美的眼睛。所以我们要像小作者一样用自己的慧眼去捕捉大自然的这种美，感悟生命的美好！

一只小鸟的向往

黄敏悦

瞧，一只头上长着灰白花纹、活泼又机灵的小鸟正站在枝头引吭高歌，它的身边还有许多和它毛色一样的伙伴和它唱和着，它们似乎在高谈阔论，又似乎在进行一场自由的辩论！而我就是那只领头的鸟——白头翁。

我有一群好朋友，我们情投意合，一起唱歌，一起在林中嬉戏，一起捉虫为食，还一起入窝入睡。我们那么亲切，那么友好，一点儿也不拘束。我们永远都不会厌弃这种生活，因为我们热爱我们的家园。

直到有一天，树林里来了一群人，他们每天都拿着锯子这边轰隆隆，那边轰隆隆。那尖锐又刺耳的噪音让我们无法再唱歌、无法再在林中嬉戏。我们惊恐地不敢离开自己的小窝。看到我们的家园越来越小了，我们再也无心享用美味可口的食物了；再也不能安心进入梦乡了。

渐渐地，我们被挤在一个方寸之地了。

不久之后，树林只有最后一棵树了，我们也将失去唯一的一个家了，想到没有了自己的家园，没有了以前的快乐，我们还要被迫离开，我们就伤心欲绝。尽管我们舍不得这个原先充满了快乐的地方，但为了生存，我们不得不迁移到别的地方去。

在家园最后的那个晚上，我们依偎坐在一起，回忆着以往的点点滴滴，灵魂飘向远方——天大地大，何处才是我们永远的家……

教师评语：全文采用拟人的手法来写，读来亲切感人。小作者以一只小鸟对永久家园的向往来写保护自然环境的重要性。文章的结尾用省略号来结尾，那看似没有结局的结局，实则是为了引起人们的思考：小鸟的家园又何尝不是人类的家园呢？也许只有人类守护小鸟的家园，人类才会一直拥有自己的精神家园。

风雨中的飘摇

李天赐

我老家门口的旁边有一片小草地，上面种着各种各样的花，花开时节，姹紫嫣红，美丽极了。但是，有一株"野草"却夹杂其间，我总觉得它挤在众花之中，有点煞风景，因此我不太喜欢它。

不知从什么时候起，那朵"野草"就扎根在这里。尽管它是不速之客，可是却总是比别的花长得"结实"一些，也略高一点"个头"。虽不大喜欢它，但因它总是高过其他的花草，偶尔我也会小觑它几眼。慢慢地，我发现那小小的叶片中间居然抽出了几根细小的茎蕙，它们像孩子一样挤在叶片中，被叶片母亲呵护着。

没过几天，台风摩羯来了，它使劲吹着大地上的万物，许多植物被吹得东倒西歪。我们也赶紧关闭门窗躲进了家里。透过玻璃窗，我看到那朵"野草"正抱着它自己的"孩子们"在狂风中东摇西摆，似乎快要被风吹得连根拔起，我想它肯定躲不过这一劫了。风越刮越大，草地上的小树苗倒了，那些我喜欢的花朵也被吹得七零八落。

风终于停了，我跑到草地上收拾残花。突然，我惊喜地发现那棵"野草"竟然还在。它不仅活着，而且那些细小的茎上还抽出了几个小花苞！

原来它不是一根"野草"，而是一株我不知名的花！看着它那歪斜身躯却透出一股生命的韧劲，我不得不佩服它那强大的生命力。

随后的几天，偶尔也会狂风骤起，倾盆雨下。但它都能顶着风雨，茁壮地成长，渐渐地开出了一朵又一朵，洁白的小花。这些花朵虽小但生命力却极强，它们胜过草地上其他的花。

它虽然不那么耀眼，但它不惧风雨的勇气还是让我由衷地想赞美它。

这株小花让我难以忘怀。因为它让我懂得了生命的榜样和意义！

> 教师评语：文章的整体构思非常清晰，主题鲜明突出，写作手法也很纯熟。主要采用了欲扬先抑的手法来写自己对"野草"的喜爱和赞美。其次拟人、对比等手法的运用，让情感自然而然地流露出来。小作者对"野草"的情感也随着"野草"所展现的生命韧劲而悄然发生变化，由不喜——惊讶——惊喜——佩服和赞美。从情感的变化也可以看出小作者不仅有一颗热爱生命的心灵，而且也拥有从小事物身上去感受美和欣赏美的情怀。

一棵树的自述

蒋琪樾

一头浓绿又茂密的"爆炸头"，一条条细细长长的"手臂"，一根又直又挺的躯干，再加上一身似鳞片一样织起来的"外衣"，这就是我——一棵柳树。

我每天都待在公园的一角，偶尔会有几个小朋友们到我的身旁玩老鹰捉小鸡、躲猫猫的游戏；有时我还会收留新朋友——可爱的小鸟在我的身上休息，就算它们要在我的身上造房子，我也不介意，因为它们每天都可以唱歌给我听，所以我一点儿也不寂寞。我很享受这样无忧无虑、自由自在的日子。

然而，好景不长。

小朋友们每次玩好后，走之前都从我的身上把我的"手臂"一条条扯下来做柳枝帽，或折断，或玩耍，或随意丢弃。我真的想和他们理论，我把荫凉和美好送给他们，可是他们却残害我的肢体；我也想对他们吼叫，并告诉他们不能这样对我。

　　我的"手臂"渐渐地少了，我的枝叶不茂密了。小鸟们慢慢地全都飞走了。因为我的身边到处是玩耍时小朋友丢下的装食物的臭烘烘的垃圾袋；一片一片脏兮兮的彩色包装纸；一个一个东倒西歪的易拉罐；还有一张一张随手丢弃的白色湿纸巾——周围到处是嗡嗡乱飞的苍蝇。

　　我没有嘴巴，不能诉说我的痛苦；我也没有双脚，不能离开这里。只能日日停留在这个我不喜欢又被人遗弃的地方……

　　接下来的日子里，我每天都忍受着巨大的痛苦，我生不如死；我好怀念以前开心、自由的日子；我也怀念小鸟朋友们——我的血泪情不自禁地流了出来！

> 　　教师评语：小作者以一棵树的口吻来述说人类对自己造成的伤害和痛苦，让我们见证了一棵树对人类不文明行为的控诉。也许这不仅仅是一棵树的自述，也是对人类破坏自然的一种责备。文章表面上是通过柳树的自述让我们看到了破坏环境前后柳树不同生存状态的痛苦与悲伤，实则是想告诉我们，柳树的生存状态就是人类自己的生存状态，柳树的痛苦就是人类自身的痛苦。人类若亲手破坏自然，自然也将亲自回报人类。

生　命

刘先硕

生命如此顽强
正如蚯蚓断成几截
仍然可以活出精彩
生命如此脆弱
好似蚂蚁一碾即亡

没有丝毫反抗之力

生命如此漫长

正如乌龟能活百年

死亡来得很迟很迟

生命如此短暂

好似浮游出生即亡

来也匆匆去也匆匆

啊！生命既短暂又漫长

既脆弱又顽强

但不管怎样

生命只有一次

让我们珍惜她

活出更好的自己

教师评语：我们的小作者俨然是一个小诗人，从不同生物的不同生命特征作诗一首，虽然语言很简单，有些稚嫩，却也十分在理。让我们记住，不管我们的生命有多久，都要绽放美丽的光彩！

绿扇儿与黄扇儿

王　凡

　　春风一来，就唤醒了沉睡了一冬的银杏大伯。他才睁开眼睛不几天，他的闺女们一个个就展开了嫩绿的小扇儿，柔软而轻巧，引来了许多游客的啧啧称赞！

　　夏天烈日炎炎，银杏大伯才说了句："嘿！这太阳晒得我头皮都有点发烫了！"他的姑娘们就努力地张大了绿扇儿，你挨紧我，我靠拢你，

把银杏爸爸遮得严严实实的。银杏大伯惬意地闭起了眼睛，打起盹儿来。这时村民们摇着蒲扇，搬着小矮凳过来了。"二虎妈，你瞧这银杏树上的小扇儿虽没有我们的蒲扇大，可搭起来的凉棚可密了！""铁蛋爸，你说得太好了，要是咱村口没有这棵银杏树，夏天都没个好去处了……"绿扇儿姑娘们听了乐滋滋的，心想：我们只是孝敬爸爸，不承想给村民们也带来了阴凉！接着又传来了一阵嘈杂声，她们俯身一瞧，原来是一群小戏娃拖着拉杆音响来这里排戏了。她们唱啊跳啊，歌声都传到十里之外了……

秋天，枫叶变红，树叶变黄。银杏姑娘经过一个酷暑的炙烤，脸变黄了，皮肤也粗糙了。一阵秋风吹来，叶姑娘们便纷纷跳水一样地飘零，这场景太美了！许多游客都来到大树下拍照留作纪念。还有一些小学生来把黄扇儿捡回去做叶贴画和标本。黄扇儿姑娘心里还是有几分自豪，心想：我们老了还有用处哦！

冬天万物凋零。银杏大伯几乎成了秃子，仅剩下几个黄扇儿姑娘紧紧地挨着父亲不忍离去。银杏大伯狠狠心说："好闺女们快下去吧，我们父女迟早要分离的……""不！游客走了，小孩也不来了，我们跳下去也没人稀罕了……"突然传来一句浑厚的声音："不！我们稀罕你，大地需要你们哪！"黄扇儿姑娘一看原来是土地公公，她们眼睛一闭奋不顾身地跳了下去……

北风呼呼地吹着，仿佛在给银杏姑娘喝彩。她们一个个飘落在地上和着泥土化作了春泥，化作了养料，化作了来年春的希望……

教师评语：本文流畅生动的语句，好似庐山瀑布，飞流直下，通顺极了，比喻得也十分贴切，说明小作者一向观察细心。还能想出这么巧妙的拟人句的，反问句运用在这里非常合适。本文表达了小作者当时真实的感情，全文可圈可点的佳句不少，给文章增添了些文学情趣。(指导教师：汤建武)

听，大自然的声音

包语晨

清晨的第一缕阳光撒向大地，它光着脚丫，在窗纱上留下了足印，竟没发出一点儿声儿？嘘！静静地听，你捕捉到那响声了吗？那或浓或淡的脚印，透过薄薄的窗纱，印在地上，床上，桌子，脸上……像是刷了一层浅黄色油漆。

"叽叽喳喳……"鸟儿们打破了这份宁静，这声响像是一首曲子，悦耳、动听，那音韵带着短促的调儿，还有那四线格，托着长长的尾巴，带着令人陶醉的音符，附和着声音，它们调皮地溜进人们的房间，与墙玩碰碰游戏。

此时此刻，听到这样的音韵，怎不令人陶醉呢？

和着鸟儿的伴奏，太阳公公一点一点地探出头来，似乎重返了20岁，变成了小孩，用好奇的目光，打量这个世界，把自己的"正能量"馈赠万物，那柔和的光芒，是太阳公公送给大地的礼物，让大地也被染上了浅黄色，大地上万物生机盎然，这大概是大地回馈太阳公公的吧？

"喔喔喔……"就在这突然间，公鸡用它尖尖的却不刺耳的男高音，歌咏着太阳，歌咏着大地，仿佛在说："多么美好的天空，多么美好的日出啊！"你看，它挺起了身子，绅士一样地清了清喉咙，鞠着躬，很有礼貌地问："可以起床了吗？你们怎么忍心浪费这美好的早餐呢？"它一步又一步地走向村子，高高的抬起脑袋，似乎在看人们有没有起床。你听，不一会儿，又会传出它的鸣叫。

与前一阵子的鸟儿叫，一首一尾，凑成了起床交响曲。

"叮叮咚咚，叮叮咚咚"不知是谁在敲鼓，那声音伴随着轻快的步伐，流向远方。啊，原来是你啊！小溪，真不愧是一位出色的击鼓员，一位天才的音乐家啊！风婆婆也来助阵了："呼呼呼……"小草听到了这

两种交织在一起的声音,怎能不乐?

天渐渐亮了。

上午,渐渐热闹起来。

蝉清了清嗓子。"知了,知了……"

日斜西边,你听——"叮叮咚咚……呼呼呼……沙沙沙……"

> 教师评语:大自然的声音丰富多彩,小作者选取了其中几种声音展现于读者面前,是那样的清新自然,那样的随意美好。在小作者的眼中,自然界的万物都弥足珍贵,都使人陶醉,因为他用爱的眼神在打量着世界。(指导教师:罗勤勤)

雷 阵 雨

吴浩然

忽然,一道闪电划过长空,然后一声惊雷咆哮着从天而降,紧接着豆大的雨点像是机关枪扫射出的子弹一般落在地上,绽开了一朵朵美丽而短暂的水花。雨越下越大,大大小小的雨滴连成一片,好似银龙在拥挤的空间里碰撞、飞溅,画出一条条不规则的曲线。

你听见了吗?"呱呱呱"的声音,那是青蛙合唱团在歌颂着他们的快乐。"叽喳,叽喳",听,那是小鸟在给大雨伴奏呢!小狗侦查员来了,"汪汪汪"地叫着,好像在告诉大家"雨要下大了,大家快回去吧!"歌声瞬间消失,外面一片寂静,只听见哗哗的雨声。

雨还在下,动物们都躲了起来,但植物却借此机会吸收水分茁壮成长。看,那儿有一丛野草,记得去年它们全部枯萎了,今年在大雨的滋润下又再次生长,这真是"野火烧不尽,春风吹又生"啊!远处的小溪边有一棵碧绿的柳树,没有风的时候,整棵树在阳光下像一个窈窕淑女,羞答答地站在草坪中。微风吹来,柳枝随风摇曳伴着风的节奏跳舞。

狂风刮来,枝条使劲摇摆像一头发疯的狮子。现在,它依然站在那儿舒枝展叶尽情地喝着雨水。

雨越下越小,风姑娘随之而来,她对乌云婆婆说:"乌云婆婆走,到我家去做客吧!"乌云婆婆大手一挥,随着风姑娘走了。太阳公公见状,也急忙赶来,将阳光洒满大地。"汪汪汪"小狗侦查员又来了,是在告诉大家雨停了。

露珠从小草的肩上划过,太阳透过树叶照射在大地上。小朋友们出来了,小动物们也出来了。小孩们在潮湿的草坪上玩耍嬉戏,青蛙合唱团演奏着动听的音乐,小鸟们也给他们伴奏,美妙的音符在每个人、每个动物的心中流淌,多么美好的一幅雨后风景图啊!

"哗哗哗",这篇雨的乐章在每个人心中回荡。

> 教师评语:雷阵雨,来得快,走得也快。小作者运用拟人的手法,描写了雷阵雨来时和去时的声响、动植物的姿态,是那样的有趣,那样的和谐、那样的让人兴奋。雷阵雨,洗涤着大地万物,也荡涤着人们的心灵。(指导教师:罗勤勤)

四季的风

刘思敏

风悄悄地来,
又悄悄地走。
春天,
它穿上
粉红色的衣裳,
去拜访花儿。
夏天,

它套上
绿色的短裙，
给人们凉爽。
秋天，
它换上
鹅黄色的秋装，
和落叶玩耍。
冬天，
它裹着
银灰色的棉袄，
与红梅交谈。
风，
你悄悄地来，
又悄悄地走。

教师评语：小作者通过想象，让风儿穿着不同颜色的衣服，悄悄地来，悄悄地走。小诗读来清新自然，朗朗上口，也让读者喜欢上四季的风，盼望着一年四季的轮回。(指导教师：罗勤勤)

家　燕

杨雯欢

"唧唧——唧唧——"谁在这么近的地方柔声细语地欢叫？噢！原来是一群家燕！

我上次见到它们，已经是去年春天了。当时，麻雀、黄莺和其他许许多多的"朋友"已经在忙着筑巢，在百鸟于明媚的晨光中卖弄清亮的歌喉时，家燕从南方回来了……

那天早晨,我被奇妙的叫声吸引了过去,望见在不远的电线上站着两排我十分熟悉的"老朋友"——家燕。它的身体羽毛呈蓝黑色、臀部呈黑色、喉部呈砖红色。尖尖的小嘴是黑色的,眼珠也是乌黑的。

家燕在我们这里是夏候鸟,但是在云南、海南、台湾等地则为冬候鸟或留鸟。每年初春,家燕成群结队地飞来。回乡后头一件"大事"便是在房檐下或屋梁上建造自己的家园,有的补补旧巢,有的建一个新的巢穴。它们不断地用嘴衔来泥土、草茎、羽毛等,再混上自己的唾液,没多久,一个崭新的半碗形的窝便出现在你家的屋檐下了。家燕还有着惊人的记忆力,无论迁飞多远,哪怕隔着千山万水,它们也能够靠着自己惊人的记忆力返回故乡。

家燕十分友好,有时竟可以做到旁若无人的境界。要是落到低矮的平房顶上,对屋檐下走过的人毫无顾忌,只是一心一意地埋头做好自己的事,似乎没有任何鸟能和人类这样和睦相处了。

家燕那艳丽的颜色,别致的羽冠,从容的叫声,为春色满园的乡间小村增添了<u>丝丝春的气息</u>!

> 教师评语:小作者细腻的描写,似乎使读者的耳边响起了"唧唧——唧唧——"的家燕的叫声,眼前也似乎展现出家燕衔泥做窝的劳动场景,好似也看到了家燕与人们同住一个屋檐,和谐快乐的那些美好!(指导教师:罗勤勤)

小松鼠

朱思彤

我太爷爷家在一片松树林里,每次过春节的时候,他都会给我一个惊喜,这一次太爷爷送了我一只小松鼠。

小松鼠的毛很密,很暖和,从远处看,它就像一团毛绒球。它经常

躺在我们身边,似乎是让我们给它挠痒痒。它很瘦,但尾巴却很长,毛茸茸的,它头上有一撮很不听话的毛,总是耷拉着。于是,我就剪了它,可几天后又长出来了,其实,它自己也想把这撮毛压下去。最近它不知怎么了,就是不听话,所以它的外号就叫"野牛"。

"野牛"喜欢吃坚果,它用两只小爪子捧起坚果,用牙一咬,"咔嘣"一声,外壳开了,它把外壳扔掉,一口一口地吃,吃掉一个,又一次向我要。这松鼠有些怪,它只吃松子和坚果,其他的一律不吃。它睡觉的时候,用尾巴当被子,也不到指定的地方去睡,而且睡得很香,非得等它一两个小时,或使用松子和坚果让它吃,它才会醒,唉,不但贪吃还贪睡呢!

有一次,我忘记给它喂食了,它就自己跑到厨房里放松子的地方,东扒西扯,结果把米袋子给抓破了,一大堆白米把它给活埋了,就为抓它,在厨房里展开了一个人鼠大战。

爸爸出差回来,偷偷把小松鼠放回大自然里了。我虽然很伤心,但大自然才是小松鼠的家,我应该让它回到自己的家。

> 教师评语:小作者与小松鼠一起生活的这段时间,通过认真观察,走进它、了解它,也与它结下了深厚的感情。当小松鼠被放回大自然时,不免伤心,但也释然。(指导教师:罗勤勤)

狗狗的故事

施雨涵

你和狗狗对视过吗? 当我和自家的小狗对视时,我看到了它那棕色眼睛里的故事——

正当我和小伙伴玩耍时,一阵凉风吹过,一双粗糙的大手捏住我的后颈把我提了起来。听着几个人"叽叽喳喳"的议论声后,我眼前一黑,一个大大的东西罩住了我，实在有些无聊，竟然在颠簸下迷迷糊糊地睡着了。不知是什么时候了，突然一阵强烈的阳光照了进来，我睁开了眼。

这是哪里？他们是谁？我看到我在一座黑色高大的房子面前的水泥地上。这，这不是我认识的那温暖的小瓦屋！我转圈起来，这是个游戏，不一会儿，爸爸妈妈就会笑嘻嘻地从后面钻出来，但是现实是残酷的。我的妈妈和兄弟们在哪儿？我慌了，恐惧慢慢吞噬了我的心，我开始冒冷汗，甚至怀疑只是个梦，一切都不是真的！事实证明我是错的，我第一次觉得原来我是这么渺小。我无望，呆滞地站在冷冰冰的地上。

这时，一个小家伙映入我的眼睛，它身上的毛蓬蓬的，就像一个球。它热情地向我打招呼，我皱皱眉很纳闷：它难道有说不完的话题吗？我并不怎么喜欢它。

一天后，我睁开眼睛环顾四周，才又记起来我搬到了新家，也有了新的名字"虎头"。小主人也非常友好，平时总是拿着诱人的肉一边喂我，一边抚摸着我的头。可是她好像更喜欢另外的那只小狗，给它的饭总比我多一些。我不服气，向它跑去和它争夺起来。它当然抢不过我，只好灰溜溜地站在一旁。当我洋洋得意时，小主人却拿起扫帚要赶我，我感到皮上一阵火辣辣的疼痛，我只能委屈巴巴地跑到自己的小窝里，含着泪把肉吃下去。我不知道一个人会有这么大的变化。

在以后的日子里，我吸取了教训不再跟它抢，可是每次看到它，心中的怒火又燃烧起来，但我铭记这疼痛，转过头去，不愿再看它一眼。可它却还跟在我身后，我去哪儿，它也去哪儿，这让我更加烦躁，不喜欢最终升级成了讨厌。我不知道恨是什么，只感觉有它没我，有我没它。

我真希望有一天它能消失，这样小主人就会只爱我一个了，再也没有人会和我抢东西，如果这样我一定会很开心的。

直到有一天，它摇着尾巴，向我说出去玩后，就再也没有回来了。它真的在这个世界上消失了。我的愿望实现了，但我并不开心，反

而觉得心里空落落的，我耳朵里再也没有"叽叽喳喳"的说话声了，我的眼睛里再也没有出现过那么活泼的身影了。我突然意识到，在我万念俱灰，没有希望的时候，是它用自己的光芒照亮了我。我想对着天空说一声：谢谢你，你到另一个世界去帮助别人了，如果有一天，我也去了那个世界，就会和你团聚了。那时，我们重新做好朋友。我想让你回来！你听得见吗？

我才发现，其实它已经是我生命中不可缺少的一部分了……

狗狗的世界其实很单纯，你真心实意地对它，它总会发现。因为，爱永远不会迟到！

> 教师评语：狗狗的世界犹如人的世界，有不平等的待遇、有淡淡的友情、有寂寞的灵魂……小作者从狗狗的视角，写下了狗狗世界里的爱与恨，害怕与担心，现实与想念，字里行间流露出对狗狗的了解与喜爱。（指导教师：罗勤勤）

飞

柏　力

朋友，看见"飞"字你想到了什么？是展翅高飞？是沿地飞行？还是……不管如何，"飞"都象征着希望，象征着美好。不然，中国古代的神话故事中的神仙，怎么都会飞呢？而我，想到一个故事……

一只小飞蛾，叫"蝶"。他喜欢光明，讨厌黑暗，因为，天一黑，他就像一只无头苍蝇一样乱飞，一会儿碰边，一会儿碰顶，一会儿又摔落在地上。因此，他喜欢住在灯火通明的人家里。

有一天晚上，夜深人静了，主人们也睡了。灯关了，他似乎被窗外的虫鸣吵得心烦意乱，睡不着。他看见外面灯火闪烁，而房间里一团漆黑,伸手不见五指,蝶准备出去散散心。于是,他平衡双翅,扇动翅膀,身体前倾,准备离开了小家。

他绕了一圈,发现纱窗最容易飞过,他做了个深呼吸,"嗖——"地一下撞在了纱窗上。他不在意,好像没感觉到疼一样,加大马力,继续往前冲。而他没发现,在底下有一个小洞,近在咫尺,似乎在等候他的到来。他筋疲力尽了,他想放弃了!当他在做最后的努力时,身子沉得不断往下降。在无意间,穿过了小洞,他发现,外面的灯火更亮了,世界更美了,仿佛来到了世外桃源,使他想高歌一曲,表示自己满心的愉快。他突破了障碍,来到了一个新世界。

当陨星从太空中坠落,当岁月从指尖旁流过,少年,抓紧时间,打开窗户,像蝶一样,飞出去,去寻找新的自己吧!

教师评语:一只小飞蛾为了光明,不惜以身试险、伤痕累累,尽管困难重重,却不言放弃。小作者从不一样的视角,发现着,努力着。他的内心也像飞蛾一样,积聚着力量,为了自己的理想,正憧憬着、奋斗着。加油吧,少年!(指导教师:罗勤勤)

青色童年

指导教师　俞　燕

　　童年是每个人最快乐的时光。童年时的我们总是盼望着长大，而长大后的我们却如此怀念童年。童年时代的点点滴滴，总能给现在疲惫的我们太多的馈赠和安慰。有人说：童年是青色的，是未成熟的果子。孩子们，当你们长大，回顾从前，你会发现童年的"酸甜苦辣"，都是人生旅途中品尝过的最美的滋味！

期待长大

汤金磊

笼子里的小鸟,期待着飞向高远的蓝天;迷路的孩子,期待着夜空中最亮的星星指引他找到回家的路……而我日思夜想,期待着长大!

记得那是一个阴雨连绵的日子。"唉,又发高烧了。"妈妈拿着被我捂得滚烫的温度计,无奈地对着病恹恹的,躺在床上的我说。"我也不想啊!"我有气无力地对坐在床边的妈妈说,"谁知道现在的流感病毒这么强呢!"妈妈苦笑道:"你的身体素质太差,三天两头地发热、生病,你这是觉得我平时没好好照顾你,是要我到你生病时好好陪陪你? 还是觉得我钱多,给我找个另一种开销方式?"一边说着,一边不停地拿热水给我喝,给我擦身子。说起我的身体,可真是令人担忧,别看我长得挺结实,有一副硬身板,可我却是个典型的"绣花枕头——稻草芯"。每次生病,真正吃苦的不是我,而是我的妈妈。夜深人静的时候,妈妈强打着精神,拖着疲惫的身子,使出吃奶的劲儿,把我抱上车,开车带我去医院看急诊……

我每一次生病,异常心疼妈妈。当妈妈生病了,她身体滚烫,躺在床上,难受得说不出话来。我却手忙脚乱,想让妈妈多喝水,却把刚泡好的水洒了一地,心中实在是憋屈,更别说能送妈妈去医院了,真是水牛掉入井中——有劲使不上。

我多么想快快长大,长大了身体能真正硬朗,不再那么容易生病;我多么想快快长大,妈妈生病时也能得到我贴心地照顾;我多么想快快长大,能料理家中的一切,让妈妈不再那么操心!

教师评语:朴实、真实的语言描写把母子间浓浓的深情表露无遗。小作者真是一个孝顺的孩子! 相信在不久的将来,他的肩膀一定能扛起这个家,让父亲不用再去遥远的地方辛苦地工作,母亲也不用这么辛苦地为家操劳。

学会释然

沈心悦

　　我奔跑在一望无际的田野边，风从我耳边飞过，长长的头发被风拉得笔直，洁白的裙子在风中舞动。我喜欢奔跑，去捉住一些我舍不得的美好。

　　春天到了，万物复苏。麦子长出了嫩绿的小苗，小草也探出了头，花朵向我绽放它最美丽的样子。我跑，跑过小溪，跑过小树。不停地，我不停地超过我前面的东西。六岁那年的我，傻傻地以为捉住一只蝴蝶，就一定能捉住春天。

　　夏天到了，我听见一只又一只的知了唱着优美的乐曲。我随着歌声奔跑，在途中我看见了很多知了，可每当我要抓住它们的时候，它们便飞走了。我很伤心，我怕夏天马上就要逃走了。我在一片麦子田里穿行，细细看它的枝叶，也并没有发现知了的身影，只是时不时地听见它的声音。秋姐姐很快就要来了，想到知了马上就没了，夏天也马上要走了，我急得直跺脚。我的目光寻遍大树、小溪、木灌，终于在一棵不知名的树上发现了它。我小心翼翼地捧着回家，把它养在小盒子里，每天悉心照料……八岁那年，我以为留住了知了就留住了夏天，可是夏天还是过去了。

　　秋天的田野不只是金黄，还带着果实的甜美味道。阳光洒遍大地的每一部分，仿佛整个世界都是金色的。不论是清晨还是傍晚，不论是晴天还是雨天，我都会在那条蜿蜒的乡间小路上奔跑，又开始寻找那一片最美丽的黄叶。一步一脚印，踏踏实实地跑。我遥望四周，看看这金黄的世界。我以为只要找到那片最美的黄叶，就能留住秋天，可是秋天还是一样过去了。

　　天空中下着很大很大的雪。一下子，世界又变得如纸一样白。我在小路上奔跑，雪白的"地毯"上被我印出了几朵小花，真漂亮。我又开始寻找那片不会化的雪花,把手轻轻张开,一片又一片的雪花落在我手心,不一会儿都化了。我的小手冻得通红,衣服有点湿,我还是没有放弃。我天天去寻找,时时去观察,雪花很快就离我而去了,冬天也悄悄地过去了。

春、夏、秋、冬,所有美好的一切我都没有抓住,他们也没有为我停留一会儿。也许你会觉得伤感,可是我没有,因为我学会了释然,因为我终于知道了:当你失去一个美好的同时,另一个美好正悄悄地赶来。

> 教师评语:美好的事物往往都让人留恋,在我们想要追逐、留住美好的事物时,美好的一切却消失了。所以,不必强求,不要挽留。让一切随风而去,下一个美好又会在不远处向你招手。童年的美好将逐渐成为你永恒的记忆,而下一个美好,又将与你不期而遇! 让我们翘首以待。

如愿以偿

鲍志峤

我一直有一个小小的愿望——拥有一辆属于自己的自行车,并学会骑自行车。

我从幼儿园开始就有这个想法了,也向爸爸妈妈提出过这个请求,但无奈的是,爸爸妈妈说我还太小,我也没有办法,只能希望自己快快长大。一年级的时候,我又提出了这个要求,说:"如果我学会了自行车就可以骑自行车上学了。"爸爸说:"只有年满12周岁才可以骑自行车上路。"我说:"那先学起来吧!"爸爸说:"等你长大一点再说。"虽然我答应了,但还是不开心,因为到底什么时候我才能长大呢?

终于在我的软磨硬泡下,二年级时爸爸、妈妈同意买一辆自行车给我了。一到自行车商行,我的双眼就直发光。这里满是自行车,地上都放满了,还有很多自行车被挂在架子上。我的目光很快被那些特别大

的自行车吸引了,那些自行车和我爸爸的自行车一样又大又好。爸爸妈妈好像看出了我的小心思,对我说:"那些自行车是大人骑的,小孩的自行车在这里。"我把目光投向了爸爸、妈妈说的小孩子的自行车。很快,我相中了一辆上面画有一只熊猫的自行车。把它运回家之后,我立刻开始认真地学习骑自行车,因为我怕摔跤,第一天我不敢骑。第二天放学回来后我又开始练习,经过反复练习,我终于学会骑自行车了,还让爷爷把我绕房子骑了一圈的视频发给爸爸、妈妈看。视频中,我欢呼着大喊:"我学会骑自行车啦!"

那一天学会了骑自行车,让我有了满满的成就感!那一天真开心,我终于实现了第一个小小的愿望!

> 教师评语:小作者善于通过人物对话、动作和心理描写,叙述自己从"渴望学骑车→年纪小不能学→买车学车"的过程,写出了自己最真实的生活和感受,写的是真人真事,抒的是真情实感。文章脉络清晰,人物形象鲜活、生动。

加油吧,少年!

李贝宜

小时候,我们总幻想着一些不切实际的事情,比如:成为一个美丽的公主,会遇见白马王子之类的。而长大一点后,我们又有了别的梦想,例如:考上清华、北大。我想,这些美好的幻想就是让我们充满动力的目标。

"不经历风雨,怎能见彩虹。"我在经历了无数次失败以后,心中一直默念着这句话。大约在半个月前,我突然想起已经十三岁的我,居然还不会骑自行车。于是,我向妈妈申请买一辆自行车来学习骑车。一开始,我摔倒了,可是我并没有受此影响,还信心满满的。但在失败了很多次后，我慢慢没了耐心。在休息时，我总结出了自己失败的原因，自信地又试了试。我先脚一蹬，然后开始踩脚镫子，眼睛全神贯注地望向前方。一阵清凉的风迎面吹来，几缕散发在空中飘扬，那天下午，阳光正好。我缓过神来，这次居然成功了。骑了一小段后，我又停下来，用同样的步骤又试了一次，果然又成功了！

　　我记得，我还尝试过一件与学自行车相似的事情，就是做 diy 小屋。一开始我做这个是因为当时我想做一名室内设计师，后来慢慢发展成了爱好，也可以说是习惯。我做第一个 diy 小屋的时候大部分都是妈妈完成的，后来做第二个的时候，我对妈妈说："这次我想一个人完成，你可别帮我了。"妈妈欣然应允了。我每天下午都在房间里做这个 diy 小屋，自己缝制被子、枕头……渐渐拼凑出了一个温馨的小屋，足足做了半个月才完成，对这个自己亲手做的小屋，我爱不释手。再后来，每个假期做一个 diy 小屋已经变成了我的习惯，一直到现在。成为一名室内设计师的梦想，也一直伴随我到现在。

　　童年有很多值得回味的快乐。童年那些美好的梦想也不只是一个不切实际的幻想，而是一个需要你努力去实现的目标。加油吧，拥有快乐童年的我们！加油吧，一切皆有可能！

　　教师评语："不试试，怎么知道行不行？"这是一种多么可贵的精神，这是一种永不放弃的态度。就像文末所说"一切皆有可能！"为小作者勇于尝试、不怕困难的精神所感动，一直坚持下去，为实现自己的梦想而努力。加油，少年！

努力与收获

李章凯

　　有的人，童年的梦想是飞上天空，为人类造福；有的人，童年的梦想

是变得有钱,过上富裕的日子…无论你的梦想是什么,只要你去努力,去坚持,就有可能会实现!

在我小时候,我的家乡比较穷,母亲闲聊时都说:"现在是知识改变命运的时代,比如说像现在工程师、科学家、公务员等,收入稳定,受人尊重。"我一听,顿时心花怒放,忙跑到母亲身边说:"我将来要当科学家,能挣好多好多钱,还能为我们的家乡争光!"我的话还没说完,母亲就用将信将疑的目光打量着我,并说:"等你以后当上科学家了再来说吧。"

我听后心里有点淡淡的失落,便想证明一下自己的实力,来点什么小创意、小发明好呢? 当时正好是夏天,我就想做一个既能扇风又能当玩具的东西。不一会工夫,我这个"混世大魔王"便将家里毁得一团糟。我找到了坏的遥控器,左捶捶、右敲敲,很轻松便将它拆了。我把里面的零件拿出来,放在一旁,又将抽屉里的旧卡片拿出来,和零件放在一起。我先将小马达插进硬卡片,再找出两根导线,接通了电源,硬卡片立刻转起来,不仅能扇风,两张卡片还能玩碰撞游戏。一举两得,我对这个作品很满意。可回头一看,屋里被我翻得一片狼藉。

以上是我的追梦经历,你是否也有过类似的体验呢? 每个人都有梦想,不要说自己没能耐,那是你没信心;不要说你做不到,那是你懒得做;不要认为你差人一截,那是你追求梦想所付出的努力还不够。直到现在,我依然努力着,拼搏着。因为我知道,唯有努力,梦想就有可能会实现,你所付出的努力会与你收获的成果成正比的。

> 教师评语:一分耕耘,一分收获。就像文中所说的,"唯有努力,梦想就有可能会实现,你所付出的努力会与你收获的成果成正比的。"文章首尾呼应,主题鲜明。美中不足的是,选取的事例没有体现"努力与收获成正比"的道理。

棉花糖的梦

李章璇

　　说到童年梦想,大家可能会说:当公务员,当科学家,当警察等,而我最初的童年梦想是吃一口甜甜软软的棉花糖。

　　棉花糖仿佛与我有缘似的,时常出现在电视里,也曾令我寝不安席。电视中的棉花糖是那么的轻盈,仿佛要飞走一般。那纯洁的白色,仿佛要控制住你的眼睛,使你无法移开目光。看他们吃的时候,也有种想要尝一口的冲动。

　　有一次,我梦见一幅幸福的景象:我得意扬扬又不失优雅地拿着两团棉花糖,走在大街上。人们还不停地往我手上塞棉花糖,我吃了又吃,吃了又吃……当我兴奋地醒来时,意味深长地舔了舔嘴巴,发现这只是个甜蜜的梦。

　　太阳亲吻着山头,它那灿烂的余光将我的脸颊照得十分明亮。就在我心灰意冷时,爸爸突然提出去林城北汤看灯光节。我想他大概是看出了我的小心思吧。"据说还有卖棉花糖的。"爸爸冲我眨眨眼。我一听到"棉花糖"三个字,心情豁然开朗,开心地跟着爸爸走了。

　　一路上,我看到许多卖棉花糖的小摊,更加兴奋了。那些棉花糖在五颜六色的灯光下更加诱人。我忍不住恳求爸爸给我买了一个,迫不及待地尝了一口,发现它并没有想象中的那么好吃,还黏黏的。梦是实现了,但得到的却不是想象中的甜蜜。

　　也许得不到的才是最好的。就像棉花糖,吃不到的时候总觉得它一定会很好吃,可是真的吃到了,也就不过如此罢了!所以,有些事我们又何必去强求?保留那份美好的心境,岂不更好?

　　教师评语:"也许得不到的才是最好的"。很多时候,我们都会有这样的感觉:得不到的时候,牵肠挂肚,非得到不可;可得到了呢?又觉得

并非像想象的那么令人期待，有时甚至会后悔、失望、懊恼不已。这是人的心态在作祟。所以，要学会把一切看淡，学会释然。人生才会过得更舒心、更快乐！

旅途还长，一路芬芳

罗家欢

很小的时候，我就开始背诵古诗词，"飞流直下三千尺，疑是银河落九天。""欲把西湖比西子，淡妆浓抹总相宜。"这些诗句，总能使我对祖国的秀美河山充满向往。于是，我便从心底里萌生出一个念头：我要当一名旅行家，饱览祖国大好河山。

泱泱大中华，漫漫五千年。我国有着悠久的历史，灿烂的文化。从电脑、电视、画册、书籍上，随处可见祖国的风景名胜。杭州西湖令人心旷神怡，桂林山水令人赏心悦目，还有那一泻千里的黄河，奔腾不息的长江，一望无际的草原，峰峰相连的喜马拉雅山，北京的故宫，西安的兵马俑……我多想做一名旅行家，展现我作为中华民族一分子的赤心情怀！

目前，我已经领略过那大兴安岭的莽莽林海，领略过有"东方之珠"美称的香港特区。从北国风光到南国风情，那万里河山，让我在旅行中感慨万千！更加坚定了我的信念——成为一名旅行家。

我的父亲经常去国外出差，他常常会给我讲国外的景点、名胜。这使我的旅行梦不再局限于中国。走出国门，走向世界，我的视野必将越来越宽，理想也将越来越大，直至填充我整个心扉。我向往海外旅行，领略欧美大陆的异国情调，非洲的热带雨林，还有南极、北极的奇幻……

"读万卷书，不如行万里路。"读书固然重要，但感受生活、体验生活又何尝不重要？书本上的知识能扩展你的知识面，成为你人生导航的灯塔。但合上书本,走向大自然,你的灵魂会因为他的秀丽而澄清,你的心会因为他的磅礴而震撼!大自然的美景,会以它独特的魅力吸引着你,为你点燃心中的灯,让你激情四射,豪情满怀!

为了心中的梦想,我将会认真学习,在课外,多看一些有关这方面的书籍,掌握地理知识。并留心观察身边的人和事,加强锻炼,使自己有一个强健的体魄。

当一名旅行家,不为美!旅行者,不是一个单单游山玩水的人,我要在旅行中增长知识,在旅行中磨炼意志,在山川河流中树立人生志向,立志做一个有抱负、有理想的人!迟早有一天,理想会变成现实。

教师评语:这是一篇激情四射、豪情满怀的佳作。就跟小作者的性格一样,洒脱、奔放、敢作敢当、果敢睿智,毫不拖泥带水。如若生在古代,必定是"穆桂英""花木兰"这样的女中豪杰。最后,祝梦想成真!

舞者的心

钱笑语

(一)

每个人的童年都是美好的,奇妙的。童年是每个人梦想开始的年龄,我的童年是在一个充满梦想的城市度过的,这座城市的每一个人都憧憬着自己的未来,而我,则在这个城市找到了自己的梦想。

我从小就是一个好动,一刻都停不下来的女孩。一会儿看看电视,一会儿玩玩具,一会儿画画,一会儿随着音乐摇摆……我不想让自己停下来,这样,我才觉得这是充实的一天。不知道为什么,我对音乐一直有一种莫名的好感。我喜欢音乐给我带来的快乐,我喜欢随着音乐的节奏跳舞。但是,跟音乐比起来我更喜欢跳舞。

　　记得有一次我在家中看电视,一打开电视机我就看到了一位女舞者,在舞台上从一个角落,慢慢向舞台中央走去。她的头发盘在头顶,显得格外精神。她画着浓妆,身穿一件白色的舞裙。那条裙子是我见过的最好看的裙子:用纯白的锦缎作底,用白色的纱包在锦缎外面。那位舞者穿上它就像仙女来到了人间一般,是那样的美丽、优雅。她慢慢踮起脚尖,挺起脚背,比之前高了不少。她面带微笑的,向台下的观众展示自己最美的样子。我想:站在这种舞台上,穿着这样华丽的舞蹈服,跳着这样优美的舞姿,大概是这世界上所有女孩梦寐以求的样子吧! 哇! 她居然可以在空中劈叉,而且她外形的线条是那么柔美,我学着她的样子,也想试试。我跟跟跄跄地跟着学,不一会儿就摔倒了。妈妈看到了这一幕,并没有扶我起来,而是意味深长地看着我。

(二)

　　从今天开始,我又有了一个新任务——上芭蕾课!

　　早晨,妈妈帮我穿上练功服,送我上课。在去的路上,我的内心有说不出的兴奋,这是第一节课,我一定要给老师留下一个好印象!

　　打开那扇神秘的门,我看见同学们都看着我,所有人的目光都聚集在我身上。我的脸顿时火辣辣的,但是老师向我露出了和蔼的笑容,我的心立刻从嗓子眼放了下来。老师拉住我的手往中间走去,对同学们说:“同学们,这是我们班新……”老师讲了些什么我都听不进去,我只发现我的手心在出汗,我好紧张!老师终于讲完了,我来到舞蹈室一个不容易被发现的角落开始练习。先是劈叉,我见其他同学都下去了,我也试试,疼,但是越下越疼,老师硬把我按了下去。我瞬间一呆。咦?怎么回事? 那种疼不亲自体会是感受不到的,那种疼是千言万语都无法形容的疼。“哇——哇——”舞蹈室里充满了我响亮的哭声……但是,我并没有放弃。就这样一年,两年,三年……我慢慢可以踮起脚,再后来,可以像电视中的芭蕾舞演员一样跳出优美的舞姿。

(三)

　　大概过了四年吧,爸爸妈妈带我离开了这座城市,我的梦停止了,我将它埋藏在心底,但是,我从未忘记过——我曾经跳舞的模样。

> 教师评语:本文构思精巧,语言优美。前文写到的"我是一个爱动的孩子",爱"随着音乐摇摆",以及第三段对芭蕾舞舞者的穿着、动作描写,还有作者的心理描写,都为后文描写自己如何爱上芭蕾,刻苦练习芭蕾做了铺垫。第三部分虽然简短,但意味深长,抒发了作者对跳舞的喜爱之情。

渴望自由

汪紫璇

冬天的小草,渴望太阳;笼里的小鸟,渴望飞翔;迷路的孩子,渴望回家……而我,渴望自由。

从小,"自由"这个词经常溜进我的脑海。我有时候渴望它,但有时候又敬畏它。它似乎是一个影子,我想到它时,它仿佛就在我身边;当我想去找它时,它却消失得无影无踪。

记得前几天,爸爸和妈妈讨论我上学的方式,考虑了许多种方法,但都觉得太危险了。其实,我更想一个人坐公交车去,因为我觉得那样很自由。我想要自由。你们一直都说你们小时候十分自由,有着那么开心的童年,为什么也不能放飞我,让我出去闯一闯呢?我也是时候去接触一下外面的世界了。

如果要成长,就应该让我重新获得自由,就像一只鸟儿一直待在笼子里,逃出笼后不会筑巢,不会找食物,最终还是会死,都是因为没有自由,无法成长。所以全天下的父母们,你们知道吗?我们想要的"自由"是爸爸妈妈的放手,所以我们希望能给我们一点点自由,只要一点点。

我们知道你们让我们学习也是为我们好,为我们以后着想,所以我们也会认真学习,只是在学习的同时,我们也要有休息,可是为什么我

们休息的时候就不能做自己想做的事呢？其实这也不能怪你们，也许是因为我们自己，我们自己的胆子太小了，不敢跟你们说我们心里喜欢什么，想要什么。都是因为怕被你们骂，所以我们不敢说。其实，自由不仅要靠别人去给予，其实更需要我们自己去创造，去争取。

现在我知道：自由是快乐的源泉，按自己的方式做自己喜欢的事，才能取得更大的快乐；自律、自觉是自由的前提，当我变得不再让父母操心的时候那便是快乐的起点。要知道被拘束于笼内的人是永远不会知道这个世界有多美好。我期待着那一天的到来！

> 教师评语：读了你的文章，老师感慨万千。记得老师小的时候，做作业的时间很少，大部分的时间是和邻居的一大群孩子在"大墙门"内外疯玩。跳牛皮筋、躲猫猫、跨跨儿，每天玩到接近天黑，在父母的呼唤声——"吃饭啦"中，一哄而散。那样的日子是真的快乐！可惜，你们的童年没有。老师很理解你的心情，可是也很无奈。老师只希望在熬过了这段"不自由"的日子，你们的人生会更精彩。加油！

童年的那些事

杨静愉

在吕山生活的那些日子是我童年最美好的回忆。我一出生就在那里生活了。那里的一切都这么的美好。记得小的时候，我最大的心愿就是尝那么一小口的烤香肠！每次妈妈带我走过烧烤店，我都会呆呆地停留一会儿，闻一闻香味。啊！这是烤香肠的香味，因此我一而再，再而三地恳求着妈妈。妈妈终于同意了，烤香肠的味道真美！

"静静！静静！起床啦！我们要去放风筝了！"朦胧中听到妈妈的喊叫声。我睡意全无，开始忙碌地从床上爬起来。因为太开心，太激动了，所以还差一点从床上摔下来。

　　到了放风筝的地点后,我和妈妈买了一个"巴啦啦小魔仙"的风筝,美丽极了!到了草地上,我和妈妈合作着把风筝组合起来,成功了!也成功地把"小魔仙"放上了高空。当时的我多么想让自己飞起来。我立刻把梦想告诉了妈妈,妈妈在旁边笑了一下,说:"杨静愉,如果你飞了,爸爸、妈妈就永远找不到你了!你也找不到我们啰!你愿意吗?""啊!我不要!我不要离开爸爸、妈妈!"我非常着急地说着。妈妈安慰我说:"好!我们不离开你,你看,其实这风筝就是你,它带着你的梦想与愿望慢慢地飞向高空之中。越飞越高,越飞越高!"我听后开心极了!

　　童年总是那么的美好,童年的那些事就像是记忆长河中那美丽的鹅卵石,多么美妙啊!

> 教师评语:这篇记叙文记叙了"我"童年时在吕山发生的两件事。文章内容充实,感情真挚,语言亲切自然。对"放风筝"时母女俩的语言描写尤为生动形象,突出表现了"我"对美好的童年生活的深深怀念和向往之情。

我的"旅游梦"

杨钦媛

　　我的童年有点孤单,爸爸、妈妈工作忙,很少陪我出去旅游,所以就特别羡慕别人家的孩子能出去玩。

　　记得有一年暑假,妈妈答应带我出去旅游。我一听很高兴就重新安排作息时间表。除了吃饭和一小会儿娱乐时间,其他时间都在写作业,所以暑假作业不到两个星期就写完了。可是我万万没想到的是,后来妈妈反悔了。妈妈嘴上说是因为有台风的影响,不利于出去旅游。我心里很清楚,是因为他们工作太忙,所以没时间出去。可是听到这个消息,我还是有些失望,立刻就垂头丧气。暑假

剩下的几天里，虽然妈妈带我去了肯德基吃饭，去海洋城玩，但是我依然开心不起来，都是灰着脸的，可能是因为我惧怕在开学那天同学们在我面前炫耀暑假去哪儿玩吧。我就这样度过了原先应该非常开心的暑假。

开学那天，我早就预料到同学们会说些什么，他们还会问我："暑假去哪旅游了？"我只能轻轻地说道："今年我没有出去旅游。"

经过这件事后，我就特别想长大后当一名导游。我知道这个梦想有些可笑，没有像宇航员、医生、警察等这些职业那么让人敬佩。导游这个职业对我来说，可能会比较有意义一些，如果长大以后真当上了导游，我就可以去游览好风景，也算弥补了我小时候的遗憾吧！如果我是导游，我一定会好好珍惜这份工作，在接待一波游客的前一天，我肯定要做好充足的准备，好好了解这个景点的特点，来历，等等。

我知道长大以后也许会有更高的理想，但我也会努力去实现我的"旅游梦"。

> 教师评语：通过你真实质朴的语言，老师能感受到你对"不能出去旅游"这件事充满了遗憾。简短的神态描写、心理描写，把一个孩子的失望表现得淋漓尽致。你是一个懂事的孩子，能明白父母的不容易，也体谅父母的辛苦。相信在不久的将来，你的"旅游梦"一定会实现！

选择与坚持

姚威至

我到现在都还记忆犹新：在我五岁时，看到了我的幼儿园老师画的画，我便下定决心要成为一名优秀的画家，但现实总是事与愿违，妈妈给我报兴趣班时，并未给我报儿童画，而是选择了跳舞。

跳舞首先要压韧带、拉筋，特别特别累。每次上完舞蹈课就犹如打了一场世界大战一般。后来有一次，舞蹈课上到一半，我哭了。妈妈赶来后，问我："你为什么哭？"我低着头答道："我，我不想学跳舞。"妈妈严肃地看着我说："那你想学什么？"我指着正对着舞蹈教室的儿童画教室轻声答道："我想学儿童画……"妈妈思考了一下，对我说："可以，既然你选择了画画，你就不许半途而废！"我一听妈妈答应了，便高兴地说："我绝对不会半途而废的！"

于是，我便这样开始了我的儿童画课程。第一次走进画室，顿时眼前一亮，那儿不像舞蹈教室那样，只有一面大大的镜子。相比起来，这里可丰富多了：墙上贴着一幅幅美丽的画，更有趣的便是那小隔间了，里面储存着许多画，其中有国画，有素描……各种画都有，画得也十分美妙。

上画画课就如同是在享受一般！随着年级的提升，画画的难度也越来越高。我从儿童画提升到了素描。我的父母说素描枯燥，但我却不这样认为，因为在我画画时，我感觉每一根线条都在与我对话，我用心地去描绘他们，他们好似也在鼓励我。但是过了一段时间我渐渐地有点不喜欢素描了，不再细心地排线了。但每当我想放弃的时候，我就会想到我之前对妈妈的承诺，我说过我不会半途而废。于是，我努力冷静下来使自己的内心不再浮躁。终于，我熬过了那段我讨厌素描的时期，我跨越了一大难关。即使我知道学好素描很难，但这就是我的梦想，从我五岁时就有的梦想。

人生的路上总会遇到困难、挫折，只要你勇敢地迈出那一步，并持之以恒地坚持下去，就能够获得成功！

教师评语："兴趣是最好的老师。"做自己喜欢的事，哪怕再累也不会觉得辛苦；相反，做自己不喜欢的事，每时每刻也许都是一种折磨。老师很高兴，你能勇敢地迈出那一步，自己选择自己喜欢的兴趣课程。老师也很佩服你的诚信，说到必然做到，遇到"瓶颈期"也没有放弃。你是好样的！

童年"傻事"

张正泽

每个人在童年的时候也许都会有一些奇怪的想法,有的人可以凭自己的努力把它变为现实,而我的想法现在想想却非常可笑。

我曾经想过要长一双像老鹰一样刚劲、强健的翅膀并冲向云霄,在天空中自由飞翔。那时的我单纯地以为:多跳一跳就会长出翅膀了!我跳来跳去、跳东跳西,跳了几分钟后就累得气喘吁吁,但一想到要长翅膀就又继续跳了起来。奶奶看见了,笑着对我说:"你是一只袋鼠吗?跳来跳去的。"我说:"奶奶,我想长出翅膀来。"奶奶摸摸我的头说:"原来这几天你是在想长翅膀的事啊!傻孩子,人是不会长出翅膀的,除非是鸟类。"这时我才意识到跳是长不出翅膀的。于是我就打消了拥有一双翅膀在空中飞的念头。

我还想过成为奥特曼,也许是动画片看多了。我特别佩服奥特曼能打败怪兽,保护人类。于是,我天天在家练习如何打怪兽,并且学着电视里奥特曼打怪兽的声音嘴里念念有词:"霍……哈……叮……吱……"我还天天想着、盼着能像奥特曼那样,拥有一个变身器。我还期盼着出现一个怪物来破坏一下这个世界,因为怪物来了就会有奥特曼出现。那段时间,我满脑子都是奥特曼,想当一个像电视里那样的,哪里有危险哪里就会出现的英雄。我想为国家做事,想保护地球,想保护人类。直到我上了小学,这梦想一直未间断。

我也想过成为孙悟空,用七十二变来向大家展示我的神通。我学着电视里孙悟空的样子拔了几根头发,用力一吹,头发摆动了一下,却什么也没变出来。我又开始翻"筋斗"——在床上翻来覆去后,发现还在床上,没有翻出十万八千里,倒把床上的被子、毯子弄得一团糟,还被奶奶骂了一通。从此我再也没这个念头了。

现在回想起小时候的这些奇怪的想法，自己常常忍俊不禁。也许，这就是童年该有的样子，天马行空、随心所欲、充满幻想。

> 教师评语：读着这位小作者的作文，感觉真的回到了童年时代。作者的语言非常富有童趣，真实质朴。这就是一个孩子真实的想法，丝毫没有做作。也许每个人童年的时候，都做过类似这样的"傻事"。而这些"傻事"却是我们记忆深处最宝贵的财富。

最喜欢的事

周井然

花儿喜欢春风雨露的滋润，鱼儿喜欢遨游在大海的怀抱，鸟儿喜欢在蓝天展翅飞翔。而我最喜欢做的事是什么？你猜！

小的时候，在乡下老家的大礼堂里，摆放着一张乒乓球桌。时不时地会有一些人在那里你来我往地挥舞着球拍，打得大汗淋漓，不分伯仲，可带劲啦！当时的我只是无端地被它深深吸引，看着小小的乒乓球飞快地在球桌上来回跳跃，我的小脑袋也随着左右摇摆，好不过瘾。从那时起，我便有了一个小小的心愿：长大后要成为一名乒乓球运动员。当我渐渐长大，知道了这是我们国家的国球——乒乓球。这更激发了我学习乒乓球的决心。妈妈知道了，也非常支持我，买来了乒乓球和球拍，"除了学习，体育锻炼也非常重要呀！"这是妈妈对我的鼓励。

从那天开始，我每次完成作业的第一件事就是练习打乒乓球。先开始练习颠球，从一开始的四五个，到后来越来越多，最好一次可以颠四十多个呢！之后又开始对着墙练习接球，由于之前已经有了一定的颠球经验，所以接球也变得容易了！再下来就是练习打球了，有时和同学打，有时和爸爸打。小学五年级时，学校组织了乒乓球社团，我也积极地报名了。我的球技在自己的刻苦练习下不断进步。我相信：只要

功夫深，铁杵磨成针。只要坚持不懈地努力、付出，就一定会收获成功的！

这就是我最喜欢做的事，我相信你们也一定有自己最喜欢做的事吧！同学们，喜欢的事就去坚持，永远不要放弃！

> 教师评语：本文以"喜欢"一词为情感主线，记叙了"我"童年时最喜欢的一件事就是打乒乓球。通过具体的动作描写，写出了我是如何爱上乒乓球，如何练习打乒乓球的过程。正因为"喜欢"，所以才会坚持。结尾部分的语句为全文作了情感升华，乃点睛之笔。

我长大了

张 展

今天，是一个普通的日子，但对我来说却是一个非常值得纪念的日子——今天我独自乘公交车回家！

早上，我对妈妈说："妈妈，今天我想一个人乘公交车回家，您不用来接我了！""为什么？你能行吗？"妈妈不确定地问。我肯定地说："我能行！""那好吧，等下我先带你熟悉一下路线。"吃过饭，妈妈和我比平时早了半个小时出门，我们查看了路线，发现只有16路公交车从少年宫方向直达水木花都站。少年宫离上车的站点有段距离，需要走过去，妈妈又带我去那个站台。"要从这里上车，距离有点远哦！你确定可以？"妈妈认真地看着我，再次跟我确认。我点点头，坚定地说："行！"于是，妈妈把我送到少年宫门口就走了。

其实我内心是十分忐忑不安的，毕竟我从来没有单独行动过，公交车也只是去年和妈妈乘过一回，一直以来都是妈妈陪伴我接送我！但我告诉自己：我能行！加油！小鸟要学着飞翔，我也要慢慢长大，我要迈出这第一步!

下课了,我小心地穿过马路,快速地往公交车站奔去,等待着公交车的到来。可是,左等右等都不见公交车的踪影,就在我急不可耐的时候,总算来了一辆公交车。我不管三七二十一直接上了车。司机叔叔亲切地问:"小朋友,你去哪里呀?""司机叔叔,我要去水木花都!""小朋友,你上错车了噢,这班车不到水木花都!""谢谢叔叔!"我红着脸一溜烟地赶紧下了车。妈呀,要是刚才上错了车司机叔叔没有提醒可怎么办呢……站在站台上的我不禁感到几许害怕。这时16路公交车缓缓地开过来了,上车、投币、落座,我一气呵成! 坐在车位上好一会儿,我那砰砰乱跳的心总算安静下来。

公交车停停走走,载着我一路摇摇晃晃,总算到达了水木花都站。一下车,我就飞快地奔回家,一进门就高兴地大声说:"妈妈,我顺利到达目的地了!"妈妈看着我,对我竖起了大拇指:"我们张展长大了!"

> 教师评语:这真是一个值得纪念的日子! 文章开头简而得当,接着讲述独自乘车的经历,虽然事情不是一帆风顺,但经历过失败的成功显得更加珍贵! 有一种爱叫作放手,孩子的成长,需要家长适时的放手! 你很能干! 也为你的妈妈点赞!(指导教师:潘雪华)

最美的风景在窗外

周佳慧

我家住在一楼,我房间的窗台很矮,窗户很大,纯白色的窗架上挂着几串风铃。窗在南面,我每天都在窗前伏笔,推开窗,感受阳光的照耀,清风的抚摸。

窗外,有一棵两人多高的樱花树,树上繁花似锦,一朵朵樱花在风中绽放、飘舞,风铃叮当作响,霎时间空中就飘满了片片花瓣。我伸出手,一片花瓣落到了我的手中,将手中的花瓣紧紧握住,那感觉就好像将整个春天都握在了手中。

正值春天,万物复苏,窗外不时传来几声鸟鸣,也不知从何处飘来了阵阵沁人心脾的花香,伸出头寻香望去,只见不远处的玉兰树上开满了玉兰花,一朵朵洁白得就如同我面前的窗棂一般,纤尘不染,我多想走到那树下,多想摘下一朵玉兰花,多想将它置于鼻前深吸一口气再细细地品尝它的味道。突然,几只翩飞的蝴蝶从我面前飞过,在我面前追逐打闹,随后在一朵海棠花前停了下来,优雅地落到海棠花丛中,多自由啊!我多渴望像蝴蝶般的自由,多渴望如它们的随心所欲,多渴望与它们一起翩飞在繁华的春季无忧无虑。但是,我不能,我只能透过窗子默默欣赏它们在繁华中翩翩起舞,在清风中散落,飘荡。

窗内,微风过风铃起;窗外,清风过繁花开。在这个美好的季节,窗外风景美得如同一幅装裱起来的画,我却只能透过一层玻璃欣赏它。

教师评语:春暖花开,景色宜人,窗外的美景吸引着小作者的目光。最美的风景在窗外,但我却不能融入其中。小作者借窗外的美景,写出了自己渴望自由的心。(指导老师:潘雪华)

难忘的中秋节

胡骏翔

古诗有云:"海上生明月,天涯共此时。"一提到月亮,我就会想到中秋节,那天,家家都会赏明月,吃月饼。中秋节也是我最喜欢的传统节日。

夜幕悄悄地降临,我和家人迫不及待地到阳台赏月亮,过了一会儿,有一颗星星闪亮登场了,我们把目光都集中到星星上,突然明月悄悄地探出头来,我按捺不住激动的心情高兴地大喊:"月亮!月亮出来了!"大家立即把目光转移到月亮上,月亮好像一个害羞的姑娘,躲在乌云的后面。我们大家目不转睛地望着,但是月亮又慢慢地回去了。我心想月亮是不是想要回去再精心打扮一下自己呢?果然不出我所料,不一会儿月亮又出来了,那皎洁的月光照在了我们的脸上、衣服上、脚上,好像给我们穿上了洁白又明亮的衣服。中秋的月亮可真圆啊!像一个洁白的玉盘,那么可爱那么天真。

我们在月光下一边赏月,一边吃着鲜美的月饼。我拿了一块月饼,轻轻地咬了一口,那么甜,那么香。看着月亮,我的脑海中浮想起"嫦娥奔月"这个故事,我仿佛看到嫦娥静悄悄地坐在月亮旁,正在思考着什么。

难忘的中秋节这么快就过去了,我又开始盼着下一次的中秋节早日到来。

教师评语:文章条理清楚,开头以诗句导入,接着重点写了赏月,略写吃月饼,详略得当,用词准确,描写生动,想象丰富,写出了一家团圆的天伦之乐,令人神往!(指导教师:潘雪华)

离　别

陈一笑

"再见,常来玩啊!"看着窗外一对母女渐行渐远的背影,我高声喊着,用力地挥舞着手臂。

去年暑假,妈妈大学时代一位十分要好的阿姨带着她的女儿鹿鹿妹妹来我家玩。一周前,我也隔着窗大声欢呼。不过,那是迎接,这是送别。鹿鹿跟我差不多高,只比我小两个月。我们两家人相隔很远,她

家在诸暨,我家在长兴,所以平时只能写信或者微信联系,虽然经常看到她的照片,真正见面却还是第一次。所以我特别珍惜这次鹿鹿妹妹到我家的"一周游"。

这一周过得特别快,时间像个顽皮的孩子"嗖"的一下就溜走了。仿佛昨天才来,今天就到了告别的时候。我回想着这难忘的一周,我和鹿鹿一起去海洋城坐摩天轮、看海底世界,去八佰伴吃牛排、逛商店,去大剧院看新"出炉"的动画片,在我的房间里演童话剧,窝在我的床上孵小鸡……唉,真想让鹿鹿多待几天,可她要回家,还要上学,总是要走的。

离别时的窗,在我眼中就是把我和鹿鹿分开的结界,把我们越隔越远;离别时的窗,又像座友谊的桥,把两颗纯真的童心连在了一起。窗外,看似很平凡,却每天都在上演着人生百态;窗外,看似很平静,却总让人五味杂陈……望着窗外,背影越来越小,慢慢地变成了两个小黑点,一会儿,黑点也消失了。我的思绪像一只鸟儿,冲过窗口,承载着我的友情、快乐、不舍和回忆,飞向远方。

鹿鹿,今年你还会来吗?

教师评语:离别总是让人伤感,文中记录了鹿鹿妹妹到我家"一周游"离别时的那份不舍。离别的窗是结界,隔开的是距离,隔不开的是友情,最后的"今年你还回来吗?"让我们感受到了小作者浓浓的期盼和不舍。(指导老师:潘雪华)

窗 外

魏梓逸

我家窗外是一堵白墙。

透过雕格木窗,一堵干干净净的墙映入眼帘,与墙头的瓦片相互映衬,既醒目,又和谐,经常有一两丝爬山虎将它们织在一起或是一片翠竹穿插于其间。

墙那边是什么呢?

面对一堵不会说话的墙,我常常这么想。

呦! 一对燕子飞来了,它们一定是从北方飞来,来这儿养育一群小燕子吧! 我可能还可以摸摸它们呢! 果然,它们开始叼泥筑巢,几天工夫,一个灵巧的燕窝挂在了墙沿上。小燕子刚学会飞,它们一家子就走了。

咦,这又是谁家的猫? 不慌不忙、平平稳稳地从黑瓦片上走了过去。是东边赵三的? 是西边李四的? 还是北边王五的? 哦哦,都不是,它是从童话世界来的,一定是一位国王的御猫!

是谁又弄皱了一荷花池的水? 一定是那一群小朋友,整天在村里东游西逛,还把石子扔进别人院子里。有一次,他们打碎了人家的玻璃,被人家追到家里去要求道歉,我可不能做这样的事情。

看到啥我就会联想到其他的,任何自然界中小小的东西都能吸引我的注意力,小时候的遐想多有意思呀! 可为这一扇普通的窗增添了无限的乐趣,对于我也有着不同寻常的吸引力。

我长大了,一景一物也变了。可那堵墙,那扇窗什么也没变。现在作业任务增加了,我也没有那么多时间去想象了,偶尔思绪一飘远,也时常被一些鸡毛蒜皮的琐事打断。闲暇之余,看看窗,看看墙,仿佛透过它们,看到的是比平时更多姿多彩的世界,多么悠闲,多么舒畅!

这一媒介——窗,将我与现实,与想象拉近了。一个小小的方格,能容下多少东西? 可它却正如同"窗含西岭千秋雪,门泊东吴万里船"一样,装载了这多彩的世界。

教师评语:窗外的景色吸引着小作者,窗外的景色也引起小作者的联想,看似漫不经心,却也娓娓道来,像在和老朋友谈心,又像在和另一个自己说话。多有趣的遐想,多奇妙的心路历程。(指导教师:罗勤勤)

思　绪

姜杨怡梦

有一段时间,我会一个人坐在窗户前面,看着窗户外那无边的风景。

这次,我又坐在了窗户前,天空下着小雨,让人感到寒冷、伤心。这时,一些白色、耀眼的小东西飞了下来,眨眼间,同闪电般落向于那片小树林。那是什么? 是鸽子吗? 但是,现在已经是深冬了,很少有鸟类出没,怎么会有鸽子呢? 那些白色、耀眼的小东西既像鸽子,又不像鸽子,它是一群群的,很小,雪白雪白的。它到底是什么呢?

我撑着伞,往树林的方向走去,我一边走,一边看着风景,却并没有注意天气的变化。

我来到了小树林,心里想着那些白色、耀眼的小东西:是错觉吗?应该不是吧,但为什么不出来? 我也不知道。

小树林是多么的宁静,我不想打破小树林的这份宁静,便静悄悄地在小树林周围走了走,找了找,但并没有找到鸽子。雨停了,天空中飘下了许多白色的小点点,我仔细地看了一下,啊! 我知道啦! 原来,那些白色、耀眼的小东西是雪花呀!

雪花飘落下来,落在了我的头发上、手上、衣服上、鞋子上。这小小的雪花,让我想起了一个人。这个人是我最好的朋友,我永远都不能离开她,但是,我并不了解她,她永远都让我猜不透她——她就是我的心。我将雪花放在心口上,抬头望着灰色的天空。

我永远都不了解我的心,不知道它是向着窗外还是窗内。

教师评语:看似漫无目的的思绪,实则涵盖太多的想法。也许人类最了解又最不了解的是自己。小作者的思绪随着那白色的小点点,浮想联翩,这也许就是小女孩的小心思吧。(指导教师:罗勤勤)

春与感恩

指导教师　计　融

当阳光照射大地,世界便变得明亮起来,一天来了;当东风拂过脸颊,带来点点温暖,春来了。我们感恩阳光,感恩春天,感恩世间万物,当然我们更感恩父母,感恩师长。感谢父母给予生命,细心哺育我们成长。感恩亲爱的老师,把开启理想大门的钥匙交到我们手中。感恩,因为生命中有你!

感恩在哪里？

蒋钱浩

感恩在哪里？
我说："在一句简单的'谢谢'里。"
就像同桌借我一支笔，我说一句"谢谢"那样。
原来感恩藏在了"谢谢"里。

感恩在哪里？
妈妈说："在邻里乡亲的互助里。"
就像你借我一根葱，我借你一包盐那样。
原来感恩藏在了"邻里互助"里。

感恩在哪里？
爸爸说："在滴水之恩当涌泉相报的故事里。"
就像韩信潦倒时，一位老妇只是给了他几个饼，但当他成为楚王时
却给了老妇千金。
原来感恩藏在了"滴水之恩当涌泉相报"的故事里。

感恩到底在哪里？
我走向大自然，
倾听大树的回答，
大树说："大自然给予我肥沃的土壤，我要散发出清新的空气回报他。"
小鸟在枝头歌唱，
我问她："感恩在哪里？"
小鸟说："大树给了我一个安稳的家，我要回报他悦耳的歌声。"
水中的鱼儿游来游去，

我又问他们:"感恩在哪里?"

鱼儿说:"小溪给了我一片乐园,我要以最美的舞蹈回报他。"

哦,原来,"感恩"无处不在!

> 教师评语:孩子们欢乐地歌唱《春天在哪里》来寻找春天,而小作者则是写下《感恩在哪里》来寻找生活中的感恩。想找到感恩的踪迹一点都不难,在简单的话语中,在平凡的举动中,感恩无处不在,只待有心的你去发现!

难忘师恩

许佳茵

感恩,是世界上最美好的感情。

善良、诚信、友善这些美好感情都是建立在感恩之上的,只有拥有一颗感恩的心,才能拥有这一切美好的品质,拥有一颗美好的心灵。

我们感恩父母,给予我们血肉之躯,带给我们无限的关爱与亲情;感恩兄弟姐妹,让我们拥有了相亲相爱的手足之情,也带来了许多知心的话语;感恩同学,他们是我们学习的榜样,也是嬉戏玩耍的小伙伴,六年的相处,有了无比深厚的友谊。但是,感恩节刚刚过去,当你为父母捧上一杯热茶,给姐妹递上一张贺卡,为同学送上一份祝福的时候,想起老师了吗?

老师,就是那深夜还在伏案批改作业的人;就是那身体不舒服还在那精神抖擞为同学们上课的人……我们由展翅欲飞的雏鹰成为羽翼丰满的雄鹰;我们由牙牙学语的孩童成为知识丰富的少年;我们从认读拼音到通读四大名著;我们从咿咿呀呀学习母语到能说满口流利的英语;我们从学习写字到创作文章;我们从只知道一些生活常识到了解电、磁、热、光、声;我们从连一数到十都做不到到在那数学的海洋里遨游……这些都是谁的功劳？是老师！没有老师园丁一般的栽培祖国的花朵，没有老师的辛勤劳动，哪能有我们的今天？从孩提时代到青年时期，甚至在我们的整条人生之路上，老师是至关重要的人物，只有老师和父母才能让我们受益终生。

"春蚕到死丝方尽，蜡炬成灰泪始干。"每个老师都像是一支蜡烛，燃烧自己，照亮了我们的人生之路。感恩老师！

教师评语：六年的师生情深深地印在了你的心里，也同样印在了老师的心里。每年的教师节，总会收到你悄悄放在讲台上那自己制作的小礼物，或卡片，或书签。老师们感受到了你的感恩心，只愿你拥有一个光明而又精彩的未来！

父爱就像

张梦倩

父爱就像一杯浓浓的茶
苦苦的
苦涩而清新
苦涩后是甘甜
让人回味无穷
父爱就像一片幽静的大海
静静的
安静而神秘
平静后是澎湃
让人无限向往
父爱就像一片美丽的雪花
纯纯的

洁白而剔透

洁白后是无垠

让人无比欣赏

父爱就像一束冬日的暖阳

暖暖的

炽热而明亮

明亮后是温暖

让人感到幸福

比山更高

比海更深

比天更广

比万物更美

皆是

——父爱

教师评语:不平坦的生活没有打垮这位伟大的父亲。无论是学习还是生活,他从不曾缺席。他是女儿温暖的依靠,是坚实的臂膀,是永远的港湾。虽不曾言语,一首小诗是小作者献给父亲最深的爱!

感恩生活

李健然

能满怀感恩的人,

一定有很多故事——

感恩是系在两个世界的线,

即使你面对的是一座高山,

无论前面有多么艰险,

依旧可以看见人们永恒的笑脸。

感恩是冰天雪地中的一丝火焰，

并不被漫天迷雾遮掩。

这星星点点却又可以燎原的火焰，

给人们的心灵一次次带来温暖。

感恩是风儿的脚步，

走到哪便会敲响心中的那串风铃，

发出清脆的响声一片，

牵动着心田里的梦弦……

教师评语：感恩的力量是强大的、温暖的、美妙的。定是感受过感恩的力量，变成了一个有故事的少年，心怀感恩之情，才能写出如此动人的诗歌。愿这股温暖的力量伴你成长！

感恩批评

宋泽韬

在生活中，有很多人厌烦批评，一听到别人对自己的批评，就泪流满面。但是有很多人不知道。批评，有时会带给人积极进取的力量。

我每一次考试，试卷发下来之后，如果考得差，父母都会批评我，可别以为我会失去自信心。因为我能化批评为动力，所以说我感恩父母，更感恩父母的批评。

批评，有时会让大家变得谦虚。我是属于成绩不稳定的那一类人，如果我前一次考试考得好，后一次考试考得差，那父母会批评我："你为什么成绩退步那么大？是不是骄傲自大，狐狸尾巴露了出来？"我很羞愧，心底里暗暗发誓一定要做一个谦虚的人，我无论做什么，都表现的谦虚。

批评，有时会带给我非凡的心理承受能力。我这个人太刚正不阿，

一脸严肃,不愿服输,为此总会惹出不少的小矛盾。很多同学遇到事,看到我这严肃的表情,总会使小事升级变成大事。同学和老师们看到起争执的我们,总会先断定是我的过错,从而误会我,批评我。当我一次次受到误解后,我试着慢慢放下自己这倔强的脾气,慢慢学会遇事先冷静,学会退让。就像妈妈说的:"吃亏是福!"所以我要感恩,虽然大家会误解我,但是我还是要感恩他们,他们造就了我超高的心理承受能力。

我感恩批评,这是我成长中不可缺少的声音。

> 教师评语:一个独特的视角说感恩,感恩的不是人和物,而是一种声音,一种批评的声音。很高兴,你没有被那些批评的声音击垮,反而让自己变得更强大,好好珍惜那些批评的声音吧!

爱如潮水

邱静菁

假如我是一叶孤舟,
母亲正如汪洋里的航标,静静地矗立着。
假如我是一根嫩芽,
母亲正如清晨里的雨雾,默默地滋润着。
假如我是一尾鱼苗,
母亲正如山涧里的溪水,悄悄地哺育着。
假如我是一只风筝,
母亲正如风雨中的长线,轻轻地牵引着。
假如我是一株春笋,
母亲正如初春的阳光,暖暖地照耀着。
假如我是一株禾苗,

母亲正如田野中的沃土,深深地培育着。

感恩母亲,

对您,

我爱如潮水!

教师评语:简单的言语,透露着满满的母爱。无论成长中的"我"变成什么样,母亲永远扮演着不会消失的角色。而"我",只想对母亲大声说一句:"感恩,爱您,如潮水!"

"奉献"与"感恩"

林诗雨

春雨奉献给了小草,

于是小草便有了一颗感恩的心。

它便把自己碧绿的春装献给了大地,

这是小草对春雨的感恩。

绿叶奉献给了花朵,

于是花朵便有了一颗感恩的心,

它便用绚丽的花朵点缀了我们美丽的家园。

这是花朵对绿叶的感恩。

花朵奉献给了蜜蜂。

于是蜜蜂便有了一颗感恩的心,

它便把一滴滴来之不易的蜂蜜献给了人们。

这是蜜蜂对花朵的感恩。

老师奉献给了学生。

于是学生便有了一颗感恩的心,

他们便好好学习以优异的成绩来回报老师的教育之恩。

这是学生对老师的感恩。

父母奉献给了儿女。

于是儿女便有了一颗感恩的心，

他们便用自己的孝心感恩父母的养育之恩。

这是儿女对父母的感恩，

生活中只要彼此都拥有着一颗感恩的心。

冬天就不会这么寒冷，

黑夜就不会这么漫长，

幸福与快乐就会永存！

> 教师评语："奉献"和"感恩"，多么美好的因果关系。世间万物都因这关系变得温暖、幸福。今天你是感恩的一员，明天将成为奉献的一员，角色在转换，不变的是那满满的爱！

每当这时

张　耀

在喝下每一口水时，

我感恩大自然赐予的生命源。

在吃下每一口食物时，

我感恩农民辛勤的劳作。

在屋外享受阳光时，

我感恩太阳送来的光明。

在森林呼吸空气时，

我感恩树木给予的空气。

在医院看病时，

我感恩医生的妙手回春。

在街道上行走时，

我感恩环卫工人无私的奉献。

在教室上课时，

我感恩老师谆谆的教导。

在圆明园参观时，

我感恩解放军维护的和平。

每当在……

> 教师评语：每当读孩子们写下的小诗时，是那么温暖。简短的小诗，朴素的文字，细小的事物，平凡的人物，行文就是如此简单。但是却处处流露着孩子善良美好的内心，在不断接受的同时时时不忘感恩，为你的感恩心点赞！

爱的精灵

沈黄涵

"感恩的心，感谢有你，伴我一生，让我有勇气做我自己……"满载着感恩，我要把这首歌送给每个爱我的人——父母、老师、同学、亲朋好友……是你们让我感受到爱的温暖、人与人之间的真诚相待，也是你们让我懂得感恩。

感恩父母。在我们来到这个世界上第一个见到的就是父母，第一个养育我们的人也是父母。每当我生病时，你们总会有千万句唠叨的话语，喋喋不休地让我乖乖吃药；每当我晚上熬夜写作业，你们就会递给我一杯热牛奶，时不时还会唠叨两句；每当我放学回家时，你们总会询问我在学校发生了什么事……

感恩老师。是老师，把深奥的知识灌输给我们；是老师，用辛勤的

汗水哺育我们成长；是老师，把我们带入到知识的海洋里，让我们自由地翱翔。每天，老师在教书的过程中，在黑板上奋笔疾书的身影；静悄悄的夜晚里，老师那正在备课的身影中，使我感受到了老师的辛苦与劳累。

感恩同学。俗话说："在家靠父母，在外靠朋友。"每当我伤心难过时，她们总会递给我一张纸巾，帮我擦擦眼泪；每当我气馁时，她们总会不断安慰我，鼓励我，支持我；每当我失败时，她们总会说："没关系，再试一次吧！尽力就好。"结交一个真心朋友很重要，能与你真诚相待，与你说心里话，与你在学习上互拉一把……

生活中所有我身边的人，都会给我带来各种各样温暖的爱。我感觉自己是生活在爱的怀抱里的一只幸福的小精灵，在快乐中健康成长。感谢你们——所有给予我爱的人！

> 教师评语：快乐如你，温暖如你，幸福如你，一个生活在爱的怀抱里的小精灵。当再多的言语都无法表达心中的感恩之情，为父母悄悄地递上一杯茶，为老师默默地理净三尺讲台，为同学热烈鼓一次掌，让爱升温！

庆 幸

任真行

我庆幸
我可以用双手托起沉甸甸的饭碗
解决饥饿
我庆幸
我可以用双脚踏过田野山川
站立不倒
我庆幸

我可以用双眼目睹世间万物

黑白分明

我庆幸

我可以用双耳聆听呐喊和欢呼

悲喜交集

所以——

我感恩我的父母

给我健全的身体

我感恩岁月的流逝

给我成长的经历

我感恩人情的冷暖

给我思考的机会

我感恩世间的风雨

给我心灵的洗涤

> 教师评语：每当我们看到残缺的身体、破碎的灵魂时，是多么的遗憾。是呀，拥有健全的身体，拥有独立的人格，是多么值得庆幸的事情！拥有知足的心，对拥有的平凡的一切满怀感恩，一切的不如意将会慢慢消散，换个角度看世界很美！

感 恩 诗

朱银杰

鲜花感恩雨露，

滋润它成长；

高山感恩大地，

让它高耸入云；

苍鹰感恩长空，

让它自由翱翔……

那我们，我们又应该感恩什么呢？

感恩父母，

给予我们生命，

哺育我们成长；

感恩老师，

打开理想大门的钥匙，

为冲刺明天做好准备；

感恩自然，

赐予我们新鲜的空气，

给予我们良好的环境；

感恩社会，

充满馈赠和关爱，

让我们健康、快乐地成长！

教师评语：世间万物，息息相关。"给予"与"感恩"构成了最美的世界。从鲜花、苍鹰到无所不能的人类，从雨露、天空到和谐社会，有心的你写下了一首如此美妙的小诗，美好的心灵看到了美的世界！

感恩绽放时

梅佳慧

"落红不是无情物，化作春泥更护花。"

感恩的"恩"是他人对你的恩情。感恩是人性善的反映；感恩，是一种生活的态度，是一种品德。

感恩不需要珍贵的礼物，只要你有这颗心，任何一份礼物都不是

"轻如鸿毛",而是"重如泰山",也是"千金难求"。

感恩,感恩曾帮助你的人。"滴水之恩,当涌泉相报。"更何况是父母,父母为你付出的不仅仅是"一滴水",而是一片汪洋大海。

落叶在空中盘旋,最终落在树下,成为大树的养分,这是树叶谱写感恩的乐章,它感恩大树对它的滋养;白云在蔚蓝的天空中飘荡,绘画着那一幅幅感人的画面,那是白云对蓝天衬托的感恩。因为感恩才会有这个多彩的社会;因为感恩才会有真挚的友谊;因为感恩才让我们懂得了生命的真谛。

忘不了,那些如春风化雨般的笑容,洗刷我们心灵上的尘埃;忘不了,那些悦耳动听的鸣叫,让我悟出生命的美妙;忘不了,那些温暖亲切的眼神,指引我们前进的方向。天空的那一颗颗明星,满载我对那些帮助过我和带给我曲折的人的祝福,满载我对他们的感恩。

> 教师评语:感恩的方式千万种,记在心,说出口,唱首歌,送一份礼物……变的是方式,不变的是那份"忘不了"的情,是那份"滴水之恩,当涌泉相报"的决心。感恩之举,真情真心最动人!

父爱如山,母爱如海

郑 浩

是谁把我们带到这个五彩缤纷的世界?是谁教会我们第一句话?是谁扶我们走出人生第一步?是谁含辛茹苦把我们养大?没错,就是我们的父亲和母亲,父母对孩子的爱是世界上最无私最伟大的爱,同大家一样,我的父母也是为我付出了他们的全部,很多事情让我想起来就有一种鼻子发酸的感觉,这些事情都藏在我心里最脆弱的地方。

就在上一周,下了一场鹅毛般的大雪,每天独自走路回家的我心里

十分忐忑不安,这么大的雪怎么回家啊? 等到放学的时候其他同学都走完了,我正准备冒雪走回家的时候,一个高大的身影从我眼里一点点放大,那是多么熟悉的身影啊,虽然头发眉毛胡子都粘着白白的雪花,但我还是一眼就看出是我亲爱的父亲,手里撑着还没完全打开的伞,口里冒着热气,急匆匆地跑到我跟前,一下子把他的衣服披在我身上,一把把我拢在身旁,我一下子感觉暖和起来,有了这火一样的父爱,这点寒冷的天气又算什么呢!

再讲讲我的母亲,有一次去外婆家,我突然高温惊厥,浑身抽搐失去意识,等我醒来的时候已经是在医院里了,我看到了妈妈温暖的目光.突然,我看到妈妈的手上都是血迹,后来爸爸告诉我,那是因为妈妈怕我抽搐的时候咬到舌头,直接把手伸进我嘴里,让我一直咬着,直到我醒来! 这是一种怎样的爱啊? 试想一下普天之下有谁在这种情况下把自己的手放到孩子嘴里,那只有自己的母亲! 因为只有母亲,会在那种情况下自然而然地把手放在孩子嘴里。母亲对孩子的爱,是天底下最最无私、最最温暖的感情!

现在想起这些往事,心里还是热乎乎的,我一定要好好孝敬我的父母,现在一定抓紧时间学习,不辜负他们的希望!

教师评语:细节描写具体,感情真挚! 小作者抓住生活中的具体事例,充分表现了父爱母爱的无私,文中的生动动作描写,让我们真正感受到这位小作者的父亲母亲对他无微不至的关爱,更能从中感受到小作者是一个多么幸福的孩子。(指导教师:沈末琴)

母 爱

柴佳倪

"慈母手中线,游子身上衣。"母亲是世界上最疼爱我们的人,虽然有时候也会训斥我们,但我知道她是爱我们的。

在一个阳光明媚的日子,奶奶领我去李奶奶家。李奶奶家是开浴室的,那天还在装修,我非常兴奋,李奶奶一打开门,我就兴冲冲地跑进去。不料,"砰"的一声,我被一条又粗又长的绳绊倒了,重重地摔在硬邦邦、冷冰冰的地上,头火辣辣地痛。当时我的额头上的血一直流到下巴,奶奶急坏了,马上打电话给妈妈。妈妈听了,马上从顾渚开车到水口。一到水口,妈妈顾不得喘口气就一把抱起我,把我抱到了车上。一路上,妈妈一直用纱布按着我的伤口。看着我的样子,妈妈心疼得泪水在眼眶里打转,还不时地问问我痛不痛,告诉我不要害怕很快就到医院了。过了好一会儿,终于到医院了,妈妈又快速地把我抱下车,送进了急诊室。医生看了看说:"看这个伤口,要缝针。"妈妈怕我痛,央求医生说:"能不能不缝针?""不缝针也可以,不过得更加注意才行。"医生的话总算让妈妈松了一口气。后来妈妈又带我去湖州美容医院花了大价钱做了无痕处理。

第二天,我看见妈妈在我旁边睡着了,我把被子给妈妈盖上了,我想说:"妈妈您辛苦了!"

是谁让我们有一个幸福的家庭?是谁给了我们幸福的生活?是谁给了我们无私的爱?是母亲,亲爱的母亲!母亲辛苦了,母亲我爱您!

> 教师评语:母爱如水,滋润着我们成长的每一天,渗透在每一个细节和平凡的日子里。小作者通过印象深刻的一件事,抓住妈妈的语言、动作等描写,写出了母爱的伟大。从爱的感动到表达,自然地流露出了心声。(指导教师:潘雪华)

母　亲

付佳琪

母爱是我们胜利时的一声声祝贺；母爱是我们失败时的一句句鼓励……我承认世界上最美丽的声音，就是母亲的呼唤。

一开始我认为母亲不爱我，因为她对我非常严厉。每当我犯错误时总是十分提心吊胆，不知道回去是不是又要吃一顿"竹板炒笋"。渐渐我长大了，我开始明白母亲的用意了，母亲是因为爱我才会对我严厉，所谓爱之深责之切，每次责备我的目的是让我下一次不要再犯同样的错误。

我的母亲虽然非常严格，但她却不像其他家长严格在不该严格的事上。大部分家长都认为学习很重要，弄那些体育运动是在浪费时间，应该把所有时间都花在学习上，然而我的母亲却十分支持我做体育运动，认为这样有利于身体健康。我喜欢踢足球，我们学校是足球特色学校，经常会有一些班级足球联赛，上次我们班就取得了第一名的好成绩，我一回家就把这个好消息与母亲分享了。母亲微微一笑说道："很不错嘛，但是你也不能骄傲，要和团队同心协力，继续加油。"在这一届运动会上我60米短跑得了倒数第一名，我很失望，回家和母亲诉说了这个坏消息，母亲安慰道："没关系，失败乃成功之母，好好锻炼身体，明年再战。"听了母亲一席话，我所有的不开心都抛到九霄云外，顿时对自己又充满了信心。

在母亲那我懂得了很多，懂得了取得了胜利时不要骄傲，懂得了失败了不要气馁……我认为世上最美妙最深沉的爱是母爱，"世上只有妈妈好，有妈的孩子像块宝，没妈的孩子像根草……"这首歌又一次在我耳边环绕！

> 教师评语：语言质朴，情感真挚，孩子的成长需要父母的陪伴。不管是严厉的批评还是慈祥的鼓励，一切的出发点都是为了孩子！记住，最好的爱的报答是用行动来感恩，希望你今后用实际行动来表示哦！
> （指导教师：潘雪华）

妈妈，请听我说

陈雨萌

亲爱的妈妈，其实从很久以前开始，我就有很多很多话想对您说，但平时一直没有勇气说出口。今天，我想把搁置在心中已久的心里话向您倾诉，并求得您的原谅。

我虽然经常惹您生气，让您伤心。但其实，您对我的好，您对我的希望，我心里都知道，并将永远铭记。妈妈，您对我的爱是那细致、博大、无私，甚至有些我还尚未能完全领悟。可我总是一错再错：顶撞、哭、不听建议……还有很多琐碎的错误，但您并没有责怪我，冷落我，您依旧关爱着我，信任着我。虽然您已长了皱纹，但对我的爱丝毫没有减弱。

但是妈妈，今天我想向您提一些小小的建议。您平时总在上班，双休日还要加班。我多么希望您能抽出一些时间来陪我，带我去接近大自然！您教我做题，我听不懂时，您就冲我大吼大叫，我也多么希望您有话好好说，以理服人，而不是我一出错您就生气。我真诚地希望妈妈您能尽快改正这些缺点，做我心中最好的妈妈。

我知道过去的错误无法更改，就像溜走的时间无法再回来。但我知道，我不能纵容自己了，"谁言寸草心，报得三春晖"，妈妈，谢谢您。我爱您！我将用最出色的成绩和良好的品德报答您对我的爱。

最后，祝我亲爱的妈妈身体健康。

教师评语：本文以小作者对妈妈说的心里话为主线来组织材料，边回忆边抒情，既生动地写出了妈妈对自己的爱，又真切地表达了对妈妈的感谢之情。文章语言亲切自然，情感细腻独到。(指导教师：蒋华云)

我的妈妈

钱恒毅

纵然汇聚全世界所有最华丽的词语也难于用来描述我生命中最最重要的那个人——妈妈!

妈妈的童年过得并不快乐,外婆身体一直不好,妈妈自懂事起就知道照顾外婆,六岁时就开始烧饭,七岁下田割稻,每当心疼妈妈的外婆情不自禁地流下眼泪的时候,妈妈总是欢笑着擦去外婆的泪水,稚嫩的小脸全是欢乐。

妈妈尽管小小年纪就开始家里家外的各种劳作,我知道妈妈的内心深处藏着深深的无奈!现在为了家庭,为了生活,妈妈辛苦地工作着。妈妈怀我的时候,孕期反应非常大,吃的东西都会吐出来,但妈妈为了肚子里的我,忍着阵阵恶心,硬是强迫自己吞下去,伴随着妈妈吞下去的,还有泪水。现在姑姑她们说起这事还有点后怕,她们问妈妈,说你明明难受得在流泪,为何脸上却是欣慰的笑?

我知道妈妈最爱的人是我,小时候,为了让妈妈能和我一起睡,我故意把被子踢开,然后装着睡着了,不一会儿,妈妈就会蹑手蹑脚地来到我的床边,轻轻地把我的被子盖好,这时候我总是猛地跳起来,搂着妈妈撒娇不放。

我做作业马马虎虎,妈妈检查作业发现那些不应该错的题目时,我却一副无所谓的样子,妈妈那深深失望的眼神让我心痛,妈妈那紧锁的眉头让我无地自容,我也知道,妈妈的心,比我更难受!

妈妈虽然非常宠我,但我从小起就在妈妈无数次严厉的目光中学会了"察言观色",姑姑在我生日时送我的礼物,我在妈妈微笑的注视中说声谢谢拿了;哥哥说要带我去游乐场玩时,我在妈妈忽闪的微笑中礼貌地谢绝了,每当大家对妈妈说,你儿子真懂事时,妈妈的笑是那么开心!

　　我的同学们都很喜欢我妈妈，只要有同学到我家来玩，妈妈总是热情地招待他们，同学们围着妈妈说个不停，他们说我妈妈是最漂亮的阿姨！

　　妈妈，我内心对您的爱如果用语言表达，那就用林肯总统对母亲最真诚的坦白："我之所有，我之所能，都归功于我天使般的母亲。"

　　是的，我有这么一个既严厉又疼爱我的妈妈。妈妈，您就是我心目中，永恒的天使！

　　教师评语：母爱如河，滋润着我们成长的每一天，渗透在每一个细节和平凡的日子里。小作者记述了妈妈的成长故事以及妈妈为了自己付出的辛苦的种种，由爱的感动到表达，自然地流露了心声。语言质朴，感情真挚，很好地表现了主题。（指导教师：蒋华云）

默默的爱

钱紫函

　　父爱无言，父爱似金。父亲刚强的外表下装满了爱。父爱无声，却深如海，我们是父亲大海里的一叶小舟，在他的默默注视下，才能坚强地昂首前进。

　　在我二年级的时候，数学题很难做出来，数学成绩也不是特别好。有一天，父亲出去了一趟，回来后，手上拎着一个大袋子。我跑上前，打开袋子，一套数学试卷和好几本数学练习和口算出现在我的面前。"今后每天写一张试卷和一页口算。"父亲坚定地对我说。"什么？这么多？"我目瞪口呆地望着父亲，之后就低着头走回房间去写题目，因为我知道父亲的话是没有商量的余地的。每天作业要写到七点钟左右，每天写得手都没有力气了。有一次，我写着写着，眼泪情不自禁地流了出来，泪水打湿了我的本子，我心里想：父亲为什么要让我写这么多？让我这么累呢？他难道不爱我了吗？父亲闻声走来，看见我在哭，就像知道了

原因一样对我说："孩子,我这么做,是因为我爱你。"但是那时我还是不理解父亲这么做的用意。

转眼间四年过去了,我现在已经是五年级的小学生了,我深深地明白父亲当年的用意,就是因为父亲当年的严格教育,才会有如今这么优秀的我。

现在我终于懂得了父亲是多么爱我:他就像一棵大树,我就是树上的果实;他就像一条大河,我就是河中的鱼儿;他就像一片蓝天,我就是空中的云朵。他的爱就是这样无时无刻陪伴着我的成长。

> 教师评语:父爱如山,爸爸只是不知道怎样去表达爱,小作者塑造了一个父亲为了提高孩子的数学成绩,不惜每天花时间陪伴孩子做题的形象,充分表现了一个父亲博大无私的情怀。详略有致,深刻刻画人物的内心世界,升华了文章主题。(指导教师:蒋华云)

阿方的锡兵玩具

周毅轩

夜里,阿方坐在监狱的小床上,周围又黑又暗,散发着臭味的牢房中,点着一盏小灯,昏黄的灯光照着坐在床上的阿方,在他身边染上一层晕。

他望向窗外,一轮金黄的圆月挂在深蓝的天空中,周围散落着几颗闪烁着的星星。阿方好像想起了什么,从一个褪色的红旗木箱中翻出一只红布袋,他久久凝望着这只红布袋,仿佛要做一件神圣的事,他把红布袋倒个个,从里面掉出一个锡兵玩具,阿方接住锡兵,又坐在那张破旧的小床上了。他把锡兵轻轻放在手中,仔细地端详着,这锡兵玩具的头上顶着一顶黑色的帽子,一身大红色的衣服,不知怎么,那个锡兵掉了一条腿。忽然,大滴泪珠从阿方的眼里喷涌而出,滴在他那副黑框眼镜上,他不禁陷入了回忆:

　　一个清晨，天气晴朗，万里无云，在一个破旧的小木屋里，住着阿方和他的父亲，在这个小木屋里没有什么摆设，只有一张床、一个衣架和一个橱柜，几乎每个角落都有密密的蜘蛛网。衣架上挂着一个黄色的安全帽，一件破旧不堪、露出里面灰黄色棉花的外套和一把生锈的铁镐。

　　在明媚的阳光的照射下，阿方和他的父亲从那张断了一条腿的床上起来了。阿方看看自己几乎要贴到脊梁上的肚子，对父亲说："爸爸，我饿了。"父亲没说话，他下了床，打开那个腐朽不堪的橱柜，用自己浑浊的眼睛看了一遍：每一层隔板上都有厚厚的灰尘，几只蜘蛛已经在这里吐丝织网，除了这些，连一粒面包屑都没有，父亲开口道："阿方，你今天早上先忍一忍，爸爸今天发工资，到晚上咱们再吃，好吗？"他一边说一边向门外走去，他要上山挖野菜，给阿方做学校里的午饭，懂事的阿方点点头，他知道父亲是永远不会骗他的。过了好一会儿，父亲从山上下来了，匆忙给阿方做好野菜汤，便让他把书和笔，以及野菜汤放进了一个破布袋里，而父亲自己则拿上铁镐和带电灯的安全帽，上路了。

　　把阿方送到学校后，父亲对他说："阿方，你一定要好好学习，听老师的话，不要和同学吵架……"说完后，父亲看看太阳，知道时间不早了，便匆忙奔向矿场。等父亲赶到矿场时，正好矿工老板下发任务："各位矿工，今天收到县长任务，要求开采二十吨煤矿，今天先把裸露在外的煤矿采完，明天进行矿场爆破工作，请各位矿工听广播，按指定命令开矿！""是！"矿工们答首，然后干练地挥起铁镐去采矿了。

　　晚上，矿工们下班了，学生也放学了，阿方站在校门口等待着，他踮起脚尖，翘首眺望着。终于远处出现一个提着铁镐的身影，是父亲！阿方赶忙冲过去，抱住父亲，从书页中抽出一幅画，对父亲说："爸爸你看，这是今天我画的一幅画，好不好看？"阿方兴奋地说道，父亲看到后，顿时呆住了，阿方画的是两个人，一大一小，牵着手，走在夕阳的余晖中。阿方兴奋地补充道："这个大人是爸爸，小孩就是我，我和爸爸手牵手，永远不分开。"父亲再一次愣住了，这仅仅是一副黑白画，但在那一瞬间，父亲觉得，这幅画的色彩格外鲜明，格外独特，他似乎想起了自己小

的时候,自己的父亲……大滴浑浊的热泪夺眶而出,滴在这幅画上,父亲说:"好极了,我会永远把它带在身上的。"这幅画真的把父亲震撼住了,不由自主地冒出这句话,然后,父亲用他粗糙有力的手牵住阿方的手,一起向家里走。

忽然,阿方看见玩具店上拉了一条横幅,上面写着:锡兵玩具大促销! 阿方见了眼中闪烁出激动和期待的目光,对父亲说:"爸爸我想要个锡兵玩具,可以吗?"父亲爽快地答应了,他拉着阿方的手向玩具店走去。走进玩具店,服务员热情地说:"欢迎光临!"父亲牵着阿方的手,在玩具店转了一圈,琳琅满目的玩具一一陈列在货架上,让阿方目不暇接。

终于,他们找到了锡兵玩具,阿方在数以百计的锡兵玩具中挑了一个做工最精细、色彩最鲜明的锡兵,一蹦一跳地跑向收银台。服务员面带微笑地报出价目:"二十元"。父亲从口袋里小心翼翼地取出他那微薄的工资,把包的方方正正的钱从发黄的布包里捏起来,工资只有三百元,已被一个月的生活费安排得紧紧的,只剩五元,父亲无奈地摇摇头,拉着阿方的手要向外走,阿方脸上的笑容不见了取而代之的是失落。服务员似乎看出了一点苗头,连忙叫住父亲:"先生,等一下。"说完,便在收银台下找出一个锡兵玩具,它的色彩暗淡,但是脑袋却很精致,只是缺了一条腿,服务员又说道:"这是我们要处理的残次品,如果您愿意,我们可以低价卖给您。"父亲问阿方要不要,阿方听了,渐渐又开心起来了,一个劲地点头,接着,服务员又说:"因为是残次品,所以只收五元钱。"最终,阿方把短腿的锡兵玩具带回了家,虽然是残次品,但阿方依然爱不释手,一直伴着它渐渐入睡。这是阿方的第一个玩具,或许——是最后一个。

第二天,还是一样的开始,但中午却发生了意外。这天中午,父亲所在的矿场要进行爆破工作。在爆破前十分钟,所有矿工都已经撤离到安全区域,可父亲隐隐觉得忘记了什么东西,一个生命中最重要的东西。忽然,他一个转身冲过警戒线,任凭别人怎么阻止都没法让他停下,还剩二十秒,通知高塔上的爆破工,已经来不及了,只见他冲进爆破区域,拿起岩石上的外套准备冲出矿场时,只剩十秒钟了,忽然,父亲一

个趔趄扑倒在地,是炸药的导火索绊倒了他,本来这十秒他可以冲出矿场,可这一摔,这致命的几秒便飞逝而去,等父亲站起来,已经来不及了,"轰——"一阵爆破声后,父亲倒在了血泊中……

就在他冒死也要拿回来的外套中,正是阿方"永远不分开"的画,是父亲"永远把它带在身上"的画。中午,在学生的琅琅书声中,矿场老板在办公室里把这个消息告诉了阿方,阿方全身抽搐了一下,脸色变得苍白,他冲出学校,冲进矿场,看见父亲的鲜血在乌黑的石头上流淌,父亲的面孔被炸得血肉模糊,救护车已经赶到,三五位医生又是听心跳,又是把脉搏,最终无奈地摇摇头。阿方冲了过去,问医生:"我爸爸怎么样了?"医生叹着气说:"很不幸,他……没救了……"阿方听到这句话后如五雷轰顶,他多么希望医生说他还有救,那他心里还会多一丝安慰,可是……阿方的心凉透了,不由得哭了起来,眼泪就像断线的珠子。整整一夜,阿方都守在父亲身边哭。不久,父亲抱着那幅画躺在了长满青草的地下,而锡兵玩具则成了阿方生命中最重要的一部分。

回到现实,阿方又在牢中待了一个月,便刑满释放了,他回到破旧的小木屋——那个生他养他的地方,很久后也将是终结他的地方,他父亲的坟就在木屋旁边,这个令父亲最牵挂的地方,阿方来到坟前,把锡兵玩具立在父亲的坟前,久久地凝望……

教师评语:这是一个漫长的故事,这也是一个令人深思的故事。没有人知道阿方为什么会入狱,也许是从他的父亲出事那天起,就预示他悲惨的人生。一个六年级的男生,用他的想象与智慧,洋洋洒洒写下这篇小说,也在告诉人们,珍惜眼前的一切。(指导教师:罗勤勤)

有书为伴

指导教师　汤建武

　　好书犹如一叶轻舟，载着我们在知识的海洋里遨游。读书能陶冶情操，难过时读书，忘却悲伤，立志再战；高兴时读书，如痴如醉，心旷神怡。喧嚣的滚滚红尘不如一本好书对我们更有吸引力，青春年华，有书为伴，在知识的海洋里徜徉，是人生最大的乐事。因读书，懂得思考；因读书，品尝快乐；因读书，感受充实……

感动与愤怒

——读《梅兰芳蓄须》有感

蔡际铖

读了《梅兰芳蓄须》一文，我被梅兰芳先生的爱国情怀感动了。

1937年，日军占领上海，世界闻名的京剧表演艺术家梅兰芳在抗日的日子里留着胡须，日本人逼梅兰芳演出，都被他以各种理由拒绝了。1938年底，有人邀请他去香港演戏。演出后，梅先生就在香港深居简出。他为了不给日寇演出，让朋友给自己打了一针伤寒预防针而后大病一场。

日本侵略者的种种罪行，让其恨之入骨。当听到抗日战争胜利的消息，他用他那高超的演技为之庆祝，他精湛的表演让台下座无空席，赢得热烈的掌声。他为国家登台演出了很多爱国的剧目，激励了当时很多中国人重新建设国家的信心。

古往今来像梅兰芳这样的爱国人士比比皆是。我作为一名学生，应该学习他的气节，要为祖国的将来贡献自己的一份力量。我有许多爱好，有人问我最喜欢的是什么，毫无疑问那就是中国书法，因为书法最能体现中国文化的博大精深，书法艺术最能体会中华民族的精神内涵。从幼儿园至今，我从来未间断过对书法艺术的追求。从开始的一笔一画歪歪扭扭，到现在的运笔自如，字里行间是书法的魅力不断激励着我。但我并不满足，我会一直走下去，为求精进更需努力。

梅兰芳深厚的爱国情怀深深感动了我。就是因为他们的存在，中国才得以崛起，自立于世界民族之林。我们小学生要努力学习本领，为建设自己的国家做出贡献。

> 教师评语:本文抓住了小作者自己读后的体会与感受,并把它作为重点来写,写出了自己被梅兰芳的爱国情所感染,这种精神对学生也产生了很大的影响。同时本文也写出了小作者感动的点在哪里和愤怒的点在哪里,让读者会情不自禁地产生爱国之情。也表明了作为学生要学好文化知识,振兴中华的一种决心。

读《万年牢》有感

胡 蕊

一转眼,我已经是个五年级的学生了,再读一年的时间,我就要毕业,就要离开我最亲爱的母校了。

如果现在让我回忆以前学过的课文,哪篇课文感触最深?那就属《万年牢》了。

文章主要讲了作者的父亲是走街串巷卖糖葫芦的,他做的糖葫芦在天津特别有名。父亲的糖葫芦之所以做得好,是因为他用的都是最好的材料,如果材料有一点掉皮损伤的都要挑出来,"蘸糖葫芦必须用冰糖,绵白糖不行,蘸出来不亮。煮糖用铜锅,铁锅煮出的糖发黑。"从这些句子里,我仿佛看见了一位真诚、老实,不弄虚作假的老人。

父亲曾经在一家大字号柜上做糖葫芦,但是老板却十分黑心,不断地提高价钱,叫父亲掺点儿假。父亲不满意,就辞掉了这份工作,宁愿提篮叫卖。父亲的老实与黑心的老板弄虚作假形成了鲜明的对比,使我们进一步从父亲身上看到了中国劳动人民真诚、实在、勤劳的美德。

这篇课文让我想起了一件事。有一天傍晚,我放学时看见一家商店门口的人在吵架,忙去问问旁观人怎么回事,原来事情是这样的:一个人到这家商店来买东西,不小心掉了五十元钱,自己却没有发现,黑心的店主看见了,待那个人走后,悄悄地拾起地上的五十元钱,高兴地放进口袋里。不一会儿，那个买东西的人急匆匆地跑回来了，她焦急地问店主有没有看见她掉的五十元钱，店主装出一副无辜样儿若无其事地回答："没有。"买东西的人生气了，她记得一清二楚：钱就是在她来这家商店买东西时不见的，于是就跟店主吵得面红耳赤。正当我要走的时候，一位老大爷过来了，他拉开正在争吵的人，不知对他们说了一些什么话，那位黑心的店主低下了头，不情愿地从口袋里拿出那五十元钱还给买东西的人，那个买东西的人便走了，大家也散开了。通过这件事，我知道了做人必须要做一个可靠实在的人，不要贪图小便宜，否则后果是极其不好的。

读了《万年牢》这篇课文，作者父亲的形象深深地印在了我的脑海里，他的这种行为告诉我们：无论做人，还是做事都要像万年牢那样，要堂堂正正做人，踏踏实实做事。

教师评语：本文最大的优点是小作者行文思路很清晰，一部分对所读之物进行概括，一部分内容抒发自己的所悟。文章虽无过多华丽辞藻的装点，却让我们感受到小作者对勤劳、诚实等美德的称颂和赞美。

读《高尔基的童年》有感

胡舒妍

读了《高尔基的童年》这本书，我受益匪浅。和高尔基比童年，我们今天是多么幸福啊！

高尔基出生在一个木工家庭。五岁时，父亲病故，生活更加艰难了，他和妈妈就住在外祖父家里。由于家境贫寒，高尔基上学只好穿母亲的皮鞋，外祖母的外套，黄色的衣衫和散腿裤子。这样一身五颜六色的不协调的装束，常常引来同学们的嘲笑。有的同学还给他起外号。

和高尔基相比,我们现在穿的全是自己的新衣服,有的还是高档的衣服。想到这儿,我不禁有些惭愧。因为尽管有这么好的条件,我们却身在福中不知福,常常挑三拣四,有的衣服穿的次数多了就不愿再穿。

高尔基为了上学,只得捡破烂换钱。每逢不上学的日子,他就一大早起来,背着一个大布袋,走街串巷,捡一些破布头、烂纸片卖给废品加工厂。运气好才能有半个卢布的收入,如果运气不好呢,高尔基上学的事就没了着落。我们现在上学什么也不用操心,过着衣来伸手、饭来张口的美日子,相比之下,我们有什么理由不珍惜自己幸福的生活,有什么理由不加倍努力学习呢?

捡破烂换来的钱成了高尔基的学费来源,但是学校里那些有钱人的孩子并不理解高尔基的行为,反而嘲笑他,说他身上有"臭"味。我觉得并不是高尔基的身上有臭味,而是那些有钱人的孩子故意嘲笑高尔基,他们才显得很"臭"。高尔基把别人的嘲笑变成自己努力学习的动力,发愤努力,刻苦读书,终于取得了优异的成绩,受到老师和同学们的喜爱和敬重。

我合书沉思,不禁思绪万千。

> 教师评语:这篇读后感小作者抓住了书中感人的细节描写,印象深刻、构思巧妙,对比手法的运用突出了文章中心。结尾扣住"感"字,重申此书给"我"的强烈震撼。

读《走遍天下书为侣》有感

孙曼怡

我读了《走遍天下书为侣》,这篇文章写了作者打算去环游世界,他在考虑要带什么东西供自己在船上娱乐,最后,他选择了书。他认为书读很多遍,都没有关系,因为你每一次读的时候都能够发现新的东西。

好书不厌百回读,常读常新,我也这样认为。你第一次读的时候,你可以先大概了解一下这本书写的是什么;第二次读时,你可以读自己喜欢的好词好句;第三次你可以用自己简短的话把这篇文章内容概括下来;第四次你可以把故事继续往后编;第五次你可以再回头欣赏自己喜欢的部分。等你把这些做完时,你已经把这本书读了好几遍了。我之前读书没有选择性,喜欢读些漫画,读漫画也是读一次就算了。也就是说,那本书起到的作用也许只是让我开心一下就没了。我从不会把那些漫画书里的那些科学知识给记牢,有时我更过分,只随便翻一下就算了。现在,我觉得这样读书,读了也等于没读,什么东西也没有收获到。

《走遍天下书为侣》这篇课文给我启示很大,书是可以读很多遍,而且每一次读的时候都能够受到不同的启发。读一本好书才是我们学好语文的关键。

教师评语:这篇读后感小作者有感而发,《走遍天下书为侣》是一篇教材上的课文,小作者通过读这篇课文,把自己关于读书的方法和经验汇集在一起,对学生的读书有一定的启发。

读《含羞草》有感

王欣冉

读了《含羞草》这篇文章,我深受感动,因我看到了含羞草百折不挠、执着追求的精神。

含羞草在草地上被园丁忽略,被玫瑰鄙视、轻蔑、嘲笑。有人来买花,园丁总把玫瑰摘走,把它孤独一人留在草地上。但自信的含羞草从来没想过像玫瑰那样吃的是山珍海味,穿的是绫罗绸缎,它只想着过自

己朴素、平凡的生活。我觉得像含羞草那样,吃杂粮、穿粗布,也是生活。不要对自己的生活要求太高,生活只会把能给你的给你,不要对你的生活太过奢望,奢求太多只会被生活抛弃。

这让我想起但丁的一句话:"走自己的路,让别人说去吧!"

不管园丁怎样忽略自己,把自己当作空气,但含羞草绝不泄气,相信自己,要为了实现自己更大的价值去努力,即便长得平平凡凡,也要也将头高高昂起。这让我悟出了:坚持是唯一的方向。

古人说:"天生我材必有用。"只要心中充满信念,生活就会充满阳光。自己的价值靠自己的努力来证明,要靠自己做出的成绩来得到大家的认可,自己的命运应由自己主宰。不管别人是怎样说,怎样想,怎样看,都不要去理会他,你要忍他、避他、由他、耐他,无论何时何地外人是永远奈何不了你的。我要用行动来证明自己:"我,会比你强!"

我爱你,含羞草,我敬佩你的精神。

> 教师评语:小作者的这篇读后感有读有感,读感结合,以感为主。读得深,感情真,不仅写了自己对书中含羞草的喜爱,而且还结合所读内容发表了自己的看法,真实地写了自己的感受和体会,对含羞草的这种精神进行称颂和赞扬。

读《圆明园的毁灭》有感

许伟成

读了《圆明园的毁灭》这篇文章,泪水立刻湿润了我的双眼。

圆明园是我国一座著名的皇家园林。圆明园由万春园、长春园、圆明园组成,周围还有许多星罗棋布的小园。这些小园如众星拱月般围绕着圆明三园。圆明园里有金碧辉煌的殿堂,有古色古香的亭台楼阁、有风格迥异的西洋景观……园内收藏了最珍贵的历史文物:上自先秦时代的青铜礼器,下至唐、宋、元、明、清历代的名人书画,还有各种奇珍异宝。

可惜,现实是如此残酷!因为清政府腐败无能,1860年,英法联军进入了风景秀丽的北郊。他们疯狂地夺走这些奇珍异宝、名人书画、历史文物。他们把能拿走的东西统统掠走,拿不动的就用大车或牲口搬运,再不然就毁灭!这些猪狗不如的侵略者,竟下令火烧圆明园!大火烧了三天三夜,这座用了一百五十多年时间才完成的瑰宝,东方的"凡尔赛宫"就在侵略者手中毁于一旦!

侵略者还把我们的文物拍卖。一幅上千亿的字画,1英镑就卖掉了,这真令人气愤!当我们损耗巨大的人力财力才买回三件国宝文物时,这是我们的东西,我们应该拥有的!但我们却要花费巨大的财力和人力才买回来,这是为什么?因为清政府懦弱无能!

忘记过去,就等于背叛!"一个人的创伤只会痛哭一时,一个民族的耻辱却可以铭记千年。"每一个炎黄子孙都要记住这段耻辱,记住这个用血和泪换来的教训:贫穷就要受压迫,落后就要挨打。只有万众一心,国家强盛,民族兴旺,历史的悲剧才不会重演!

圆明园的大火早已熄灭,但是我们要记住这段历史。从现在开始,我们要刻苦学习,不能让国家重演这段悲剧!

教师评语:今天,我们生活在和平安定的社会中,但我们不能忘记以前联军火烧圆明园的局面,我们青少年只有将这个国耻记在心中,以此为动力奋发图强,抱着"为中华之崛起而读书"的信念,才能担负起建设祖国的重任。本文有读有感,以感为主,写出了自己真实的读后感受。

读《在未来，与最好的自己相遇》有感

杨心妍

当我拿到这本书时，并没有像往常那样急于翻看，而是一遍又一遍地读着书的标题，《在未来，与最好的自己相遇》，听起来十分深奥，但又同时给了我很大的触动，终于我翻开了这本书。

看完这本书，我的心里仿佛有一片泛着层层波澜的大海，久久未能平静。本书主要讲述了怀惴"作家梦"的陈辰，在热情帮助同学的过程中，获得成长的励志故事。文中的人都能够利用自己的青春，到达自己想要到达的远方。于是，我也在思考：青春到底是什么样的？

思考过后，我觉得青春就是一个故事，我们是这个故事的作者，同时也是这个故事的主角，故事中就是我们生活中所遇到的美好幸福以及困难挫折，故事可以平淡无奇，也可以精彩绝伦，一切取决于自己。

我希望每个人都能看看这本书，并且想想自己的青春是什么样的，让我们一起拿起你生活的笔，编写出属于自己的青春。

> 教师评语：青春，每个人都会有。小作者在文中写出了自己对青春的一些看法。文章紧扣生活，写出了自己最真实的感受。读感结合，以感为主，对读者的启发很大。

漫话西游
——《西游记》读后感

张子璇

《西游记》的电视剧看过好几遍，假期里，我第一次捧起了《西游记》的读本。细细咀嚼着书中的文字，我深刻体会到了经典名著的魅力。

　　《西游记》讲述了孙悟空、猪八戒、沙和尚三人保护唐僧去往西天取经的故事。唐僧自从出了长安，一路向西，先后收服了孙悟空、白龙马，黑风山上斗败了熊罴怪，云栈洞中降服了猪八戒，黄风岭降服黄风怪，流沙河中收沙僧，取经的队伍终于成型。后来又先后遇到白骨精、黄袍怪、金银角大王、独角兕等，艰难险阻林林总总，唐僧师徒勇敢地同各种妖怪斗智斗勇，经历了九九八十一难，最终取得了真经。读完全书，我被师徒四人不畏艰难、百折不挠的精神深深打动了。我们在学习生活当中，也会经常遇到各种困难和挫折，如同取经路上的各路妖魔。如果我们没有克服困难、战胜自己的信念，遇到困难就退缩，那么我们永远也不可能取得"真经"。只有像唐僧师徒那样，勇敢地朝着自己的人生目标前进，才有可能到达成功的彼岸。

　　《西游记》中有一个情节让我印象深刻。唐僧师徒途经女儿国时，女儿国的国王见唐僧眉清目秀、丰姿英伟，想要和他成亲，许下荣华富贵。但是，意志坚定的唐僧不为所动，坚决不接受女王的好意。在我们成长的道路上，也经常会有各种诱惑，像好看的电视节目、好玩的手机游戏，如果我们不能抵制住这些诱惑，我们就会放松了学习，离自己的目标越来越远；只有意志坚定，抵制得住那些诱惑的人，才能不断前行。

　　《西游记》一书中还有许多精彩的故事，如孙悟空大闹天宫、三打白骨精、三借芭蕉扇等。这些故事情节，给我们刻画出了一个个生动鲜活的人物形象，疾恶如仇的孙悟空，贪吃懒惰的猪八戒，老实的沙和尚，善良的唐僧。一边读着书，人的喜怒哀乐也一边跟着故事情节不断变化，也许这就是经典著作的魅力所在吧！

　　教师评语：《西游记》是中国四大名著之一，学生可能在电视里对剧情已经非常了解，但读过这本小说的原著之后，体会与感受与电视剧会完全不一样。小作者的这篇读书启示有内容有感受，抓住了人物的特点和性格，并且联系生活实际，写出了看完这本书自己得到了什么样的启示，例如对于战胜困难需要一种坚持不懈的决心，这种精神无论对于学习还是以后的生活都有非常好的引导作用。

读《匆匆》有感

林贝蕾

读了朱自清写的《匆匆》后，我受益匪浅，它使我知道许许多多的道理。

从中，我知道了时间是一去不复返的，它不会为谁而停下前进的脚步，也不会因一些事而时光倒流。时间犹如钟般发出一阵阵清脆的声音，"滴答滴答"声经常回荡在我的耳边，我知道，这是时间正一秒一秒地减少。然而，我们的生命也一秒秒地减少。

时间流逝得飞快，已是2019年了，我们还是无所作为，作为十一岁的我们，有什么作为呢？只有玩罢了，只有浪费时间罢了。我觉得我们应该把玩的时间用来学习知识，把玩手机的时间用来看书，这样岂不更好？

岁月如烟，往事如尘，时间总是在烟和尘的磨炼与洗礼中度过的，人也会在其中不断长大，不断地受到时间的约束。我能从这中间体会到什么，又能学到什么？岁月的阴影，可能会永远地留在我的心里，往事快乐的回忆，以及那一张张充满友情快乐的脸，也映在我脑海的深处，值得我深深地留恋。

有人说时间是宝贵的，这句话是完全正确的。时间就是生命，时间可以用来做许多事，可以用来做许多有益于人们的事。但是，我却有一种新的看法：人生是一张纯洁雪白的纸，时间就是画笔的颜料。颜料是有限的，纸张却是无限大的。所以我们要尽可能地画上更多的色彩。也只有这样来利用时间，才算有价值，有意义。

啊！我明白了，当每次的日出日落，意味着新的一天的到来，我们要在这时好好地利用时间，不让时间白白消逝在徘徊与犹豫中。而终点是没有人能看见的，更加没有终点。人生没有终点，因为它只是一个生命的循环；而时间有终点，是因为它的颜料有限。

孔子曾曰："逝者如斯夫，不舍昼夜。"是呀！一去不复返的时光如河水，日夜不停。我想，世界上什么是最宝贵的？金钱吗？不。时间是最宝贵的。我们看不到时间，也摸不着时间，既然如此，为什么时间是最宝贵的呢？富兰克林曾说："你热爱生命吗？那么别浪费时间，因为时间是组成生命的材料。"正是如此，时间是组成生命的材料，也是世界上独一无二的材料。即使你有亿万财产，但到你死的时候，你除了时间，什么也带不走。所以，时间是最宝贵的。

读了《匆匆》，让我更加明白时间如金子般宝贵，却总是在我们的不经意中悄无声息地溜走。我们要用有限的生命创造无限的价值。和时间赛跑，做时间的主人，不要做它的奴隶。一寸光阴一寸金，寸金难买寸光阴，让我们珍惜时间吧！

教师评语：这是小作者读完朱自清的经典文章《匆匆》之后写的读后感，整篇文章从结构上看条理清晰，详略得当，重点突出。从内容上看，有理有据，有感而发。"读"和"议"紧密结合，语言虽然不华丽，但却极为准确生动，情感丰富而真实，让读者读完会情不自禁产生对时间的珍惜之情。

铭记耻辱，振兴中华
——读《难忘的一课》有感

严海欣

通过《难忘的一课》的学习，我感到憎恨又十分自豪。本文内容主要讲述台湾光复后一所小学里有一名教师在认真吃力地教同学们祖国的文字，同学们学得也很认真。

课文中短短的一句"我是中国人，我爱中国"，让我很感动。日本人曾在我们中国的领土上烧杀抢掠，犹如一帮强盗。中国的落后，清朝政府的腐败无能使我很伤心。

　　台湾被日本人侵占五十余年;香港曾被迫让给英国人管理;圆明园是我国艺术文化的瑰宝,有上自先秦时代的青铜礼器,下至唐、宋、元、明、清历代的名人书画和各种奇珍异宝,但就在英法联军的一把火下毁于一旦。

　　可恶的侵略者,在我们中国的领土上横行霸道,无恶不作,破坏了我国悠久的历史文物,让我们多少中华儿女失去了宝贵的生命。

　　学习了这篇课文,我对他们十分憎恨,也为中国的落后感到难受。同学们,我们应该牢记"落后就要挨打",不要忘记国耻,要努力为国争光! 这篇课文让我想起了我们学习时的情况:我们上课时东张西望、开小差、搞小动作,不仅使其他同学听不了课,还影响老师讲课。乡村里的孩子们在读书时,是认真而高声地朗读,而我们却无精打采地读书。乡村里的孩子们只有简陋的小教室,而我们却在一间明亮、宽敞的教室里学习。同样是学习,虽然我们拥有更好的教材,但为什么乡村里的孩子们却对学习这么认真、积极呢? 难道我们不能像他们一样吗? 不是,只要同学们对学习有一种新看法,认为它是一样能使我们快乐、富有情感的事物,那我们也会像乡村里的孩子们一样,和学习结为好朋友。

　　教师评语:小作者的这篇读后感有读有感,读感结合,以感为主。不仅写出了自己对书中最感兴趣的内容,而且能结合自己所读的内容发表自己的看法。整篇文章语句通顺,重点突出,让读者也受到了很好的爱国主义的感染。

月下窃读

姚　远

　　一阵轻轻的晚风通过窗户,来到了一间儿童的卧室。在房间里,一位小女孩正手捧着一本书,坐在自己的小床上津津有味地读着。风的到来并没有打扰到她。

忽地,房间的大门被打开了,原来是女孩的爸爸来了。"别看了,睡觉了!"女孩并没有反应。直到房间的灯被关了后,她才从书的世界中慢慢地走了出来。在爸爸的目光下,她不得不假装乖乖地躺下睡觉了。当爸爸走后,她缓缓地睁开双眼,小心翼翼地从枕头下取出书本和一只手电筒。用被子半掩着,借着手电筒的光,打开了书,很快,她又一次沉浸在书的世界里。一页、两页,她像一匹饿狼,贪婪地读着。她很快乐,也很惧怕——这种窃读的滋味!她害怕被父母发现,所以窃读时她会异常灵敏——只要有一点点响声,她都会警觉地停止阅读,侧耳倾听;当门外的脚步声由远而近时,她会立刻将书和手电筒放回原位,并再次假装睡觉;当"警报"解除,她会长舒一口气,继续酣畅淋漓地遨游在书海中。最令她开心的是父母的漠不关心,因为这样,她就可以痛痛快快地看一回书了!在她看来,连续地将一本书读完,是最好的。当双眼酸痛时,她才会闭目养神一会儿。即使自己已经很困了,她也要坚持再看一会儿。

她就是我,一个喜欢看书的女孩。在不知道经历了多少次月下窃读后,我知道了一些启示:读书自然是好的。但首先,要喜欢读书,因为如果你不喜欢读书,书中的知识是到不了你的记忆最深处的。既然你连书中的知识都吸收不了,那你看这本书又有何用呢?其次,要看一本好书。只有好书,才会给我们带来更多的能量。一本好书,就像一片知识的海洋,而我们,则是海洋上的一叶小舟,尽情享受这海洋的魅力,这是与众不同的海洋,给予了我们无限的快乐。让知识浸润我们的身体,让知识与灵魂同在!

从一本本好书的身上,我获得了这样的启示,它将照亮我的人生道路。

教师评语:文章虽然语言朴实,但充满真情实感!用第三人称写出自己的读书经历与感受,构思颇具新意!(指导教师:沈末琴)

172

我的窃读故事

周佳慧

林海音的《窃读记》，读来让我们的心里酸酸的。其实我家也常常上演"窃读记"。

最近，鉴于我和书过分"亲密接触"，导致我的视力急剧下降，老妈给我下了"黄牌警告"，逼迫我与课外书"绝交"。可我岂是"背叛朋友"的不义之人？总是想办法和我的"好朋友"亲密。这不，这几天作业比较少，恰巧我的手里又有一本精彩绝伦的《绿山墙的安妮》。可是，要在老妈的眼皮底下读这本书，那就只有三个字儿——不可能。

我想了好几种窃读的方法，各个方法都很周密。就这样窃读了几天，都未惊动老妈，不过我还是小心翼翼的，因为——别看我妈说话细声细气，看似慈母，实则悍母，你敢造反，她的方法就是武力解决。

又到了窃读时间，我看见老妈正入迷地看着电视呢！要知道她一迷上电视剧，可是雷打不动了。哈哈，真是天助我也，我心里乐开了花，快速走回书房，拿出书津津有味地看起来。

正看得入迷，我隐隐感觉到一股杀气，由远及近，向我逼来……一定是老妈来了！我一惊，连忙把书藏进了抽屉里。果然是老妈来了，她的眼睛像雷达般扫视一遍。我装作在认真写作业，但是内心却紧张得要死，生怕露出什么蛛丝马迹被老妈发现。还好，过了"漫长"的一分钟后，老妈一无所获地走了。

我可得意了，老妈啊老妈，你有你的张良计，我有我的过墙梯，那课外书怎么会轻易地被你找到呢！

> 教师评语：文章条理清楚，生动形象地写出了自己与妈妈斗智斗勇的窃读故事，真是个爱看书的好孩子！高尔基说过："书籍是人类进步的阶梯。"古人亦有云："书中自有黄金屋。"读了你的文章，你的妈妈也

表示她会大力支持你看课外书的，你以后就不用这样窃读了，注意合理安排自己读课外刊物的时间就行。加油！（指导教师：潘雪华）

解忧 图书

叶 畅

书，是太阳，给我们温暖，让我们茁壮成长；书，是解压剂，可以让人放松、愉悦，消除一切烦恼；书，让人心旷神怡、神清气爽。每一本书都能给你不同的经历、不同的感受，给我们知识和力量。

有一次，我和家人发生了一些不愉快的事情，还闹起了别扭。我发起火来，一怒之下冲进房间，再猛地用力一甩房门，“哐”的一声！这声音响彻云霄、震耳欲聋，连离我们家几十米的那棵树上的鸟儿，仿佛也听见这声音都受惊逃走了。我十分生气，仿佛愤怒已经冲昏头脑了，它们在我的身体里蔓延，影响、控制我的情绪。当我看到书架上琳琅满目的书时，我走过去随意地拿起一本《装在口袋里的爸爸——少年魔法师》，便不耐烦地看了起来。

看着看着，我的不耐烦早已不见踪影。我开始津津有味地看了起来，一页，两页，三页……我像饿狼，贪婪地读着，怎么看也不够，一本，两本……渐渐地，我的心情舒畅了许多，后来真是乐不思蜀、欣喜若狂……有些片段令我捧腹大笑；有些片段又令我觉得不可思议；还有些命悬一线的惊险片段令我有一种身临其境的感觉。所有不愉快都被我抛之脑后。真是乐而忘忧、乐此不疲啊！书，就是你的一位朋友，也是一处你随时想去就去的“世外桃源”啊！

书，你真是太美妙了！书，你就是一杯清凉的绿茶，一壶陈年的佳酿啊！谢谢你！陪伴我童年的好伙伴——书！

> 教师评语:文章题目就很吸引人,让人忍不住想一探究竟。可以看出你是一个喜爱阅读的孩子。的确,阅读的作用不言而喻,可以让大家足不出户便能知天下事,只有博览群书才能博识。当你心情不好的时候,你还能将看书变成解忧的方式,这真是种好方法。(指导教师:潘雪华)

我与书有个约定

朱 昊

书是一把开启知识大门的金钥匙;是一杯清凉的绿茶,让你忘却一切不愉快;也是一壶陈年的佳酿,让你流连忘返。李苦禅说:"鸟欲高飞先振翅,人想上进先读书。"书,是我形影不离的"好友",让人乐在其中,是书籍让我的童年变得更加丰富多彩。

我最喜欢看的一本书就要数《装在口袋里的爸爸》了。那本书从十岁开始就一直陪伴着我。我曾18次恳求爸爸给我买那本书,却被爸爸一次又一次地拒绝。爸爸说,看这种课外科幻小书是学不到什么有用的知识的,可在我的软磨硬泡下,爸爸终于同意了,我高兴得一蹦三尺高。

第二天,我一拿到书,在路上就忍不住捧起书本,如醉如痴地看了起来。差点就撞到电线杆上去了。回到家,我拿上书,坐在沙发上,津津有味地看了起来。我像一根幼苗,快速地汲取书本中的知识,我沉浸在这本书中,无法自拔,我好像已经与这本书融为一体了。在我眼里,书上的字都变成了美食,成群地从书里跳出来,蹦进我的嘴里。我贪心地吃着知识。不知过了多久,有人从背后拍了我一下。我像一匹受了惊的马儿,惊恐地一回头,哦,原来是妈妈呀。妈妈让我去睡觉了。我依依不舍地放下书,走进房间。那本书好像在向我招手,躺在床上,我心中生出一妙计,我可以晚上偷偷看啊。等到他们都睡觉的时候,我小心翼翼地走出房间,拿起书,来到书房。我像一匹饿狼,贪婪地读着,不时看一看门口,生怕被妈妈发现,抢走我的书,剥夺我看书的权利。啊,对了,我忽然想起一件事:糟糕!作业还没有做完呢!下次可不能这样做啦!

我与书早已签下了约定,就在它光顾我家时……

教师评语:开头运用排比的修辞手法,并引用名言,写出了书的重要作用。"书籍是人类进步的阶梯"。多读书可以开阔我们的视野,增长课外知识;多读书还可以让我们不断地前进,不断地成长;多读书更可以让我们变得聪明,陶冶情操。本文条理清晰、比喻生动、想象力丰富。让我们一起快乐地阅读吧!(指导教师:潘雪华)

奇趣与枯燥
——读《从百草园到三味书屋》有感

董天怡

读了《从百草园到三味书屋》,我深深地陶醉其中。

《从百草园到三味书屋》这篇文章出自我国著名作家周树人先生笔下。本文主要写了作者回忆童年的趣事,以及对童年生活的怀念。

阅读时,我仿佛置身于朴素的百草园内,与作者一起"折蜡梅","捕鸟"……紧跟着作者的脚步,小心翼翼地溜进三味书屋。一进书屋,我就仿佛听见了,书屋中传出来的琅琅读书声,不时还传出教书先生讲课的声音。这正是鲁迅先生的先生。这位先生严厉中带着随和,鲁迅先生十分尊重先生。严厉的先生和认真读书的学生们,构成了一幅和谐的景象。三味书屋与百草园中,处处洋溢着书声与嬉笑声。

百草园,一个奇趣无穷的儿童乐园;三味书屋,一个枯燥无趣的私塾。这两个截然不同的地方,却紧密相邻,给鲁迅先生的童年带来了无

穷无尽的乐趣,并为鲁迅先生成为未来的大文豪打下了坚实的基础!

读了这篇文章,我深深体会到,鲁迅先生所流露出的怀念、依恋的真挚情感。让我们把三味书屋里的一草一木,看在眼里、刻在心里一般。他把我们带回到了他的童年,循着他的脚步慢慢再走一遍。

细细品味鲁迅先生描写三味书屋的片段,我不禁想起了我们的校园。早上的校园,同学们的琅琅读书声,以及老师们的耐心讲解。瞧!我们四班的同学们正在全神贯注地听我们的老师讲课呢。

"捕鸟""斗蟋蟀"……这些都是鲁迅童年的趣事。少年鲁迅虽然享受了快乐的童年,但他在学习上也一点不马虎,相反还特别努力。鲁迅在三味书屋读书,几乎从来没有迟到早退过。就有一次,他父亲病重,鲁迅被叫去药店买药,等买药回家再赶去三味书屋时,先生已经开始讲课。那一次先生责备了鲁迅,并告诉他要做一个守时的人。自那一次之后,鲁迅就在自己的课桌上刻了一个"早"字,以此勉励自己做一个勤奋好学的"好学生"!我想我们也应该向鲁迅先生学习,做一个遵守纪律、刻苦学习的好学生。

鲁迅先生的事迹激励着我们,我不禁再次拿起鲁迅的名篇,打开书,走进鲁迅先生,走进百草园,走进三味书屋……

教师评语:《从百草园到三味书屋》记叙了鲁迅先生从童年玩乐到入学读书的成长过程,而小作者也跟随着文中的小主人公一起感受着成长路上的喜怒哀乐。全文叙述流畅,体悟深刻,而又顺理成章,是一篇较成功的读后感。(指导教师:蒋华云)

打开我的阅读之门

沈羿浩

说起读书,我有些难为情,因为我在上二年级的时候,还在读那些幼儿园小朋友读的图画书——就是那一整面的图画和短短的几句话组成的绘本。这些图书读起来既快又容易。对于那些篇幅很长的书,我从不感兴趣。

自从爸爸给我读了一篇小说之后,我的想法从此改变了。

二年级的时候,爸爸给我买了几本沈石溪的动物小说:《保姆蟒》《太阳鸟》《乞丐虎》……可从买来以后,我一直放在书架上,从来都没读过。爸爸见我从来都不读,就随手拿了一本,走到我身边说:"浩浩,我给你讲个故事吧!"这时,我和小伙伴们玩得正开心,心想:你读你的,我玩我的……

爸爸开始读了起来。然而过了一会儿,我却发现伙伴们都玩得心不在焉,转头一看,原来他们被爸爸的故事吸引住了。我便也试着听听。没想到一听,我就像被一块磁石牢牢吸引住了。爸爸读的是《保姆蟒》,我就是被那富有人情的保姆蟒所吸引了。特别是听到保姆蟒因思念小孩而饿死时,我不禁心酸、落泪。我回过头,看见伙伴们个个热泪盈眶……

这件事,使我受益匪浅。我不仅有了爱读书、爱写作的习惯,还学会了如何写读书笔记。只要拿到书,我就如醉如痴地读个不停,忘了吃饭,忘了休息。我要感谢爸爸打开了我的"阅读之门"。

> 教师评语:读书养性,正如陈寿所言"一日无书,百事荒芜"。小作者在父亲的指引下慢慢打开了阅读的大门,与书为友,与之对话,在书中寻求快乐,获得知识,丰富阅历,也给读者带来了深深的思考。(指导教师 蒋华云)

自强自爱

——读《简·爱》有感

周逸语

每次读《简·爱》，我心中就热血澎湃。这本书的作者是英国的夏洛蒂·勃朗特，它描述了人一生中最渴望的东西——爱、勇气和自尊。自强自爱的简·爱让我敬佩不已。

简·爱从小失去父母，寄养在舅妈家里，虽然百般努力，但她仍难以讨得欢心。后来，她被送进慈善学校，在极其恶劣的条件下坚持学习。毕业后，简·爱鼓起勇气迎接新生活，应聘到桑菲尔德庄园当家庭教师。就在她获得爱情时，一桩隐瞒了15年的秘密使婚礼成为泡影。

每每读《简·爱》，我脑海中总会浮现出一个女性的形象：她并没有好看的外表，可她却有强大的灵魂；她遭受着苦难，但没有日渐消瘦；她身处黑暗，却创造了光明。简·爱是平凡，而又不平凡的人，她自强自爱，渴望自由与平等。在19世纪的英国，女性没有任何社会地位，可就在这样一个黑暗的时代仍不能熄灭简·爱心中的光明，这是让我最钦佩的。

虽说我已经看了许多遍《简·爱》了，但每一次读都有更深一层的感悟。对待人生，简·爱是坚强不屈的；对待爱情，简·爱是勇敢、纯真的。为了自由，为了尊严，为了平等的权利，也为了爱，她可以义无反顾地付出一切。她虽普通，却又没有泯然众人矣，没有因为身边的冷漠而毁灭人性。命运对她不公，她从不屈服，不一味地自怨自艾，而是冲破了舆论世俗的枷锁，敢于斗争，敢于直面。我们扪心自问，假如我们和简·爱一样生活在这乱世之中，并且有着相同的处境，我们能够像简·爱一样

自强自爱吗？

　　不想被世俗轻易定义,那就要打破束缚,解放自己。

　　　　教师评语:这是一篇关于《简·爱》的读后感,小作者先为我们简述概括了这本书的主要内容,接着引用材料中的观点,结合现实进行具体阐述,最后点题,作者从主人公身上学到了坚强不屈的精神和一种不可战胜的人格力量,文章寓意深刻,充满内涵。(指导教师:蒋华云)

我的校园

指导教师　潘雪华

　　清晨,快乐的小鸟唱着歌,沿着洒满花香的小路,目送我们走进校园。教室里,我们认真学习,在操场上,我们肆意奔跑……集会、运动,在我们的笔下,充满着甜味,同时也寄托着我们美好的愿望。

银色的校园

陈一笑

"哇哦,凉丝丝的,好舒服!""太漂亮了,真像羽毛啊!""所以叫鹅毛大雪么,不过今年下得好早呀!"……同学们一下课便像脱缰的马儿一般冲出教室。其实,我们上课时就已按捺不住心中的喜悦和好奇了。虽然已经见过几次雪了,但对它还是充满兴趣。

就在本周五下午,我看到了今年的第一场雪。走廊里很热闹,我好不容易挤到了栏杆边。靠着栏杆,伸长脖子,我像几年没见过雪一样,惊叹起来。倚着栏杆,我恰巧能看到空中那梨花花瓣似的雪花,在空中划过几道优美的弧线,好像在漫步、舞蹈。它们似一群芭蕾舞者,正踮着脚尖给人们跳一曲优美华丽的"冬之舞",为冬天雪花飘飘的大型演出当开幕式呢!

我喜欢雪,喜欢它们洁白的长裙,喜欢它们轻盈的身影,喜欢它们轻快的舞姿,喜欢它们……雪比雨好看多了,雨没有漂亮的裙子,雨也不会舞蹈。我忍不住伸出手,接住落下来的"小鹅毛",柔柔的、凉凉的,惬意极了。透过雪帘,我们看到了一片银装素裹的世界,那就是我们银色的校园。我想象着此时在校园草地里的景象:四周是纷飞的雪花,草地已盖上一层鹅绒被,我在草地里欢乐地舞蹈……

洁白得没有瑕疵,这就是雪;冬天的舞蹈明星,这就是雪;冬日的小精灵,这就是雪;令孩子们百看不厌的,这就是雪。雪,为我们拉开了白色的冬之帷幕。

教师评论:小作者观察入微,描写灵动。文章开头就通过同学们的语言和动作,再现了小朋友们对雪的喜爱。接着通过观看、触摸,加上丰富的想象,倾诉了自己对雪的情有独钟。把南方孩子对雪的喜爱表现得淋漓尽致!

窗外的枫树

胡一一

时光总是那么匆匆,就像春天的风一样,无声又无息。望着窗外的景色,看着那株枫树,绿色的叶子在风中摇曳着,我突然想起我幼儿园门口也有一棵这样的枫树,每当春天的时候,绿色的叶子也是那样轻轻摇曳,让我又回想起幼儿园那些快乐的时光。

幼儿园最喜欢的是周五,因为可以带玩具和其他同学交换,我们有自己名字的小柜子,每天看到柜子里出现的新玩具时,心里别提有多高兴。在幼儿园我最喜欢的课是室外运动课,当坐在滑滑梯上,你会觉得身心愉悦,十分快乐。我最喜欢的游戏是"抓住你的小尾巴",我跑得虽然没有现在那么快,但每次我抓到尾巴都是最多的。大班时,我有一些小任性,但我从来不对女孩子发脾气,如果有人欺负我们班的女孩子,我会对他们不客气。就这样一天天时光过去,幼儿园三年很快就结束了,毕业典礼上,我是主持人在后台看着每一个节目,一个开始,一个结束,手中的节目单念完了,典礼结束了。在拍照声中,我们挥手告别,幼儿园就这样离我们远去。谁也不知道,回到家我抱头痛哭,因为我舍不得,舍不得我幼儿园的好朋友,舍不得幼儿园的美好时光。

时光匆匆,窗前的那株枫树绿了又红,红了又绿,现在我在小学已走过四年时间。我遇到了我的新朋友们——三班的同学们,他们个个青春活泼,我迅速和他们打成一片。在小学里我学到了很多的知识,我参加了朗诵比赛,获得了学校的一等奖,我参加了校合唱团,在六一儿童节的活动中还独唱歌曲,举办了自己的专场演出,一次活动一次收获,一次活动一次成长。当然有快乐,也有烦恼,现在的我没有自己的时间,周末的时间也都不是我自己的,是舞蹈、英语、数学的,平时星期

二、星期四的晚上我也去参加补习班,大量的补习班挤占了原本可以我自己活动的时间,我很无奈。

时光一去不复返,我们回不了过去,我们回不了当初,除了快乐还有很多的烦恼,为了成长我们还应该多努力,我想这就是成长的代价。

看着窗外的枫树,我想下一季的春天,它依旧会那么绿,那么生机盎然。

> 教师评语:白驹过隙,岁月流逝。小作者已经感受到时光的匆匆了。文中记录了一路的成长,有感动,有失落,窗外那棵枫树绿了又红,红了又绿,是成长最好的见证,结尾处的绿意是对未来最好的期许。(指导老师:唐刘莉)

胆小鬼

徐亦周

老师说我是一个性格内向的孩子,我也一直觉得自己是一个胆小鬼,什么都怕。蛇,我怕。小虫子,我怕。甚至会动的东西都不敢摸一摸。不敢一个人外出,不敢发言,不敢和陌生人说话。我常常在学校觉得委屈了,就一个人躲在家里哭泣,打电话给在外地上班的妈妈,向她诉苦。从小到大,我身边也没有什么朋友,妈妈说我心里的窗是关着的,要让很多人走进去,我才能变得更加开心。

上了小学,我身边有一群非常优秀的人,他们热情、乐观、开朗,学习认真,我接触他们,他们一次又一次地敲开我的窗,慢慢的,我的胆子也渐渐变大了。

喜欢和他们说说我的心里话,会和他们一起参加学校的比赛活动。他们说我笑起来很美,我也变得开朗起来,老师说这样的我很

可爱。

最近学校举办了"校园商业节"，我心里又开始打起鼓，是去参加呢，还是就当一个观众？那天，同学们来找我，他们说："徐亦周，我们一起拿商品到操场上去卖吧！"我犹豫了，商业节好多人的，还要和其他人打交道。他们说："我们一起才有意思嘛！"我想了想答应了他们。于是我们就商量起来，商量分几个组。我想了一下说："班里正好有四个组，那我们有四个组长，不如就分四个组吧！"没想到大家都同意了，认为这样很方便。谁来卖？谁来摆摊？谁来记录？我们几个人商量了很久，后来他们说我很负责，认真细致一定不会错的，就负责记录。于是，我就留在了班里做了记录。

那天，学校操场特别热闹，"走过路过，不要错过。"同学们在自己的摊位前吆喝，有的卖本子，有的卖玩偶。我们小组卖了许多东西，我都一一记录下来，不一会儿摊上的物品就变得稀少，经过长时间的义卖，我已经汗流浃背。轮到我出去转转了，我发现一处卖可乐的地方，我向高年级同学买了好几杯可乐，我把可乐拿回我们的小组，分给我们小组的同学，我们小组的同学蜂拥而上，直夸我，这时候我比自己喝了可乐还要开心。活动结束的时候，我们一起照了一张集体照，同学们簇拥着我，每个人的笑都是甜甜的。

我发现其实和别人交流也不难，只要多伸出你的双手，打开你的心门，你就会交到更多的朋友。从胆小鬼变成了香饽饽，要谢谢我的同学，谢谢敢于尝试的自己。我打开自己的心灵之窗，看到了外面的世界真的非常美好。

教师评语：校园生活多姿多彩。小作者通过一次"校园商业节"的活动描述，写下了自己从"胆小鬼"变成了"热饽饽"的过程。感谢同学一次又一次地敲开心窗，感谢小作者的敢于尝试，生活很美好，走出来才能看得到！(指导老师：唐刘莉)

一次升旗仪式

刘晶鑫

每个星期一,我们学校都会举行隆重的升旗仪式。

升旗仪式主要分为六个环节:进场、升国旗、奏国歌、唱国歌、上周得星情况和本周的安全工作。

星期一的大课间,我们随着激昂的进场音乐,穿着整洁的校服,戴着红领巾,排着整齐的队伍,在老师的带领下来到升旗台。虽然,我们的升旗台不是很广阔,但是它在我们心中却是十分严肃而又端庄。

进入会场后,由小主持人宣布升旗仪式正式开始。刚说完,升旗台下就响起一阵热烈的掌声。接着,升旗手们迈着整齐的步伐,昂首挺胸地将国旗护送到升旗台。当鲜艳的五星红旗经过我们时,我们就会对着它敬一个标准的少先队队礼。然后,就是最振奋人心的升旗仪式了。"升国旗,奏国歌,少先队员敬队礼,低年级同学行注目礼!"话音刚落,全场瞬间安静。随着《义勇军进行曲》的播放,五星红旗冉冉升起,迎风飘扬。当五星红旗升到顶时,后面就是唱国歌:"起来! 不愿做奴隶的人们……"

虽然,我们唱得不是很响亮,也不是很动听,但这是一个中国人坚强不屈的声音,是我们深入骨髓的爱国情操! 这歌声惊天动地,气壮山河,那绕梁的余音无一不在敲打我们中国人坚挺的脊骨,警示我们要自强不息!

虽然我们的升旗仪式没有北京天安门升旗仪式庄严与隆重,但在我们的心中是神圣而不可撼动的。

> 教师评语:升旗仪式是多么庄严,多么神圣,那一张张认真而又严肃的面容之后都是一颗颗热爱祖国的心哪! 小作者观察细致,语言准确、形象、具体,使读者有了身临其境的感受。(指导教师:蒋华云)

记一次运动会

许智晔

这两天,我们学校隆重地举行了秋季田径运动会。这两天,操场上十分热闹,坐满了可爱的小学生和一些学校领导。

首先是运动会开幕式,每个班的运动员都排成了一个方阵,并且手擎班旗,绕着操场齐步前进,当他们走到主席台前,便停下来。只见宋老师走到主席台上,严肃地宣布:"运动会现在开始!"话音刚落,操场上便响起一阵热烈的掌声。

接着,激动人心的100米比赛开始了,这些运动员中,也有我们班的同学曾娜娜,这位女将在我们女生中,跑步算是名列前茅了。只见她左腿在前,右腿在后,身体向前弯,眼睛直视前方,十分认真。裁判员周老师把发令枪高高举起,运动员更加专注了。只听"砰"的一声,运动员便像离了弦的箭,"嗖"的一声"飞"了出去,一阵凉风向我们袭来。"加油——,加油——"啦啦队的声音越来越响。运动员也越跑越快。曾娜娜的脸十分红,眼睛紧紧闭着,手臂飞快地甩动着,她似乎用尽了全身的力气。我的心几乎提到了嗓子眼上。比赛结束了,曾娜娜的脸上露出了胜利的喜悦。她一回来,我们就众星拱月般围着她,问她得了第几名。曾娜娜并没有骄傲,只是平静地说:"第一名。"

在我们的欢呼声、鼓掌声中,运动会结束了,但是,运动员比赛时挥洒的热情的汗水,会给操场留下永久的痕迹。

教师评语:小作者运用点面结合的写法,对运动会的气氛渲染充分而恰到好处,对文章重点——女子一百米决赛的场面作了细腻而传神的刻画,使读者身临其境,无不感受到当时运动场上的热闹与激烈。(指导教师:蒋华云)

窗外的校园

蔡际铖

夹着我爱看的漫画书，探出脑袋，呼吸着窗外校园的新鲜空气，这是一种享受。远离城市的喧嚣，带着这份宁静，我化身快乐的小鸟，穿越着季节的变化。

春姑娘放假回来了，拥抱着校园，小草害羞地从地里探出脑袋，时不时地伸着懒腰，画眉鸟姐姐正在开着演唱会，我情不自禁地加入她的演唱会中，柳树在微风中荡着秋千，校园里一片生机盎然。教室里传来琅琅读书声……

夏哥哥的脾气有点暴躁，太阳火热地烘烤着校园，树伯伯晒了一身汗，低垂着脑袋，寻找着一缕清风。就连课间的小朋友都受不了，躲在树伯伯的怀里纳凉，玩耍……

秋姑姑安抚了夏哥哥，金黄色的落叶如同蝴蝶一样在空中跳着舞，给校园盖上一层薄薄的被子，脚踩着落叶如同走在地毯上一样，秋风婆婆带着一丝凉风，孩子们紧了紧身上的外套，缩了缩脖子，赶着去教室……

冬爷爷迈着蹒跚步履走过校园，凛冽的寒风吹过校园，树上的枯叶落满校园，大树穿上了厚厚的棉袄，老师和同学们有说有笑地走在一起，欢快的校园连冬爷爷都快融化了……

我是一只快乐的小鸟，穿梭在校园的每个角落，唱着欢快的歌把四季如歌的校园点缀得更加美好。

教师评语：这篇文章字里行间能体会到小作者对校园的喜爱之情。校园生活可以说是五彩缤纷的，这篇文章语言简练而准确，情景自然融合。充分运用动静结合的写法，并辅以比喻、拟人等手法结尾处集中表达情感，既照应开头又总结全文，首尾连贯，一气呵成。（指导教师：汤建武）

"糖"味十足的小学生活

陈娅婕

小学生活呢,就像六颗糖,每颗都有不同的滋味。

一年级的糖,是一颗巧克力糖,甜甜蜜蜜的。一年级时,大家都很陌生,但天真的我们都不会对别人感到排斥。大家快快乐乐地学习,开开心心地玩耍。

二年级的糖,是一颗棉花糖,绵绵软软的。二年级时,我们都彼此熟络起来。大家似乎组成了一个个小团队,每个人都有属于自己的好哥们儿好姐妹,互不干扰,所以这颗糖依旧很甜。

三年级的糖,是一颗奶糖,浓香无比。三年级时,所有同学都在不觉中有了像奶糖般浓浓的情感。大家团结一致,小小的争吵也没法使我们感到很困扰。

四年级的糖,是一颗薄荷糖,不是很甜,但味道却不错。四年级了,大家不再那么幼稚了,作业逐渐增多,班中隐隐有着竞争。可是这依旧无法使我们不再玩闹,每个人都抽出了时间聊天,男同学们似乎学会了打架。

五年级的糖,是一颗姜糖,有点儿辣,但又舒服又刺激。五年级了,我们成熟了许多,不像以前一句玩笑就能哈哈大笑个半天,每个人都有独特的思想。但是五年级了,不知是不是刚到青春期,大家都有些烦躁,争吵经常发生,可我们的感情也越发浓郁。

六年级的糖,是一颗怪味糖,酸甜苦辣,各有一点。我还没吃到这一颗糖呢!可听别人说六年级了,大家都有着小秘密,如若发生争吵,却也会立刻原谅,因为就快要分别了……

校园的生活是多种滋味的,酸甜苦辣中夹杂着悲伤、汗水、自信与成功。我相信:只要自己去努力拼搏,最后的结局一定是甜的。

小学六年的时光犹似六颗糖,我正在品味第五颗,你呢?

> 教师评语:这篇文章写的是小作者发自内心的对学习生活的体会和感想,能把小学六年的生活看似糖果,看来作者心里很阳光,希望小作者能一直把这种心态保持下去,任何一种学习阶段都是一种经历,一段回想。最后,也表明了作为学生要学会拼搏的决心。加油!(指导教师:汤建武)